本书由教育部人文社会科学研究青年基金项目资助：徐州汉画像石中的民俗文化研究（项目号21YJC760113）

U0726438

徐州汉画像石中的民俗文化研究

赵念念　著

🅖吉林大学出版社

·长春·

图书在版编目（CIP）数据

徐州汉画像石中的民俗文化研究 / 赵念念著 . -- 长
春：吉林大学出版社，2022.8
ISBN 978-7-5768-0459-1

Ⅰ . ①徐… Ⅱ . ①赵… Ⅲ . ①画像石 - 俗文化 - 研究
- 徐州 - 汉代Ⅳ . ① K879.424 ② G122

中国版本图书馆 CIP 数据核字（2022）第 170588 号

书　　名　　徐州汉画像石中的民俗文化研究
　　　　　　XUZHOU HANHUAXIANGSHI ZHONG DE MINSU WENHUA YANJIU

作　　者　　赵念念 著
策划编辑　　矫正
责任编辑　　殷丽爽
责任校对　　田茂生
装帧设计　　久利图文
出版发行　　吉林大学出版社
社　　址　　长春市人民大街 4059 号
邮政编码　　130021
发行电话　　0431-89580028/29/21
网　　址　　http://www.jlup.com.cn
电子邮箱　　jldxcbs@sina.com
印　　刷　　天津和萱印刷有限公司
开　　本　　787mm×1092mm　　　1/16
印　　张　　11.75
字　　数　　200 千字
版　　次　　2023年5月　第1版
印　　次　　2023年5月　第1次
书　　号　　ISBN 978-7-5768-0459-1
定　　价　　68.00 元

前　言

中国汉代留下了两部伟大的史书，一部是司马迁撰写的《史记》，另一部是石匠们用刀镌刻的"史记"——汉代画像石。文字的《史记》和石刻的"史记"皆属呕心沥血之作，它们都得到现代文化巨人鲁迅的关注与叹赏，称颂前者为"史家之绝唱，无韵之离骚"，赞美后者是"图案美妙绝伦""惟汉代艺术博大沉雄"。这两种艺术形式，一显一隐、相辅相成地代表了汉代人对于形象世界的完整理解和把握方式。

汉代画像石是一种冥界艺术，因为身埋地下，比较隐蔽，所以鲜为人知，因此对它的研究相对比较薄弱。但自它被发现，其独特的魅力却是一石激起千层浪，引得学界一片称赞，它被史学界称为"绣像"汉代史，被艺术界称为"纯粹的本土艺术"，被理论界称为"中国第一个艺术热情时代"，更在美术史上被誉作"享三代钟鼎玉器雕刻之工，开两晋唐宋绘画之先河"。

汉画像石作为一种特殊的丧葬建筑构件，出现于西汉中后期，兴盛于东汉中后期，是当时汉代社会风貌的具体描绘，往往被人们看作汉代历史的画卷。汉画像石的题材、内容极其丰富，几乎涉及当时社会生活的各个领域。① 所以想要研究两汉时期徐州的民俗文化，汉画像石无疑是最为理想的选材。

徐州古称彭城，是汉高祖刘邦的故乡，也是汉文化的发祥地，更是汉画像石的集中分布地之一，因此徐州在整个汉代也起到了重要作用。在本书研究徐州汉画像石中的民俗文化前，有必要对徐州地区做出界定。徐州汉画像石研究员武利华曾对徐州汉画像石的区域进行分析：徐州汉画像石，并不受今天行政区域的限制，它是以今天行政区划徐州市为中心，北面与山东接壤，西面到河南的商丘地区，南面包括安徽淮北地区，东到大海。由于这一地区历史上同属东汉彭城国和下邳国管辖，风土民情相近，画像石的艺术风格完全一致。② 现如今苏北地区五个地级市中的地域范围基本都属于以上所概括的地区范围内，所以说按照现在的行政区域研究画像石的民俗文化，就不必担心相同地区的画像石被分解割裂。所以说，本书研究徐州汉画像石的地区，大体以现徐州市区为中心，并涵盖其周边的铜山区、睢宁县、新沂、邳州等地，这些地区分布较为密集；还包括苏北的丰县、连云港市、靖江市、宿迁市、淮安市、泗洪县以及盐城市的射阳县。

---

① 刘太祥.汉代画像石研究综述[J].南都学坛，2002（03）：8-18.
② 武利华.徐州汉画像石通论[M].北京：文化艺术出版社，2017：24.

1

徐州汉画像石作为"目前发现最多、数量最大，同时也是画像内容最丰富的汉代美术作品群"[①]，"在迄今发现的用画像石做建筑材料的汉代地上、地下建筑中，没有一座建筑主人的身份是在列侯或者两千石以上的"[②]。徐州地区迄今已发掘清理了 50 座汉画像石墓，张道一先生认为中小型为多，墓主人没有显赫的身份和地位[③]，并且结合全国各地的汉代墓葬发掘报告可以总结出如下的规律：在全国范围内，汉画像石出土的几个主要地区中，王侯级别的墓葬没有任何一座是用汉画像石构建而成的。这就表明这些处于上层统治阶级的王侯贵族在传统丧葬中并没有使用汉画像石作为丧葬的建筑构件。根据上述可知：汉画像石代表的是汉代中下层人士的遗存，汉画像石是民间民俗的产物，所以其图像中所反映的象征意义一定是具有汉代社会特色的民俗文化内涵。

汉画像石凭借其丰富多彩的内容，较为全面地反映了汉民族的丧葬观念、饮食起居、游艺民俗以及崇拜信仰等。处于同一时期的汉画像石也会因为地域之间的文化差异，从而拥有其独有的地域文化，形成其独特的民俗文化。苏北一带是汉画像石遗存密集分布地区之一，很多遗存是反映两汉时期社会生活和社会民俗的画像。其中徐州地区发现的汉画像石数量多且典型。自 20 世纪 50 年代以来，随着我国考古事业的蓬勃发展，相关部门和学者对于汉画像石的保护与研究已经取得了较为丰硕的成果，无论是在诸如图像释义、图像鉴赏还是雕刻技法解析等方面都不乏精当之论。徐州一带是汉画像石遗存密集分布地区，很多遗存是反映两汉时期社会生活和社会民俗的重要材料。汉画像石的研究始于 20 世纪 50 年代中后期，涌现出了许多汉画像石的研究成果，大致分为科学著录和图像研究两个方面。许多学者对画像石进行综合研究，还有对于画像题材的专题研究，以及依附于画像石对画像石墓葬和祠堂进行研究。但是学界对于汉代社会民俗文化方面的研究甚少，研究归纳出更为细致且具有地域特色的民俗文化更是少之又少了，甚为遗憾。

本书共分八个章节，以汉画像石的产生背景为开端，深入剖析徐州地区汉画像石产生的历史背景、题材内容与艺术表现手法；阐述徐州汉代墓葬建筑与装饰艺术的民俗文化内涵，并以车行图为例，分析徐州汉画像石中的丧葬习俗；结合徐州地区有关饮食的文献资料，探讨徐州汉画像石中饮食文化的精神价值与民俗内涵；从历史考证角度阐述汉代祠堂的文化符号表现，对徐州地区发现的汉代祠堂画像做图像学分析，充分挖掘汉代祠堂与祠堂画像的民俗观念；以徐州汉画像石乐舞百戏图像为例，探讨徐州汉画像石中的礼乐文化；通过对瑞兽"熊"图像、"铺首衔环"图像、"神荼、郁垒"图像的研究来阐述徐州汉画像石中的辟邪民俗；以长青树、西王母和凤鸟的民俗信仰为例，分析徐州汉画像石中的信仰民俗；最后，在上述研究的基础上，结合时代发展，探讨徐州汉

① 信立祥. 汉代画像石综合研究 [M]. 北京：文物出版社，2000：385.

② 周保平. 对汉画像石研究的几点看法 [J]. 东南文化，2001（05）：33.

③ 徐州市博物馆. 徐州汉画像石 [M]. 南京：江苏美术出版社，1985：1（序）.

画像石民俗文化的传承与创新。

汉代画像石展示着辉煌的过去，昭示着灿烂的未来，至今仍散发着熠熠光辉。这些精美绝伦的画卷，为我们认识和研究两汉时期的经济、政治、民俗文化提供了依据。汉画像石是汉代人们生活写照的一面镜子，其艺术魅力依然为现代社会的人们所欣赏与折服。汉画像石艺术作为我国艺术文化宝库里光彩夺目的重要财富，为我们的艺术创作也带来了源源不断的动力。

本书在写作过程中列举了大量的图片，在此向图片作者深表感谢！

目　录

第一章 徐州地区汉画像石概述

汉画像石是我国珍贵的艺术遗产，是我们研究汉代政治、经济、文化、艺术的重要依据。汉画像石题材丰富、内容广泛，从各个不同的角度反映了汉代的社会生活、风土民情、宗教思想、墓葬习俗等，具有"以图证史"的重要作用。汉画像石产生于西汉文景时期，盛行于东汉，主要分布在山东、河南、徐州、陕西及四川等地区。其中，徐州古称"彭城"，是汉高祖刘邦的故乡，也是汉文化的发祥地，更是汉画像石的集中分布地之一，因此徐州在整个汉代也起到了重要作用。彭城先后为13代楚王和5代彭城王的都城，给后人留下了十几座规模宏大、形制奇特、埋藏丰富的王陵墓葬，出土了大批珍贵文物，为今人勾勒两汉经济、政治、军事、文化和社会生活的历史轮廓提供了重要实物资料，也使徐州成为两汉文化研究中心之一。徐州的文物资源十分丰富，曾有人把徐州汉画像石与苏州园林、南京六朝石刻并称为"江苏三宝"。近年也有"明清看北京、秦唐看西安、两汉看徐州"之说。徐州的汉墓、汉兵马俑、汉画像石被称为"汉代三绝"。

徐州汉画像石研究员武利华曾对徐州汉画像石的区域进行分析："徐州汉画像石，并不受今天行政区域的限制，它是以今天行政区划徐州市为中心，北面与山东接壤，西面到河南的商丘地区，南面包括安徽淮北地区，东到大海。由于这一地区历史上同属东汉彭城国和下邳国管辖，风土民情相近，画像石的艺术风格完全一致。"[1]据此，本书对徐州地区汉画像石的研究区域，大体以现徐州市区为中心及其周边的铜山区、睢宁县、新沂、邳州等地，这些地区分布较为密集；还包括苏北的丰县、连云港市、靖江市、宿迁市、淮安市、泗洪县以及盐城市的射阳县。

本章以汉画像石的产生背景为开端，深入剖析徐州地区汉画像石产生的历史背景与分布，阐述徐州地区汉画像石的题材内容与艺术表现手法，并根据徐州出土的汉画像石探讨其民俗文化观念。

---

① 武利华. 徐州汉画像石通论 [M]. 北京：文化艺术出版社，2017：24.

一、汉画像石产生的背景与文化内涵

（一）汉画像石产生的背景

汉画像石，即画像石，是一种石刻绘画，其本质是兴盛于汉代的祭祀性丧葬艺术。"画像"指拓片上的形象，即平面上的画面。因画像石成型技术属于雕刻，艺术形态却似绘画，故称之"画像石"，它被雕刻于墓室、墓阙、墓碑、祠堂石壁等建筑的石材上，以石为地，以刀代笔。学者范迪安把画像石仅仅局限在汉代，认为画像石就是汉画像石[①]，它产生于西汉，盛于东汉，魏晋之际仅有个别实例，故又称汉画像石。汉画像石产生于西汉文景时期，它的出现和流行主要是在西汉中期，在东汉流传延续的时间最长，并在东汉中晚期达到全盛。汉画像石艺术的产生、发展、繁盛到消亡贯穿两汉时期，无论是它的产生、发展、繁盛或是消亡都与当时的时代背景息息相关。

1.政治背景

（1）西汉的政治

①西汉早中期蒸蒸日上的政治

西汉初，由于之前秦王朝的残暴及连年战争，社会生产遭到严重破坏，经济萧条，人口较少。统治者为改变这一社会现状，恢复封建统治秩序，发展封建经济，采取了一系列现实措施，如：军队的组建，法律的制定，或赐军吏卒以爵位及再建赋役制度，等等，从而扶植了大批的军功地主，以促进汉王朝的统治基础进一步扩大，使汉王朝的社会秩序重新稳定。西汉初年，在政治制度上基本是沿袭秦朝的政治制度，设立"三公九卿"，实行"郡县制"，剪灭异姓王，以加强中央政府的统治力量。汉高祖总结秦亡教训，为适应现实政治发展的需要，采取了"与民休息"的政策，并由惠帝进一步推进了"黄老之学"的新道家思想。到了文帝、景帝时期，实行"轻徭薄赋""约法省禁"等政策，促使社会生产逐渐恢复和发展，从而达到"文景之治"。

文景时期，常有边境寇乱，藩国反叛。武帝曾亲自领兵北征，经几番战役，终获全胜，直至宣帝时期，才解决南北匈奴对汉王朝的威胁。汉代在当时扮演着一个征服者的角色，给人以泱泱大国之气势。西汉时期崇尚英武，从功能上来说，"建鼓"在军事中就起到了重要的指挥作用及振奋士气、鼓舞人心的作用。但据对徐州建鼓舞汉画像石产生时代的统计，徐州目前出土的"建鼓舞"汉画像石中，西汉初期的暂无发现。随着西汉的逐渐强盛，国家制度及文化的建设也更加完善。随着董仲舒天人感应神学思想体系的确立，这一时代也开始了由政治到文化的转变。汉武帝即位后，近七十年的经济恢复发展，社会经济繁荣，秩序安定，西汉达到了空前繁荣的阶段，"黄老之学"仍是西汉统治阶级治国的指导思想。经过汉初七十年的休养生息后，社会的封建统治秩序得到了巩固，社会经济也有了新的发展，此时"黄老之学"所提倡的无为而治已不再满足于当

---

① 杨旭飞.汉画像石造型艺术[M].郑州：河南大学出版社，2010：2.

时社会的发展需要，因此，董仲舒"罢黜百家，独尊儒术"的建议被汉武帝所接受。当时的社会受儒家文化的熏陶，无论政府官员或平民百姓，皆注重礼仪仁义、循规蹈矩。因此，这一阶段的汉代是强盛而安宁，潜力巨大却沉睡未醒。

②西汉末期动荡的政治

到了西汉末期，社会再次出现重大危机。首先，西汉王朝的繁苛征敛及地主阶级疯狂兼并土地，强占民田，以至于农民破产流亡。成帝、哀帝时期，由于官僚、富商大贾及地主这三大势力形成的强占之势、吞并之风盛行，使得阶级矛盾日趋严重，更加速了当时的社会矛盾。其次，统治阶级荒淫腐朽。据史记载，元帝多才艺，以致不亲政事，致使皇权外移，无天子之威信。据史记载，在关东 11 个郡国患水灾之时，出现人民相食之惨状，而当时的元帝则只知嬉乐狩猎，亡秦之钟、奏郑卫之声日日皆行。成帝好享乐，用大量金钱打造宫殿，大捕禽兽，广开猎场，供自己享乐；还大修陵寝，大兴徭役，重增赋敛，以致民不聊生，国库空虚，上下俱匮。至哀帝时，皇权大多落于外戚与宦官之手，当时的社会和政治危机更加剧烈。哀帝信其宠臣董贤，"赏赐累巨万"，而广大人民却终年生活于劳苦之中，受封建统治的压迫及剥削，或四处流亡，或饥饿至死，人民生活无望，陷入绝境，不得不起而反抗，于是反西汉封建的武装斗争纷纷爆发。最后，在统治阶级束手无策之时，便把希望寄托于王莽身上，王莽疏散家财，赡养儒生，积极向学，赢得了声誉，百姓甚至也对其产生幻想。在这一情形之下，王莽的社会地位日益提高，各方官吏甚至改造了汉代舆论，并在地主官僚的拥护下称帝。

（2）东汉的政治

①东汉初稳固的政治

东汉王朝由农民战争之中建立，战争的阴影及前朝的覆灭，使开国皇帝刘秀警醒，因此他意识到"偃干戈，修文德"的重要性，对新建立的王朝采取了"退功臣、进文吏"，以柔治国，倡儒学，宣布图谶于天下，削弱诸侯势力等一系列巩固性的政治措施，迅速将东汉的社会引向稳定发展的道路。明帝开始，又减少了诸侯王的食封。自光武帝之后，诸侯的食封，全凭皇帝的恩赐，中央对诸侯绝对掌控，其中也存在身怀野心之人，但都未对朝廷造成危机。经过光武帝、明帝和章帝较为清明、太平的政治统治后，政府机构与职能有较合理的调整，以柔治国和倡导儒学的思想方针较好实施，故而使东汉初年在军事上较为统一，政治上也相对稳固，为经济的恢复和发展奠定了基础；并且光武帝刘秀为了巩固其封建统治，对祭祀仪式制度按照儒家思想的规定进行了明确与完善，这些制度及谶纬迷信也就构成了东汉时期独有的"生不极养，死乃崇丧"的特征，厚葬之风随之兴起。徐州地区出土的"建鼓舞"汉画像石几乎都是东汉时期的。

②东汉中后期更加动荡的政治

据史记载，东汉自和帝之后，即位的皇帝大多年幼，如出生 100 天的殇帝，13 岁的安帝，11 岁的顺帝，2 岁的冲帝，等等。因此，每一代开始都是由皇太后临朝称制，也就致使皇权国家大权又再次被操纵在外戚及宦官手中，皇帝、外戚、宦官明争暗斗的拉锯局面一直延续到东汉末期。

西汉末至东汉末的几次政治危机，从统治阶级内部矛盾斗争上升到人们对神圣皇权和政治信心的动摇，在这样的情况下，仕人的仕途之路不在顺畅，从而引发仕人对生命本体的关注和思索。随着国势的衰微，东汉时期边境的战乱也愈加频繁，当时朝廷无能，连固有的领土都难以保全，只能以塞屋伐树之法，将边境百姓驱于关内。至东汉后期，阶级矛盾更加尖锐，社会动荡不安，小规模的农民起义连绵不断。据不完全统计，从永初三年至熹平元年间，中小型农民起义频繁发生，尤其是在桓帝时期，更是年年暴动。虽然起义一次次被镇压，但也无法动摇农民阶级誓死与统治者血战到底，想要摆脱压迫统治，走出痛苦生活的决心。最终，在中平元年爆发了黄巾大起义。其与道教有着密切相关的联系。东汉初年，虽然儒学思想是当时整个社会的主体思想，但道家的"柔道"思想也成了盛行一时的治国思想。至东汉中期，带有宗教性质的原始道教开始形成，其中"太平道"和"五斗米道"是当时东汉民间主要的两支原始道教。"太平道"的大范围传播无疑是为张角举行起义奠定了思想与理论基础，"五斗米道"则是利用道教组织来动员群众起义，主要由张陵领导，盛传于巴蜀地区。起义最初虽取得了可喜的成绩，但经过激烈的战斗后黄巾军仍以失败告终，黄巾起义的失败，也宣告维持了二十余年东汉王朝由统一走向了分裂。

东汉期间政治的动荡及国力的衰微，使人们对现状产生不满，从而纷纷开始寻找新的信仰，支撑生命理念。在这种自我觉醒、自我反思中，人民的生命意识不断加强，纯艺术精神便由此开始萌芽。汉画像石艺术于西汉产生，却在东汉中晚期达到了全盛。

2.经济背景

（1）西汉的经济

西汉初年，统治者总结秦亡教训，面对战后社会动荡、经济衰落的局面，采取"无为而治"的统治政策，推行"重农抑商"的经济政策，在社会秩序及封建生产关系得以调整的情况下，通过人民的辛勤劳作使当时的社会经济得到迅速恢复和发展。

①农业的发展

西汉初期，因牲畜的缺乏，农民只能靠人力耕作。当时汉政府禁止宰杀牛马，以促进耕畜的繁殖。汉武帝时期，黄河流域逐渐开始盛行牛耕。与此同时，铁农具的制作与使用也在当时得到了进一步的推广，冶铁业也由国家垄断，铁器的推广便更加迅速。在徐州博物馆或徐州狮子山楚王陵墓中，皆可看到大量农用铁具的保存，如铁锹、铁锄、镰刀、斧，等等。随着铁农具的广泛使用，为西汉水利工程的兴建创造了有利条件。西汉水利事业有许多突出成就，主要是对黄河的治理及兴修了一些规模较大的水利工程。如：汉武帝时期，先后兴建了漕渠、龙首渠、六辅渠、白渠及成国渠、灵渠等，其中白渠对关中农业发展起了很大的作用。班固在《西都辅》中云："郑白之沃，衣食之源。"

随着农业的不断发展，农耕技术的进一步提高，汉武帝末期，推广了将一亩地分成三甽和三垄"代田法"，且每季进行位置互换，从而达到修养地力的效果。赵过发明了耧车，能同时进行三行播种，大大提高了播种效率，是中国古代农业机械方面的一大发明。成帝时期，氾胜对新耕作法进行了总结，即将土地划分区域，进行精细耕作，以提高单位面积产量的"区种法"，说明西汉的农业技术已达到较高水平。

②手工业的发展

铁器的普遍使用，农业的快速发展，从而推动了西汉手工业的发展。汉代有许多规模较大的冶铁业作坊。战国时期冶铁业大多为农具或是手工工具，兵器的铸造实属罕见，大多数只限于楚地。从河南、江苏等地发现的汉代冶铁遗址中，可以发现西汉冶炼工序十分集中且设备齐全，在徐州博物馆等地就藏有许多西汉的铁制长剑、长矛、大刀、生活器皿或杂用工具等，如：灯、炉、剪、釜等，说明西汉时期已经广泛使用铁器。西汉除了有较大规模的冶铁业之外，还有较为发达的丝织业和漆器业。长安是当时丝织业和漆器业发展的中心。西汉的丝织品以锦、绣、纱縠为主，还有麻布等丝麻织品，种类繁多。当时人民用一些高级的丝织物，将织、绣、绘、印等技术相结合，从而制成各种各样的动物、云纹等花样。其中值得一提的是素纱襌衣，据记载，其仅重49克，薄如蝉翼，轻若烟雾，素纱襌衣充分体现了西汉高超的纺织水平。在江苏铜山洪楼出土的汉画像石上刻有人物在织布、调丝、纺纱等场景，充分展现了汉代纺织生产生活的生动情节。漆器造型优美、制作精细、纹饰富丽、色彩鲜艳，是汉代统治阶级日常生活的奢侈品，是身份地位的体现，当时的官僚、贵族和富豪都竞相使用。现徐州博物馆中就藏有许多种类的漆器，如耳杯、勺、盘、壶、盒、枕，等等。

③商业的发展

国家的统一，经济的恢复，农业和手工业的快速发展，为商业的繁荣创造了条件。西汉中后期可以说是汉代的一段黄金时段，国家强盛，尽管这一时期，统治者向外扩张，战争也消耗了国家一大笔财富，但当时的人民整体过着自信、安定而富裕的生活。西汉晚期，社会经济又有了进一步的发展，尤其在冶铁业、农业等技术方面都达到了较高水平。这也为汉画像石艺术的繁荣和发展奠定了良好的物质基础。

（2）东汉的经济

①社会生产的恢复

农业是中国古代社会经济的主体，土地与劳动力作为农业得以运作的两大要素，其有机结合促进了农业经济恢复，社会经济得以发展。由于西汉中期的土地兼并及西汉后期的战争，造成土地和劳动力的严重恶化，社会经济濒临崩溃。因此，东汉王朝为恢复国家经济，采取了一系列有助于提高生产力的措施，如安置流民，赈济灾民；轻徭薄赋；选用官吏，教民耕植；度田和屯田等。这些措施有利于东汉的农业、手工业和商业的恢复和发展，帮助东汉重新进入一个平稳、发展的时期。

②农业的发展

东汉是中国农业技术和农业经济得到重大发展的时期。东汉农业的快速发展，首先体现在水利技术的进步上，水利是农业发展的根本，东汉水利技术的进步就体现在水利工程技术、水利灌溉技术、水利运用技术三个方面。其次在于耕作技术的进步和提高，其突出体现在对耕犁的改进、牛耕的大力推广和田间管理的加强。据考古发掘证明，东汉已大量使用铁犁，且有大、中、小不同型号，这些铁犁刃端角度小，刃部加宽有犁臂，坚固耐用，便于耕种。牛耕技术无疑为农民的农业生产带来更大的效益。在江苏、山东、陕西等地就出土了许多东汉的"牛耕"画像石，如江苏睢宁出土的"二牛一人犁耕作图"。

③工商业的发展

农业的恢复和发展，促进了东汉的手工业及商业的发展和繁荣。东汉手工业的发展主要体现在冶铁业、纺织业、制瓷业及造纸业上。东汉农业生产对铁质农具的需求是当时冶铁业发展的主要原因之一，因为钢铁的需求在不断加大，进一步推动了冶铁业的发展。东汉纺织业随农业的发展变化在全国范围得到发展，甚至推动了纺织机的创新：东汉末年马钧发明了高效的"织绫机"，使生产效率大大提高。东汉造纸业的突出成就就是蔡伦造纸法的发明，从此纸张迅速代替了竹、木简，不但便利了文化的传播，更使中国造纸术流传于世界，推动了人类文化的发展。在此背景下东汉的经济又得到了恢复和发展。东汉初期，对商人采取自由放任政策，因此商人活跃，商业兴盛。这一时期，商品种类繁多，高利贷经营活跃，对外往来、贸易频繁。至东汉中期，国力又重新强盛，厚葬之风在这一时期也开始盛行，汉画像石艺术也是在这一时期真正开始成熟并发展起来。

3. 文化背景

汉代是中国古代历史上的集大成时代，其大一统文化的形成，一方面是对先秦地域文化的综合，主要包括了荆楚、燕齐、秦晋、巴蜀文化等，及西域等外来文化的引入与融合；另一方面是对先秦道、儒、墨、法、名、阴阳等"六家"学派文化的兼收并蓄。到西汉中期，董仲舒"罢黜百家，独尊儒术"的思想提出后，儒家思想取缔众家思想体系，成为当时的主流。此后，以"教化"为中心的儒家思想和以"自然"为旨归的道家审美成为汉文化的两大思潮。汉画像石的题材和内容能充分体现出汉代的文化和思想。

（1）西汉时期的文化

①哲学

第一，汉初的"黄老思想"。汉初"黄老之学"兴盛。西汉初期，社会动荡不稳定，经济萧条，统治者采取在"黄老思想"指导下的"无为而治"统治政策来改变这一社会现状。"黄老之学"是在战国时期就已形成的一个学派，是指"黄帝之学"与"老子学说"，实际上是道家学说中的两派。其突出特点在于：政治上对新封建一统王朝统治秩序的肯定，在承认君臣关系不可变的前提下，极力主张"无为而治"，认为统治者用少许办法，就能使社会矛盾得以缓和，统治秩序得以稳定。因此，在"黄老思想"的指导下，汉初统治者就采取了"顺民之情与之休息"①的政策，以稳定社会秩序，恢复社会生产。陆贾的《新语》是西汉初年"黄老思想"的代表作。《新语》虽是一部以倡导儒家仁义德治思想为主的著作，但其中"道莫大于无为"的无为观，与"黄老之学"相一致；"道者，无形，平和，而神"——对天道、人道的理解偏向于"黄老之学"。虽然汉武帝时期儒家思想成为正统，但注重自然与质朴之美的道家思想，也一直影响着汉代文化。"黄老之学"为汉画像石的出现奠定了思想文化的基础。

第二，董仲舒的儒学思想。"文景之治"以后，随着西汉的政治、经济的快速发展，汉初"无为而治"的"黄老之学"已不再适应形势的发展需要。为了适应当时统治者的发展需要，董仲舒提倡儒学独尊，宗教化了孔子的学说，系统化了封建专制的理论，从而形成了一套完整的、特有思想体系。董仲舒给汉武帝上的《天人三策》就是这一思想的代表体现，其中废刑名、兴太学、罢黜百家、独尊儒术，开启了汉代文化的新篇章。首先，董仲舒提倡的"天人合一"和"天人感应"学说，是为了维护封建统治，服务政治。一方面是为了宣扬君主神权，以假天之威；另一方面是为了可以被利用来反对皇权，对皇帝的过分残暴加以限制。其次，儒家文化突出强调思想的统一性。董仲舒还大力宣扬孔子的"君君、臣臣、父父、子子"的等级观念，并以"三纲五常"等封建宗法道德来建立法度，化名成俗。

②西汉的文学、艺术

西汉的文学主要包括汉赋和乐府诗。汉赋是由楚辞发展而来，是一种长篇韵文，是典型的宫廷文学。其突出特点在于华丽的辞藻、丰富的语汇、铺张的表现手法，主要对西汉上层社会繁荣景象进行描述，反映了汉代强盛繁荣及万象更新的大一统局面，是上层阶级自我欣赏、自我赞美心情的体现和流露。其形式相对呆板，词句艰深，但对后世文学作品具有重要影响。"乐府"始于秦代，主要是负责掌管音乐的官署。汉武帝时期，为了宫廷娱乐和庙堂祭祀的需要，大规模收集各地民歌，有相和歌词、鼓吹曲词、杂曲歌词等，既有汉族歌曲，也有边疆地区和少数民族歌曲。如大家熟知的《陌上桑》，用夸张铺叙、烘托的手法，塑造了一位有坚韧毅力，有高度智慧和反抗精神的农家少女——罗敷。

磅礴大气、古拙质朴是汉代艺术的主体风貌。绘画、雕刻、音乐等在西汉艺术领域中卓有成就。西汉初期的艺术主要继承了先秦时期的艺术，至西汉中期才基本形成有别于先秦的独特艺术风格，在帛画、壁画等方面尤为突出，并逐渐从继承、融合中开始创新。西汉时期，经济的繁荣，促使统治阶级、官僚阶级与地主阶级喜爱壁画等装饰物，用其装饰宫殿、府邸、坟墓，装饰艺术便随之发展起来。而锦绢、漆器、陶器等人们常用的生活用品或工艺品上，都会刻有农事、宴会、乐舞等内容或场景。这一时期，西汉

---

① 朱绍候，齐涛，王育济.中国古代史：上册[M].福州：福建人民出版社，2010：295.

艺术的"神"性减少，更多突出了"人"性地位，这是西汉艺术的一大进步。至两汉之交时期，一些新型的艺术门类也开始大规模地发展起来——汉画像石、汉画像砖等艺术纷纷产生。

③西汉的丧葬习俗

在对汉代艺术发展的研究中墓葬起着重要的作用，很多壁画、帛画、雕刻等艺术品都是在墓葬中发现的。汉时的丧葬活动是在汉人死亡意识和升仙思想的支配下展开的。汉代先人对"天"的崇拜，对"飞升"的理想，当自己不具备飞的能力时，只能通过其他方式——墓葬来实现。墓葬意味着死亡，然而，这对于汉代先民来说却意味着"飞升"，是进入他们理想世界的开始，体现了他们对于生命价值的追求。

汉初的社会生产遭到严重破坏，社会经济萧条，因此在丧葬礼俗方面提倡的是薄葬。据司马迁《史记·孝文本纪》中记载："汉兴，至孝文四十余载，德至盛也。"文帝规定："治霸陵借以瓦器，不得以金银铜锡为饰，不治坟，欲为省，毋烦民。"[1] 由此可以说明当时社会，上至皇帝下至平民都提倡薄葬。丧葬礼仪的兴盛与社会政治经济情况密不可分。"文景之治"使西汉早期的经济得以恢复，因此，厚葬的苗头开始出现。《史记·孝文本纪》中载文帝遗诏曰："朕闻盖天下万物之萌生，靡不有死，死者天地之理，物之自然者，奚可甚哀。当今之时，世咸嘉生而恶死，厚葬以破业，重服以伤生，吾甚不取。"[2] 由此说明，当时统治者对厚葬礼仪虽不提倡，但却已见端倪。汉武帝即位第二年，便开始为自己兴建茂林，《汉书·贡禹传》中载："金银财帛……尽瘗藏之。"[3] 并且茂陵附近还有许多陪葬墓，《汉书·贡禹传》中载："武帝时，又多取好女至数千人以填后宫。及弃天下……又以后宫女置于陵园。"[4] 由此可以从侧面体现出西汉中期的厚葬风俗。西汉晚期则是厚葬成俗的重要时期，"孝廉"是武帝设置的岁举科目之一，"孝"逐渐成为选官的主要途径以及道德标准，以"孝"治国的汉代，对于丧葬是极为重视，汉律有规定"不举孝，不奉诏"，即必须为亲服丧三年，否则不得选举。为了达到尽孝的目的，很子女在父母死后，需不惜财帛来完成厚葬仪式。那时人们衡量孝与不孝的标准就是薄葬与厚葬，实质上这样的"孝"早已背离了原始初衷，反而促使了丧葬习俗及其内容的功利化。

（2）东汉时期的文化

①哲学和宗教

东汉时期是中国古代哲学发展和宗教形成的一个重要时期：一方面体现在谶纬神学的泛滥，另一方面体现在道教的形成和佛教的传入上。

---

① 朱存明.汉画像之美 [M].北京：商务印书馆，2011：86.
② 朱存明.汉画像之美 [M].北京：商务印书馆，2011：86.
③ 朱存明.汉画像之美 [M].北京：商务印书馆，2011：86.
④ 朱存明.汉画像之美 [M].北京：商务印书馆，2011：87.

　　首先，谶纬神学的泛滥。谶纬是封建迷信和庸俗经学的混合物。"谶"是一种具有预示性的、隐性的预言，用于向人们昭示祸福吉凶、兴衰发达，作为神的启示。"纬"则是一种显性的，是相对儒家的"经"，通过假借神意对儒家经典进行解释。当时的七纬分别是：《诗》《书》《礼》《乐》《易》《春秋》和《孝》。谶作为一种预言从春秋时期的秦国就已出现，到汉代达到全盛，如秦代的"亡秦者胡也"；汉代，王莽摄政时，关于王莽准备做皇帝的预示，几乎每天出现；公孙述要做皇帝，也找了许多上天规定他为皇帝的预示等。东汉可以说是谶纬神学泛滥的时代，尤其是刘秀为皇帝时，为了新建王朝的稳定发展，采取了一系列巩固措施，如：倡导儒学，宣布图谶于天下，使近乎神幻的预言获得了法典的意义，且刘秀无论是施政或用人都会以谶纬做根据，可见谶纬神学对刘秀建立东汉起到了不可低估的作用。

　　其次，道教的形成与佛教的传入。

　　道教形成于东汉时期，是中国的本土宗教。道教认为通过吃长生不老药，或经过修炼，可以羽化成仙，极其信仰神仙之说。战国末期，出现了"神仙说"，秦至西汉中期，方士日日益增多。秦始皇曾派遣方士徐福为其寻求长生不死之药；汉武帝也曾在方士的游说下，去东莱山会见神人，或相信方士所说的，封泰山修炼即可飞升成仙。自桓帝起，随着政治危机的不断加深，社会状况的日趋跃下，方士们就更加编造言论，以形成自己的宗教派系。汉画像艺术是汉代所特有的，其以民俗文化为根底，是汉代人集体意识的表征。道家思想是汉代人思想的内核，具体体现在丧葬艺术上，汉画像中呈现的内容尤为明显。东汉中后期，道教就成为我国重要宗教之一，对后世的历史、文化、艺术等方面都具有重要影响。

　　佛教产生于公元前6世纪的印度，大约是东汉初年开始传入我国。道教在当时汉人心目中的地位在佛教之上，刚传入中国的佛教，想要生存，必须有所依附，需要贵族阶层的支持，需要有较高水平的翻译人员，才能使汉代人们明白其深奥的教义，且教义先为统治阶级所推崇，后方可传至民间。据史记载，早期信奉佛教的是少数的贵族阶层，而中国信奉佛教的第一人应属楚王刘英。《后汉书·楚王英传》载："英少时好游侠，交通宾客，晚节更喜黄老学，为浮屠斋戒祭祀。"[1]据考古学发现，首先传入中国的是佛像，而不是佛经，佛经是经后来传译的。汉桓帝时期，到中国译经最早的两人，一是西域安息人安世高，二是月氏人支娄迦谶。据记载，安世高翻译的佛经高达35部，支娄迦谶翻译的佛经有3部。佛经的翻译和流传标志着佛教在中国正式传播。目前已知，汉画像艺术中有佛教相关内容的图像实物主要分布在新疆、内蒙古、四川、苏北、山东等地区。[2]现藏于徐州汉画像石艺术馆中的、徐州铜山苗山汉墓出土的骑象汉画像石（图1-1），图中五位僧侣骑于大象背上，画面上方祥云缭绕，行龙漫舞。大象曾是佛国的象征物，

---

① 朱存明.汉画像之美[M].北京：商务印书馆，2011：306.
② 何志国.中国早期佛教艺术初探[M].北京：中国文联出版社，2004：24.

《修行本起经·菩萨缰降生品第二》中载，六牙白象为佛的化身。① 此外，莲花也是佛教造像中的典型和代表性的形象，莲花多用于涅槃成佛的台座，是佛教信徒向往之地，是净土的隐喻和象征。汉画像石中的莲花形象也较为多见，如现藏于徐州汉画石艺术馆的、徐州邳州占城出土的鱼车出巡汉画像石（图1-2），画面分为三格，第一和第三格中，图中刻有对称的莲花，象征着藻井装饰，莲花的四角刻有四条鱼。徐州也是汉代佛教流行的主要地区之一。由此可见，佛教的传入，对中国古代甚至现今的思想、文化、艺术都具有重要意义和影响。

图1-1 骑象图　　图1-2 鱼车出巡图

②东汉的文学、艺术

东汉的文学和艺术在继承西汉文学、艺术的基础之上有了新的发展。《汉书》和《东观汉记》是东汉时期史学方面的重要历史著作。汉赋在东汉的文学艺术中最为突出，其中以班固的《两都赋》和张衡的《二京赋》为杰出代表。这两赋都是以长安、洛阳为创作对象，描述了长安及洛阳雄伟的城市、繁华的市井、壮美的宫室和兴盛的歌舞杂技，从而反映了一代京都的繁华景象和非凡气势。东汉的绘画石刻有出游、宴会、狩猎、庖厨、乐舞、神怪等题材，内容丰富、技艺高超，汉画像石所具有的极高艺术价值，是其典型体现。

③东汉的厚葬习俗

东汉早期，政治的稳固以及社会经济的恢复和发展，使当时的厚葬之风愈加炽烈。东汉初期光武帝刘秀为了维护封建统治，巩固新建王朝的稳定发展，采取了一系列巩固措施，其中包括对祭祀仪式的恢复和完善。东汉初年人们重视厚葬仪式，以厚葬为德，更是作为身份地位的象征和体现，贫困的人不惜散财筹金也要进行厚葬，以致东汉早期厚葬特征的形成。东汉中期的厚葬之风有愈演愈烈之势，相较于东汉早期，可以说是有过之而无不及，东汉晚期厚葬之风达到了极致。《后汉书·陈寔传》中载："中平四年，年八十四，卒于家。何进遣使吊祭，海内赴者三万余人，制衰麻者以百数。"② 可见当时丧葬场面的宏大。《后汉书·礼仪志》中有记载，桓帝宣陵高十二丈，灵帝文陵高十二丈，由此可见其陵墓的宏大，反映出当时统治阶级对厚葬的重视，以致上行下效，

---

① 武利华.徐州汉画像石[M].北京：线装书局，2004：80.

② 朱存明.汉画像之美[M].北京：商务印书馆，2011：88

厚葬习俗在整个社会流行。厚葬之风的盛行，不免给当时人们带来了负担，但不可否认的是，墓葬之中展现了汉代先民的理想世界，为今人研究汉代文学、艺术等提供了宝贵资料。徐汉画像石中的"建鼓"从其功能上来看，在丧葬仪式中具有特殊功用：一方面是作为行丧的乐器，另一方面起着通天达意的作用。

（二）汉画像石的文化内涵

1. 渴望生命永恒的图式

纵观汉代画像石的画面，无不围绕着一个主题展开追求生命的永恒不朽。无论是反映现实的生活图景、历史故事，还是描绘神话人物、祥瑞辟邪的神话传说，都表达了人们对于尘世生活的热爱、肯定和留恋，对于死后幸福永驻、生命永恒的渴望与期盼，都体现了一种深刻的终极关怀精神。所谓终极关怀，最根本的就是人的生死问题。生死，是自人类诞生以后无从逃避、必须面对的最重大的问题。自上古到当代，无论时代风云如何变幻，人们都在为寻找答案而不懈奋斗。有生必有死，这是永恒不变的自然规律，是人类无法回避的问题，生死观念成为埋藏在人类社会中的最稳定的意识形态，成为人类最深层的文化—心理结构。

汉代画像石本质上"是一种祭祀性丧葬艺术"[①]，因而，它是丧葬文化最典型的一种表现形式。丧葬文化是人们对于死亡的最初认识和对死者的一种文化处理方式，它可能是人类最古老的文化，它的最初产生与灵魂信仰密切相关。[②]"灵魂信仰是人对于自身以及周围世界的一种错误认识和幼稚经验的产物。"[③]原始人认为，人是有灵魂的，而且灵魂是不死的。既然灵魂是不死的，人们就必须善待灵魂；要善待灵魂，同样就必须善待灵魂的寄生肉体，这样才能让死者的灵魂获得安慰，让活着的人得到灵魂的庇佑。于是古人们便开始对死者进行有意识的保护和处理，这样，最原始的丧葬文化和习俗就产生了。

到了汉代，物质财富和社会财富急剧增加，人们的精神世界获得了极大丰富，理性思维相对发展起来，人本意识开始凸现，对于生命或者死亡的体验也变得更加强烈起来。但汉代人对于生命、死亡的认识，依然比较薄弱，他们的生死观仍然受到"灵魂不死"信仰的深刻影响，他们依然认为死亡不是生命的终结，而是生命形态的另一种转换，是另一种永生，所以，他们依然"视死如生，视亡如存"。《礼记·卷二十五》中说："事死如事生，事亡如事存，孝之至也。"[④]《荀子·礼论》说对待死者要像对待生者一样，给他们布置一个和生前一样的生活环境和生活场所，使死者灵魂在阴间依然享受着阳世那样的福祉，决不能"厚其生而薄其死"，否则便是大不孝了。为了体现儿女后人的孝

---

① 信立祥.汉代画像石综合研究[M].北京：文物出版社，2000：4.

② 陈淑君.民间丧葬习俗[M].北京：中国社会出版社，2006：5.

③ 马倡议.中国灵魂信仰[M].上海：上海文艺出版社，1988：1.

④ 仪平策，廖群.秦汉魏晋南北朝卷[M]//陈炎主编.中国审美文化史.济南：山东画报出版社，2007：114-116.

道，至少争个"孝"的名声，一种厚葬之风便兴盛起来了，一种拟世间的住宅化的墓室建筑结构形式——汉代画像石墓就出现了，一门伟大的彪炳千秋的汉代画像石艺术也随之诞生了。

人们留恋现实，渴望幸福永驻，但最终还是要面对死亡，死亡的威胁与恐惧始终如影相随。而死后的世界无从知晓，只能想象。于是在"灵魂不死"的信仰和现实功利心理的支配和影响下，汉代画像石的拥有者及创造者，便怀着虔诚的心境和"寿如金石"的渴望，不惜一切人力、物力、财力，极尽狂热地把自己的热情投注到这一不言灵石上。他们竭尽全力地把现实的世界搬到地下，希望为死者营造一个和活着时候一样的空间，使死者的灵魂得到慰藉，使生者得到庇佑，获得心灵的安慰并想象着死后的世界是被众多的生命守护神所包围的世界，死者可以升仙，以此来寄托一种对生命安全感的渴望和生命永驻的美好愿望。

2. 儒道思想的导引与制约

西汉初期，"黄老思想""无为而治"的政策使社会生产力迅速得到恢复，"文景之治"的盛世很快到来。政治上的稳固必然要求思想上的统一，公羊学大师董仲舒适应这种"大一统"和中央集权的需要，提出"罢黜百家，独尊儒术"的政治主张和文化策略，成为汉代思想史及中国文化史上一个重大的政治、文化与精神事件。至此，儒教被推崇为国教，成为封建社会的主流文化。

作为汉代独特的墓葬艺术形式，汉代画像石当然也要受到这一时代环境的影响，并在审美和文化内容上，体现出儒家作为主流意识形态对它的导引与制约的作用。

首先，汉代画像石中出现了许多反映现实社会生活、展现人生欲求的画面。较为常见的有车骑出行、狩猎、宴饮、乐舞百戏、庖厨、生产用具等画像，给人以很强烈的现实感。比如南阳汉代画像石中出现的车骑出行图，场面宏大，车队浩浩荡荡，场面轰动热烈，骑马者气宇轩昂，耀武扬威，充满了勃发的生气。宴饮图中一面是主人和宾客的悠闲自得，一面是舞人和伎人的热情投入的表演，如建鼓舞图（图1-3），我们仿佛身临其境，能听到高扬的鼓舞声响，感觉到热烈奔放的舞姿。百戏图中，有惊险的马戏、刺激的角抵戏图（图1-4），丰富多彩的杂技图（图1-5）新鲜、生动、振奋、刺激。再如沂南汉墓中室南壁横额西段的画像，描绘了宅邸庭院生活，画面中有宅院、水井、壶、盒等生活用具，中室南壁横额东段画像则是丰收、庖厨，有场院、粮食、牛车，有农人装粮入仓，有工具，有鸡觅食相斗，还有卧牛及草料筐等日用品及人来人往的生活场景。绥德出土的纺织图（图1-6），描绘了一幅"女修织纴"的情景，充满了浓重的劳动情趣和生活气息。此外，还有煮饭图（图1-7）等。这些画面内容丰富，形态逼真，俨然是对现实生活的写照。在墓室中描绘这些现实生活图景，是希望死者来世继续享受到这一切，这是儒家积极入世，对现世生活的全面关注与肯定，重视此岸世界和现实生活思想的反映。

图1-3 建鼓舞

图1-4 角抵

图1-5 顶竿之戏（山东）

图1-6 纺织图（绥德）

图1-7 煮饭图（绥德）

　　其次，汉代画像石中出现了许多描绘历史人物和历史故事的画面。历史人物主要有三皇五帝、文王、武王、周公等，历史故事主要有荆轲刺秦、鸿门宴、二桃杀三士等。这些基本上都是大家耳熟能详的人物和故事，象征了人间的道德伦理秩序，寄托了儒家的仁君思想和忠孝节义观，内蕴着儒家仁爱精神的伦理道德要求。

　　在儒家思想一统天下之时，道家哲学作为一种强大的思想体系仍然存在着，并实现着儒道的互补。汉初的"黄老之学"，在汉代经济的恢复中起到了极大的作用，后来在"独尊儒术"的文化政策下，沦为暗流而不彰。但是当政权稳固，政治问题已不是问题时，生命意识便又开始浮现并慢慢生长、增强，鬼神意识自殷商以后再次兴起。东汉中后期形成并开始流行的道教文化，因充满了对于生命延续的无尽渴望和精神自由的不懈追求，成为官方意识形态之外民间宗教信仰中最强劲的一支力量。

　　道教不同于道家。道家主要指老庄的思想，是"雅"的"上位层文化"即官僚—士大夫文化，是中国文化精神的主干，主要追求老子、庄子那种精神的超越。而道教是"俗"文化，它根本的东西不在那种精神的超越，而在于满足现实世界中人们的心理欲求，乃至解决现世的种种实际问题，所以能在广泛的社会阶层中产生影响。汉代画像石作为一种民间艺术，更多反映的就是这种民间道教思想。

　　中国文化的过于早熟与原始氏族制度、文化残余的延续，使汉代人的思维还基本上还处于人类"童年"的状态。而来自人本能的生存欲望——追求长生，则为道教的最终产生提供了适宜的土壤。汉代社会空前的大一统，带来了物质的极大丰富，人们享受着现实人生，但是人生苦短，如何才能长生不老、幸福永驻，便成为萦绕在人们心头的一个迫切问题。对于死亡的恐惧和对人生的留恋，是人类本性深处最深的隐痛，而道教就很好地解决了这一难题：它既提倡现实的享受，又为死者寻得了心理的安慰——死后成仙，以自己开放的体系去满足人们的心理欲望，甚至解决现实的种种实际问题，所以迅速地在广泛的社会阶层中生息、繁衍，很快便成为芸芸众生的宗教信仰，并在生活中渗透它的影响了。

作为墓葬艺术的汉画像石，当然更是承载着人们的这种文化心理。于是，汉代画像石的世界成为一个追求生命永恒的隐喻世界，到处充满了对生的留恋，对死的狂欢。这种超人间的力量和形式包括各个信仰体系中的主神、众神、祖先灵魂、精灵和鬼怪等，因此汉画像石中出现了许多神的形象、载人升天和镇墓辟邪的珍禽瑞兽的形象，它们都围绕灵魂升天、追求长生的主题而展开，如神话人物形象主要有西王母、东王公、伏羲、女娲等；珍禽瑞兽等动物形象：四灵、鹿和飞廉等形象。

梁漱溟先生曾说中国是"淡于宗教"的，但这不等于说中国没有宗教。中国的宗教就是儒教和道教，它们是中国人思想中永恒的主旋律，它们是汉代思想的一体两翼，相辅相成地完成汉代人的人格塑造。儒家的忠孝节义、仁与礼的思想在历史故事和舞乐图中有集中的反映，而道教的羽化升仙、神游的谨慎状态在升仙图和神话中有集中的表达。

3. 民间信仰与民俗

（1）民间信仰

汉代画像石作为一种民间艺术，充分反映了民间的通俗信仰和汉代人认识世界的方式。

①原始宗教意识

首先是祖先崇拜，这是中华民族信仰的重要内容之一。它的基础是灵魂观的存在。古人认为人是有灵魂的，灵魂使躯体具有生气、充满活力。当巫术或死亡把灵魂从躯体中分离出来时，它以超人的力量存在于生者之间，并时刻关注着自己的家族和与家族有关的每件事，并对其产生影响。这种灵魂观念导致祖先崇拜的产生，而对祖先的崇拜和重视又导致了厚葬的产生，汉代画像石石室墓就是这样的产物。汉代画像石中无论是对于现实的描绘还是对于死后的幻想，都寄托了生者对于死者的美好祝愿和渴望，直接表达了对亲人的尊敬和崇拜。而汉代画像石中的三皇五帝及人间皇帝的画像，则充满了对于人文初祖的崇拜，而伏羲女娲交尾图则内蕴着伟大祖先可以保证后代子嗣兴旺的生殖崇拜和对祖先崇拜的信仰。

其次是自然崇拜。这是人类历史上流传时间最长的宗教形式之一，远古时代，天体运动的诸种现象，日、月、星、云、雾、雷、雨、雪、风等，极大地影响着人类的生活，使人们对之产生极强的敬畏感。于是它们逐步被神化和人格化，被赋予神性和神职，受到人们顶礼膜拜。汉代时，自然科学水平有所提高，但这种集体无意识观念仍然影响着汉代人的思维模式，所以汉代画像石中出现了大量星象图以及风伯、雷神的形象图，这一方面是汉代人寄予冥界的幻想，另一方面则是日月星辰、风雨雷电等自然崇拜在汉代人心中的遗留和反映。

最后是图腾崇拜。图腾崇拜是在自然崇拜、祖先崇拜的基础上发展起来的宗教形式，它产生在氏族社会制度普遍建立之后。图腾被认为是原始初民意识到人之生命起源并假设与追问"人之生命何以起时"的一种文化与心理现象，是原始初民最早的宗教信仰之一。图腾产生在远古社会，随着时光的流逝，构成图腾崇拜的那一套完整的体制如图腾观念、图腾祭祀仪式等大多数消失了，但作为思想意识的图腾观念，却潜藏在人的意识里，代代相传。

汉代画像石中出现了许多珍禽异兽的形象，如龙、虎、凤、玄武、麒麟等。它们或作为引魂升仙的工具，或作为镇墓避邪的守护神，是汉代谶纬观念的反映，是一种"符应"或"祥瑞"的象征，它们间接地反映了图腾崇拜在汉代人思想中的遗留，成为研究图腾观念的活化石。

② "阴阳""五行"、谶纬观念

北方周文化在偏重于对社会问题的思考之中产生了儒家学派，在偏重于对自然现象的思考中诞生出了"阴阳""五行"学说。人们从成双成对的自然现象中归纳出"阴阳"理论，然后又从男女结合而繁衍子孙的现象中归纳出"阴阳化合而生万物"的理论，进而把这种理论推向自然、社会和人的领域，使"阴"和"阳"成为包容自然、社会、人的一切象征。"五行"是指金、木、水、火、土五种基本元素，五行相生相克，把这种经验向外推理，于是产生了五行与五味、五色、五方、五音等，甚至连王朝的更替也与"五行"的交替有关。

谶纬神学或曰迷信，作为一股文化思潮，在两汉之际有愈演愈烈之势，成为改朝换代的舆论工具。西汉"王莽改制"从制造大量符谶着手，东汉光武帝刘秀也是在做皇帝前制造了大量的谶语，在登上王位以后，宣布"图谶于天下"。光武帝迷恋谶纬，遂使其风靡天下，这极大地影响了这一时期的艺术。一代之文学——"汉赋"少了前期的激情扬厉和纵横气度，显示出浓重的天命观和对神化王权的崇拜。作为民间艺术的汉代画像石简直是谶纬观的直接演绎，因为迷信思想更容易在民间滋生、泛滥，所以汉代画像石出现了许多祥瑞和辟邪等怪异的形象，这些形象是谶纬化鼓噪的一种人为图腾符号，是谶纬思想趋吉避凶心理的直接呈现。

（2）民俗

汉代画像石是一种民间艺术，它反映了汉代许多的民风民俗，折射出汉代人的文化心理，具有重要的民俗功能。

汉代画像石主要分布于河南、山东、陕北、四川等四大区域，由于地理条件和文化背景的差异，这些地方在民风和民俗的细微之处难免会有一些差别。但汉代四海归一，文化大交流大融合局面形成，一些共同的民风民俗和文化心理还是相对稳定和普遍的。总的来说，汉代画像石主要反映了以下民俗。

①礼乐习俗

汉代时，南北文化的大繁荣促使了礼乐文化的大发展。汉代的统治者多为楚人，而楚人好舞，这使汉代社会出现了歌舞鼎盛的局面，并逐步形成种种礼乐习俗，这在汉代画像石中得到大量生动而丰富的表现。

首先是礼俗画面，汉代画像石中出现较多的是拥慧图和拜谒图。拥慧在汉代已成为一种约定俗成的礼仪。在汉代画像石中，拥慧者双手拥慧，慧头向上，慧柄朝下，躬身而立，毕恭毕敬。他们多被刻在门柱、门扉上，装束各异，有戴冠者，也有束帻者，说明拥慧者的地位也是有高低之分的。拜谒是汉代会客时常见的礼节，往往是拜谒双方双手执笏，或直立拜谒，或跪拜。笏，

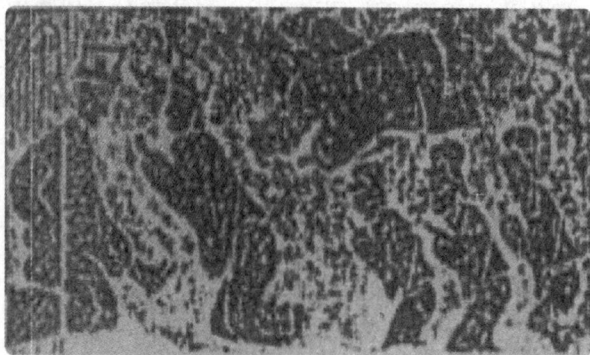

图1-8 拜谒图

是古代官吏所持的手板，用于记事，也是官吏身份的一种标志。在全国各地的汉代画像石中都有拜谒图（图1-8）。拜谒的姿态大致有以下几种：双方皆直立而拜；一方站立，一方跪拜；一方踞坐，一方跪拜；一方站立，另一方躬身而拜。从这些图中可见当时汉代拜谒的流行、等级制度的森严和礼数的严谨。

其次是以歌舞杂技款待宾客的乐俗。汉代时南北文化的大交融，促进了歌舞的繁盛，上至统治者，下及普通百姓，都沉浸在歌舞伎乐的享受中。在汉代画像石中的舞乐百戏图（图1-9）上一边是安闲踞坐的主人、宾客，一边是伎人精彩刺激的表演。场面热烈，令人激动，栩栩如生地反映了汉代乐舞和杂技的繁盛景况和汉代以乐舞娱人、款待宾客的风俗。

②辟邪风俗

汉代画像石作为一种安慰死者的艺术，它最大的功能就

图1-9 舞乐百戏

是为死者提供一个安全的环境，保证他们的灵魂顺利升天，早日成仙。于是汉代画像石中便出现了许多汉代的辟邪风俗和仪式。

首先是在墓门上画神荼、郁垒以辟邪。汉代石墓的墓门上常见的两个面目狰狞、勇猛威武的神人形象，即为神荼、郁垒。这是阳间辟邪风俗在阴宅的反映。汉代人常于除夕和春节时在门上画神荼、郁垒，或用桃木削成神荼、郁垒形象挂在门口，用以避邪，这是汉代的一种节日习俗。

其次是画神兽于墓门上以辟邪。在古代人的思维中，那些威猛无比的、或者会飞的动物都大有神通，是人们顶礼膜拜的对象，这就产生了最初的动物崇拜。在汉代人的意识里，这种思维的孑遗仍然存在，于是他们把这样的动物刻在墓室中（图1-10），以期它们能够保佑死者的灵魂免受恶鬼的侵袭，灵魂顺利升天成仙。在出土的汉画像石中，出现了较多龙、虎、朱雀、玄武等神兽形象（图1-11）。这些形象有时候单独出现，有时候组合出现。特别是神兽与铺首衔环的组合，在汉代画像石中有大量的表现。

图1-10 神兽

铺首源于青铜器上的饕餮纹。饕餮是一种贪食凶兽，面目狰狞恐怖，具有强大的威慑力，用其头部作为铺首，并与神兽结合，其驱恶辟邪的能力何其强大。同时，铺首衔环还是天门的一种象征，可以起到鸣震传呼和封闭门锁的作用。

图1-11 朱雀、郁垒、铺首衔环；白虎铺首衔环

最后是直接通过打鬼仪式来辟邪。大傩是汉代辟邪风俗中表现得最为直接和明显的一种打鬼仪式。汉代画像石中就出现了驱邪逐疫的画面，如"掌蒙熊皮，黄金四目，玄衣朱裳，执戈扬盾"并奋力驱鬼的方相士，还有神兽驱赶怪兽的画面，或者手持牛角奔

走呼喊的人物形象，这些画像从不同的角度、不同的侧面表现了汉代的大傩之仪。

此外，汉代的丧葬习俗在汉代画像石中也有反映。汉代大兴厚葬之风，汉代画像石墓的出现就是厚葬的一种表现。它从设计到成型，都要耗费大量的人力、物力和财力。作为一种墓葬的附属物，汉画像石也传达着人们的这种丧葬观，在已出土的汉代画像石中，有很多丧葬的场面，这为我们了解汉代的丧葬礼俗提供了宝贵的资料。

二、徐州地区汉画像石产生的历史背景与分布

（一）徐州地区汉画像石产生的历史背景

徐州，古称彭城，是两汉文化遗存保留最为集中且内涵最为丰富的地区之一。此地出土的汉墓、汉画像石、汉兵马俑并称中国"汉代三绝"，拥有极其丰富的汉文化遗存，被称作"两汉文化的发源地"。徐州亦有"帝王将相之乡""人文荟萃之地"之称，不仅汉代开国皇帝刘邦、南朝皇帝刘裕等历史名人皆出身于此，它还是汉代刘氏封国所在地。丰厚的历史文化底蕴与浩繁的文明古迹使其享有"大汉之源""南秀北雄"之美誉，因此史学界有学者认为"明清文化看北京，隋唐文化看西安，两汉文化看徐州"。

汉时徐州地区经济繁荣、商贾云集，世家贵族、博学弘儒、能工巧匠多聚于此，这使此地的墓葬装饰不再是统治者的特权，官员与富裕的平民也能够装饰墓葬，他们主要使用的便是画像石。据《汉书·地理志》记载，西汉元始二年（公元2年）楚国所领七县人口在103个郡国中居15位。东汉永和五年（公元140年）仅彭城县（今铜山区）人口即多达20万，是该县清代以前的最高人口记录，也是当时人口高度密集的地区[1]。《史记·货殖列传》中，司马迁将全国分作12个经济区域进行分析论述，其中"自淮北沛、陈、汝南、南郡，此西楚也""彭城以东，东海、吴、广陵，此东楚也"，今日徐州行政区域，正处于西楚、东楚的交界。[2] 东汉的仲长统甚至在《昌言·理乱》中夸张地形容："豪人之室，连栋数百，膏田满野，奴婢千群，徒附万计。船车贾贩，周于四方；废居积贮，满于都城。琦赂宝货，巨室不能容；马牛羊豕，山谷不能受。"[3] 就连此处出土的汉画像石上的榜题，也动辄便刻着"百万"或"五百万"。

铁工具的普遍使用，大大提高了生产力，推动了农业、手工业的发展，促进了商业的繁荣，也为汉画像石的制作提供了必要的工具条件。《文献通考》载："成帝河平二年正月，沛郡铁官铸铁，铁不下，隆隆如雷声，又如鼓音，工十三人惊走，音止，还视地，地陷数尺，炉分为十。一炉中销铁散如流星，皆上去，与征和二年同象。"[4] 汉武帝时期，私人铸铁权被收归国有，在全国重要产铁区域设"铁官"49处。这49处铁官中，徐州

① 刘尊志. 徐州汉墓与汉代社会研究 [D]. 郑州：郑州大学，2007：150.

② [西汉] 司马迁. 史记 [M]. 北京：线装书局，2006：540-541.

③ 张文治. 国学治要：子部 集部 [M]. 北京：北京理工大学出版社，2014：952.

④ [元] 马端临. 四库家藏：文献通考（九）[M]. 济南：山东画报出版社，2004：114.

便占了三处：彭城、沛、下邳。徐州铜山的利国驿，是当时的铁官制造所之一[1]，也是国内著名的富铁矿，其矿石含铁量高达60%以上。

1954年发掘的利国驿汉代冶铁遗址，便具有相当大的范围。同时，在徐州的汉墓中也有铁器被发掘出来，如火山汉墓的铁楔、狮子山汉墓的铁凿等。冶炼技术的提升推动了徐州汉画像石的产生与发展，而多文化交融的文化环境则成为此地汉画像石题材的决定性因素。徐州东襟淮海，西接中原，南屏江淮，北扼齐鲁，交通发达，在其五省通衢的特殊地理背景下，地区原生文化与荆楚文化、齐鲁文化、中原文化交织融合，逐渐形成了独具特色的"徐州两汉文化"。

徐州在两汉年间，作为前西楚的国都及汉代诸侯王的封地，共有楚王13代，彭城王5代。汉代徐州的行政区划同今日有所不同，徐州刺史部囊括今山东省东南部与江苏省北部[2]，现一般称之为徐淮文化区。这一地区既是东夷民族的核心地带，也是黄河文明和长江文明的交汇处，过去考古界曾称这种交汇文化为"青莲岗文化"[3]。西汉初年的齐鲁文化，可说是儒文化，也是汉文化。鲁国是圣人孔丘之乡，齐国是亚圣孟轲之乡，徐州不仅与儒文化之摇篮相邻，甚至某些时代会共辖一区。因此两汉时徐州既成了除齐鲁之外的儒文化基地，亦"成为汉初儒学最早复苏的地区"[4]。中原文化即华夏文化，主要产生于黄河中游地区。地处黄河中下游华夏文明核心区边缘地带的徐州，长期受关洛一带文明中心影响，进入文明阶段后，逐渐成为连接华夏几大古文化区域的枢纽。[5]且徐州曾为楚地，春秋时期便深受荆楚文化薰染，战国末期发展为相对集中的荆楚文化区。多种文化的交融奠定了徐州两汉文化的基调，荆楚文化更是深深地影响着徐州的汉画像石。同时，徐州周边优质的石材条件，也为汉画像石提供了材料来源。汉画像石文化就此逐渐在徐州地区盛行。

（二）徐州地区汉画像石的分布

两汉时期的汉画像石，分布范围广：东起海滨，西到甘肃、四川一线，北自陕西的榆林、北京，南至浙江的海宁、云南的昭通一线[6]，其覆盖面积占据大半个中国。据统计，在全国范围内汉画像石的发现地已达二百余处。[7]其中，河南50座（南阳占44座），山东40余座，江苏30余座，陕西10余座，山西近10座。[8]

---

[1] 顾森，邵泽水.大汉雄风：中国汉画学会第十一届年会论文集[M].北京：高等教育出版社，2008：69.

[2] 张从军.黄河下游的汉画像石艺术[M].济南：齐鲁出版社，2004：7.

[3] 张从军.黄河下游的汉画像石艺术[M].济南：齐鲁出版社，2004：15.

[4] 王云度.略论徐州在两汉文化中的地位[M]//王中文.两汉文化研究：徐州市首届两汉文化学术讨论会讨论集.北京：文化艺术出版社，1996：8.

[5] 王健.汉代徐州文化论述[M]//汉文化研究论丛.北京：中国社会科学出版社，1993：120.

[6] 信立祥.汉代画像石综合研究[M].北京：文物出版社，2000：13.

[7] 信立祥.汉代画像石综合研究[M].北京：文物出版社，2000：13.

[8] 王建中.汉画像石通论[M].北京：紫禁城出版社，2001：38.

汉画像石的分布是不平均的，不同时期、不同区域的汉画像石题材内容不同，风格特征也有所差异。信立祥在《汉画像石综合研究》一书中，按其分布的密集程度，将汉画像石的分布划分为五个分布区：第一个分布区是山东全境、江苏省中北部、安徽省北部、河南省东部和河北省东南部组成的广大区域；第二个分布区是以南阳市为中心的河南省西南部和湖北省北部地区；第三个分布区是陕西省北部和山西省西部地区；第四个分布区是四川省和云南省北部地区；第五个分布区是河南省洛阳市周围地区。[①] 这五个分布区中，以第一分布区汉画像石分布最为密集，出现最早，延续时间最长，题材内容丰富，影响最大。其中，江苏省中北部的汉画像石分布以徐州地区为中心，呈放射状向其他地区辐射。

据统计，目前徐州地区发现的完整的汉画像墓 20 余座，保存汉画像石共 500 余块。徐州地区的汉画像石主要集中分布在铜山、睢宁、新沂、邳州、沛县等地，有著名的栖山墓、九女墩墓、洪楼墓等。徐州地区汉画像石墓分布如下 [②]。

（1）徐州：铜山、利国、茅村、范山、万寨、义安、汉王、贾汪、青山泉、蔡邱、小黄山、乔家湖、周庄、十里铺、台上、张集、洪楼、苗山。

（2）睢宁：墓山、张村、双沟、古邳、旧朱集。

（3）新沂：瓦窑。

（4）邳州：黄楼、燕子埠、大王庙、宿山、杨楼、白山、过蒲山。

（5）沛县：古泗水、栖山。

（6）丰县：华山。

三、徐州地区汉画像石的题材内容与艺术表现手法

（一）徐州地区汉画像石的题材内容

汉画像石的题材内容极其丰富，涉及社会生活的各个领域，对其进行准确的分类则十分困难。目前看来，对画像石的分类多根据直观的印象进行分类。主要的学术分类如下。李发林将其分为 4 类：表现祥瑞和神话故事的图像，刻画自然风景的图像，反映社会现实生活的图像，描绘历史人物故事的图像。[③] 吴文棋和蒋英炬将其分为 4 类：表现社会生活的内容，描绘社会生产的内容，表现神话传说及鬼神信仰的内容，描写历史故事的内容。[④] 日本学者土居淑子将其分为 7 类：具有故事情节的画像，关于祭祀礼仪的画像，有关天象和自然现象的画像，关于仙人及神怪的画像，关于日常生活和社会生活的画像，

---

① 信立祥. 汉代画像石综合研究 [M]. 北京：文物出版社，2000：13—15.

② 朱存明. 汉画像之美 [M]. 北京：商务印书馆，2011：121

③ 李发林. 山东汉画像石研究 [M]. 济南：齐鲁书社，1982：25.

④ 山东省博物馆，山东省文物考古研究所. 山东汉画像石选集 [M]. 济南：齐鲁书社，1982：4-5.

描绘怪兽等空想事物的画像，各种装饰图案的画像。[①]

信立祥先生认为，对汉画像石的这种直观的分类不可能从整体上正确把握其题材内容，因为直观的分类不仅忽略了画像内容与其所属建筑之间应有的关系，而且完全忽视了画像的配置规律，割断了各种画像之间的内在有机联系。应该把画像石的分类建立在其所体现的本来意义的基础上。[②]

笔者以体现画像石的本来意义为基础，将徐州地区汉画像石的题材和内容分为三类：一类是以浪漫主义手法表现墓主人为达到死后升入仙界与神仙们共游的愿望而创造出幻念中天上神仙们的自由世界和祥禽瑞兽图文装饰；一类是以现实主义手法再现人世间的现实生活，描绘墓主人生前的享乐场景和死后的哀荣，真实地记录了汉代人的思想追求和生活状况；一类为历史故事的刻画，以关于忠臣、智者、勇者的历史故事来借喻死者生前的辉煌。

1. 徐州地区体现浪漫主义的汉画像石

徐州地区表现浪漫主义的汉画像石主要分为以下几类。

（1）神话类内容

徐州汉画像石中的神话类内容，多取材于《楚辞》和《山海经》。其中有伏羲女娲图、东王公、西王母图、羽人飞仙图、后羿射日图、嫦娥奔月图等。汉代以儒家思想和道家神仙思想所刻画出来的神为主神，这就使得历史神话同阴阳五行交织在一起。东汉时期的徐州地区是佛教和道教思想的传播中心之一，"长生不老"和"羽化成仙"思想深入人心，成为汉画像石神话类作品中的主要表现内容。在汉代，人们刻画的众多不同的神仙当中，占据最高神位的为伏羲、女娲、东王公和西王母。汉人尊阴、阳为二神，阳神管天，阴神管地，便创造了宇宙世界。

图1-12 伏羲女娲图

徐州汉画像石中的伏羲、女娲图像或两尾相交，或手持日月、规矩。徐州睢宁双沟镇出土的伏羲女娲图（图1-12）便是这一传说的典型作品。图中伏羲、女娲人首蛇身呈交尾姿态。图像下方还刻有两个小人，这就明显地表现了伏羲、女娲繁衍后代的传说。此图表现了汉代人们对始祖神的崇拜。

（2）祥瑞类内容

徐州地区汉画像石体现的祥瑞类图像主要有羽人、"四灵"、九尾狐、蟾蜍、玉兔、比翼鸟、翼龙、麒麟、九头兽等。其中，羽人形象为全身长满羽毛，双臂为翼，并且在云中飞翔，狭义的理解就是羽化成仙。同时，这种形象也是汉代人心中对神仙的想象。两汉时期，修仙思想盛行，羽化成仙是从帝王到平民都极为希冀的事情。因此，羽人形

---

① 土居淑子. 古代中国的画像石 [M]. 京都：朋舍，1986：38.

② 信立祥. 汉代画像石综合研究 [M]. 北京：文物出版社，2000：59.

象也在画像石的制作中得到普遍的运用。两汉时，将青龙、白虎、朱雀、玄武谓之"四灵"，在墓室的东南西北分别配有"四灵"，以镇墓安魂，带来吉祥。九尾狐，因其体态如狐又生有九尾，故称。其声音类似小孩，肉可食且对食者有益。另外九尾狐还象征着子孙繁衍，多出现于西王母画像图中，被人们视为祥瑞。总览徐州地区关于祥瑞图案的画像石，有的单独成画，表达一定的意愿和含义，有的被融合到其他的画像之中起呼应和衬托装饰的作用。这些题材集中反映了佛教和道教思想对汉代人的影响，也反映了人们对死后成仙的向往。

2. 徐州地区体现现实主义的汉画像石

描绘汉代社会现实生活的题材，构成了徐州地区汉画像石的主体。

（1）社会生活类题材

社会生活类题材在徐州汉画像石中所占的比例较大，主要有车马出行图、安居乐业图、庖厨宴饮图、迎宾拜谒图、杂技乐舞百戏图、六博图等，多是描绘墓主人生前骄奢淫逸的生活画面，如飞剑跳丸、驯象弄蛇、鱼龙漫衍、吞刀吐火、迎来送往、钟鸣鼎食、六博对弈、驰逐狩猎、射御比武等。如徐州汉画像石馆馆藏的"建鼓图"（图1-13），其中吐火表演最为惊险——一人手操喇叭状物，鼓腮吹出熊熊燃烧的火焰。所谓"建鼓"，其原本置于官府大门前面，府门启闭，击鼓为号。汉画像石中有些"建鼓"画于官府前面，也有不少"建鼓"成为百戏音乐表演当中的乐器之一——有两人在鼓的两侧，手持鼓槌击鼓。再如徐州汉画石像馆馆藏的"车骑出行图"（图1-14）。车骑出行是汉画像石中最流行的题材：贵族外出游猎时，坐良骑，挟弩持弓，神情威严，车行道上。主人和随从按各自身份，分乘辎车、轩车、辎车、篷车疾驰，尘土飞扬，车辚马萧，场面煊赫，反映出墓主人的身份。

图1-13 建鼓图

图1-14 车骑出行图

（2）社会生产劳动类题材

徐州地区的汉画像石中，以牛耕图和纺织图为社会生产劳动类题材的主要代表，在反映当时社会生产力水平和地方民俗方面，也有生动的表现，因此石刻中经常出现男耕女织、捕鱼等反映劳动人民生活的场景。徐州双沟汉墓中出土的牛耕图（图1-15）上，一农夫上身赤背，下穿短裤，一手扶犁，一手持鞭，赶牛耕田；身后一少年左手提篮，右手随耕播种；田头停着一辆装满肥料的大车，车旁一只家犬正原地憩息；田间还有一人担着筐、壶，为耕种人送饭。此作品是一副珍贵的田园风俗画，不仅反映了浓郁的田园气息，还为研究当时的牛耕技术和生产工具提供了重要的材料。再如徐州青山泉出土的"纺织图"（图1-16）更是惟妙惟肖，画的上层刻画了四位妇人，有的纺线，有的织布，其中一位农家妇女坐在纺织机旁，转身接抱婴儿。

图1-15 牛耕图　　　　　　图1-16 纺织图

（3）民间尚武类题材

徐州自古为兵家必争之地，受此影响，徐州地区的汉代人大多崇武尚义，具有大汉雄风，从而使得徐州地区汉画像石表现民间练功比武的场面屡屡出现。徐州洪楼出土的力士图（图1-17）上刻着七个力士：左侧一人持剑盾；一人生缚一虎；第三人怒目凝视，裸露臂膀，蹲马步欲拔树，树上鸟惊飞；第四人手执牛尾，将牛倒背在背上；第五人双手执鼎耳，弓步蹬地，将鼎翻举过头；后面一人抱橛，另一人执壶。画面抓住了力士的瞬间动作，充分表现了力士拔山扛鼎的雄姿，仿佛在力士的体内蕴藏着无穷无尽的力量，显示了汉代人的强健体魄和高超的武艺。徐州地区画像石中还有其他许多比武场面，常见的有钩镶对戈戟、钩镶对刀盾、徒手对刀枪等。其中，钩镶是汉代常用的攻防两用兵器，两端为钩，用来钩走敌人的兵器；中间为镶，可以用来推刺。这是一种失传的汉代兵器，目前只能从画像石上看到它的模样了。

图1-17 力士图

3.徐州地区体现历史故事的汉画像石

徐州地区的历史故事类画像石主要有"周公辅成王图""孔子见老子图""泗水捞鼎图"等。此类画像石的画面一般较大，构图比较完整，雕刻精美，造型生动。其中徐州汉画像石馆馆藏的"孔子见老子图"（图1-18）描述的是，老子是一位博学长者，掌管着周朝的图书档案，孔子见老子的时候还带了不少的学生。另一幅徐州贾汪散存的"泗水捞鼎图"（图1-19），现存于徐州汉画像石馆。这块画像石采用浅浮雕的雕刻手法制成，从画面风格来看，为东汉中晚期的作品。"泗水捞鼎"的题材取自秦始皇泗水打捞周鼎的故事。《史记·秦始皇本纪》记载："过彭城，斋戒祷祠，欲出周鼎泗水，使千人没水求之，弗得。"[①] 其中流传着这样一个故事：秦始皇为我国古代第一个大一统封建王朝的皇帝，他多次巡游全国，四处封禅、祭祀，以求帝国稳固，同时也四处收集周朝遗留下来的鼎。在泗水捞鼎的时候，周鼎渐渐被打捞出水面，突然绳断人倒，众人大惊失色，将要打捞上来的周鼎也在众目睽睽之下沉入泗水。后来秦始皇又命人再次找寻，则再也没有寻到。一时间众说纷纭，传说是神龙因为秦始皇的统治不得人心、不合天意而咬断了绳索，而秦朝的灭亡也在不久之后就发生了。

图1-18 孔子见老子图

图1-19 泗水捞鼎图

（二）徐州地区汉画像石的艺术表现手法

1.徐州地区汉画像石的雕刻技法

汉画像石的雕刻技法主要为线刻类和浮雕类两种，根据现阶段徐州地区出土和征集

---

① 史记·秦始皇本纪

的汉画像石材料得知，徐州地区的汉画像石的雕刻技法主要为阴线刻和浅浮雕两种。

（1）线刻类

因不需要突出表现物像的质感，线刻类作品物像的轮廓和细部全部用线条来加以表现。这种画像石作品更像是以刀代笔的白描画。这种雕刻技法的优点是更加突出整个画面的轮廓，使得画面细腻真切，有阴柔之美。线刻类的技法有以下三种。

①阴线刻。所谓阴线刻，即直接在石面上用阴线条刻出图像。这种技法最大的特点是画像表面没有凹凸，物像与余白在一个平面上。由于对石面的处理方法不同，这种雕刻技法又分为平面阴线刻和凿纹地阴线刻两种形式。平面阴线刻，就是在磨制平滑的石面上用阴线刻出图像，如徐州汉画像石馆馆藏的"比武图"。凿纹地阴线刻，即余白面留有平行凿纹的阴线刻技法，这种技法给人一种粗犷朴质的感觉。

②凹面线刻。所谓凹面线刻，即在石面上沿着物像的轮廓线条将物像面削低，使物像面略低于余白面，物像的细部再用阴线刻刻画。这种雕刻技法也有两种表现形式：其一是凿纹地凹面线刻，即用工具以较细的平行凿纹的形式将石面打磨平整，然后再在其上刻制图案的手法。其二是平面凹地线刻，其特点和凿纹地凹面线刻技法的不同点为余白打磨较为平整，可以使物像略微有点质感。

③凸面线刻。此技法的雕刻手法与凹面线刻截然相反，其方法是在磨平的石面上，将物像以外的余白面削低使物像面呈平面凸起，然后再用阴线刻法对细部进行刻画。由于余白面的处理方法以及图像细部的表现方法不同，此种技法又至少可以分为三种表现形式。第一，凿纹减地凸面线刻。这是一种余白面为减地时留下的细密平行凿纹，图像细部用阴刻线条来表现的手法。第二，铲地凸面线刻。这种技法是将余白面铲低成平面，使物像面呈平面突起，再配合阴线进行细部雕刻。由于各地风格不同，余白面的铲低深度有着明显的区别。如徐州睢宁九女墩墓的门扉画像石，余白部分铲下只有1毫米左右。第三，铲地凸面刻。其技法也是将余白部分铲低成平面，但是物像细部不用阴线刻画，而是由画工用墨线进行描绘。

（2）浮雕类

浮雕类的画像石力求表现物像的质感，因此，不仅要将物像面以外的余白面削低，使物像面较突出，还要将物像面削刻成弧面。这种技法还可再细分为三种类型。

①浅浮雕。这是一种余白面削低的深度较浅，物像面浮出较低且细部用阴线进行刻画的雕刻手法。这种画像石从西汉晚期到东汉晚期，一直贯穿于整个汉画像石发展的始终，广泛流行于绝大部分的汉画像石流行区域，可以说浅浮雕是汉画像石最基本，也是最重要的雕刻手法。由于对余白面的处理方式不同，此种雕刻手法也有两种表现方式。其一，凿纹地浅浮雕，也就是余白面留有减地平行凿纹的浅浮雕技法。其二，平地浅浮雕，即余白面铲成平地的浅浮雕技法。

②高浮雕。这是一种余白面铲得很深，图像面浮出很高，物像的细部也要根据不同

的凹凸进行刻画，以达到图像立体表现原则的雕刻手法。此类画像石因其具有强烈的立体感，所以多配置于墓室或地上祠堂的门扉或门楣等比较醒目的地方。

③透雕。此种技法是对高浮雕的进一步细节化，在高浮雕的基础上进一步将物像的某些部位镂空，使其在整体形象上更接近于圆雕的雕刻手法。其中少数是具有圆雕风格的作品，如徐州青山泉白集画像石墓中室西壁的羊形柱础也应被视为属于这种雕刻技法的作品。

就目前出土和征集的徐州地区汉画像石资料来看，徐州地区汉画像石的雕刻技法主要体现为两种。一种为阴线刻的雕刻手法，其中包括了上文中阴线刻的两种表现形式，即平面阴刻线和凿纹地阴刻线。其他线刻手法在发现的材料中则极少见，就算是偶尔出现的凸面线刻，也在余白部分的铲除深度上和其他地区有着明显的差异，即余白面的铲除深度很浅。即使铲地凸面线刻的最早用例出现在九女墩墓，但由于现阶段所发现的类似材料欠缺，其作为个别材料，并不能代表徐州地区的整体情况。另一种为浅浮雕的雕刻手法，其中包括了凿纹地浅浮雕和平面浅浮雕。其他浮雕类的雕刻手法则非常少见。这种阴线刻和浅浮雕的雕刻手法基本上完全代表了徐州地区汉画像石的地域特色。

2.徐州汉画像石连环画样式的特点

（1）艺术特点

徐州汉画像石受诸多造型艺术因素的影响，使多种艺术语言形式集结在一起，巧妙地融合，形成了新的独特的艺术语言。汉画像石上质朴的笔锋和简洁的刀法相结合，浑然天成。线刻精致细腻，疏密相交，富有阴柔之美；浮雕浑雄苍健，俊挺潇洒，有阳刚之美（如图1-20），表现了中国传统文化中美的基本特征。其典型特点就是粗犷豪放、沉稳有力、以满为美，给人以情感炽烈并且富有一种浪漫情怀的感受，尤其是其画风古拙质朴、雕刻浑然有力的表现手法最为独特（如图1-21）。

图1-20 侍者献食图　　　　　　　　　图1-21 庄园舞乐图

（2）画面经营特点

徐州地区汉画像石对于画面的经营大致可以分为以下几点。

第一，运用叠格的方式巧妙地表现了不同场景不同人的状态，如同连环画一样，用分格的方式区分了同一时间内人们的动态。在现存的叠格石像砖中经常能找到三格的造型：第一格表现的是乐舞人物，自左而右分别为吹竽、吹笛、倒立、长袖舞；中间一格是建鼓舞，自左而右分别为弹琴、建鼓舞、击磬；第三格是庖厨场面。画面具有故事情节，一幅画面分多个层次表现，使整幅画像的形式类似一组连环画，体现了画面的连贯性，这点是其他地区所鲜有的（如图1-22）。

第二，在构图上将两种不同性质的图像以分格的方式分布在同一画面，根据空间的大小用道具（如房屋建筑、车马等）精心刻画了一组既突出个性又具内在联系的、表现不同时空的故事。譬如很多画像石分上中下三层，上层刻画神兽仙鸟等，中间雕刻庖厨的场面，下层刻车马与恭迎的场景，展示出一种超现实主义的表现手法。

3.徐州汉画像石装饰性表征

徐州汉画像石作为雕刻与绘画艺术相结合的一种艺术，其并不以造型准确、雕工精细为最高目的，而

图1-22 乐舞、庖厨图

是强调如何将物像的内在神韵及其形态的装饰性反映在画面之上，其造型古朴有力，显得极富神韵与深意。徐州汉画像中大概有60%的画面具有边饰图案，其中三角纹、菱形纹、云纹、连弧纹、锯齿纹等几何纹样的花纹的应用最为广泛（如图1-23、图1-24）。汉画像石的画面构成形式可简可繁，可以独立亦可连续使用，或者作为自然形纹样的边饰。这些纹饰不论哪种形式，皆受绘画艺术的影响颇多，从而体现了中国传统绘画方式的审美情趣。徐州汉画像石艺术流畅洒脱的线条增强了造型的韵律和整个构图的张力，有利于画面的变异夸张与整体感。其中有些画像石在图像上用细密的点与长短不一的线条组合而成的一些装饰，营造出点与线并置的效果；并且画面周边的装饰线也设计得周密协调，注重物像造型的变化与整体画面装饰的形式美。在汉画像石的图式中，徐州汉画像石在构图上非常注重形式美，主要表现在图形的对称、呼应、连续等构图的法则上，构图方式较为自由，疏密关系较为均衡。譬如"十字穿环图"（如图1-25）"伏羲女娲图"（如图1-13）的装饰性图案纹样丰富多

图1-23 人物拜见图

图1-24 六博士图

样，且构图饱满，在画像石周边镶嵌了这些锯齿轮和菱形纹等华丽的花纹，图案本身也具有形式美，装饰在画面中也赋予了图案的庄重的形式与美感。

图1-25 十字穿环图

四、徐州地区汉画像石中的民俗文化观念

社会民俗观念对造物的形态、技术及精神体现起着重要的作用。高丙中通过对民俗文化与民俗生活的研究将民俗定位为："民俗是具有普遍模式的生活文化，生活文化林林总总，其中只有那些体现着普遍模式的事象才是民俗。"[①]"民俗的主体把自己的生命投入既定的文化风俗所构成的活动。当活动呈现为民俗时，那些既定的文化因素必定呈现为某种稳定的结构，呈现为程式，这就是民俗模式。"[②]这种民俗模式体现在造物中便是共知共识经验的一致性，或者说在一定区域范围内是共同的，表现为稳定的造物模式。民俗对造物的影响体现在如何从社会生活的各方面痕迹中表达造物的根源价值，从徐州出土的汉代画像石看，其深受民俗文化观念的影响。

1. 生命永恒的社会风气

中国汉代造物体现了儒道合体的生命价值观。儒家的生命观多寄托了人们对子嗣昌荣的美好愿望。道家则把长生不老和升仙理解为自身不灭的标志，《楚辞·惜誓》中有"朱雀神鸟，为我先导"的记载，我们在徐州等地的汉墓中发现的大量瑞兽、龙、朱雀等造型，都象征着生死观念中升仙的理想方式。

永恒的生命观催生了汉代造物的象征性思维。寓意、象征的表现手法是民间、民俗特有的文化产物，多体现在执着于追求幸福的生活，也以避邪、祈求平安为特征，或者说是对天、地、人之间关系的一种现实的憧憬。两汉时期，象征性的造物已完全成为具

---

① 高丙中.民俗文化与民俗生活[M].北京：中国社会科学出版社，1994：144-146.

② 高丙中.民俗文化与民俗生活[M].北京：中国社会科学出版社，1994：144-146.

有特定社会文化内涵的民俗符号。中国汉代的造物思想非常重视物的社会属性，工艺造物寓意丰富，往往借助形制体量、尺寸色彩和纹饰来象征社会道德和意识。从汉画像石上很容易就能看到汉代的象征性思维，这种思维体现在造物装饰上，便有了精神寓意与使用价值结合的儒家特征，也暗示和促进了民俗造物世界的整体性和有序性。汉代的画像石、画像砖以及瓦当造物都是在坚硬冰冷、没有生命的材料上完成的，仅仅是小小的瓦当就寄予了众多的象征物，如四神、翼虎、鸟兽、云纹、植物、昆虫以及各种非现实世界的仙界形象。这也证明了我国汉代的工匠高超的艺术修养，赋予了砖瓦以生命活力和象征性。

2. 世俗伦理观

中国传统社会中，世俗伦理观影响并制约了民众的价值观念和行为习惯，道德伦理成为规范社会人伦关系的一把尺子，通过制度化渗透到民众的情感、信仰、观念的方式等各个方面。汉代的民俗造物既受儒教的礼制之限，又重人伦情感，既立足应用标准，又得符合善与美的伦理规范和追求，这是传统社会民俗造物观的重要特点。

（1）礼制

《淮南子·说山训》："人无礼则不生，事无礼则不成，国家无礼则不宁。"①《后汉书·光武帝纪》也有"法令不能禁，礼义不能止"的记载，这种"在家则为孝，在国则为忠"的儒家礼制，规范了社会人际关系，把礼仪、名节信义、轻功利等观念逐渐内化为一种纯朴的精神内核。汉代这种乐观、敦厚的精神状态也渗透到各种民俗造物活动之中，视造物为伦理上的教育感化作用。这是礼—器—德的循环过程，通过"器"这一中心环节，将"礼"的思想观念物化为可视形态，在维护基本礼仪的基础上，以期达到"成教化，助人伦"的目的。

礼制对技术活动的影响是把伦理观念的设计思想放在首位，等级观念和科学的尺度设计结合在一起，这种设计思想影响了汉代器具设计的礼制化、规范化、模式化。因场合、功能的不同体现世俗伦理，在造物装饰上也有精致程度的等级之分。《淮南子·齐俗训》中有这样一段表述："富人则车舆衣纂锦，马饰傅旄象，帷幕茵席，绮绣絛组，青黄相错，不可为象。贫人则夏被褐带索，含菽饮水以充肠，以支暑热；冬则羊裘解札，短褐不掩形，而炀灶口。故其为编户齐民无以异，然贫富之相去也。"②这段话就明确地提出了"礼"的规定，这种观念对民俗造物的选材、工艺、形制等有着一定的影响和制约作用。比如，古人历来追求美食美器，汉代所造食具、酒具的质地与外形尺度的不同代表着身份与等级的不同，也就是说，礼制下的造物形制、尺度并不是取决于器物自身的设计，而是取决于某种使用场合和物的拥有者。

---

① 安小兰译注. 荀子·修身 [M]. 北京：中华书局，2007：20.

② 刘康德. 淮南子直解·说山训 [M]. 上海：复旦大学出版社，2001：882.

（2）寄情

传统儒学是汉文化的主干，其"发乎情，止乎礼"的伦理道德影响已经深入人们生活的方方面面。物是情感的寄托，是我们了解文化的基础，造物不可避免地受到社会情感风气语境的影响，在造物与社会生活的相互渗透中，人的情感因素在物化中得到延伸。

汉代造物中的情感体现在人与物的亲和性上。我们从徐州出土的汉画像石中可以发现，长者正襟危坐的姿态的确具有长者的威严，这种"人是万物之灵"的重塑、重心理感情的造物理念，同时又具备实用功能的合理性，与世俗对于长者的心理认识和造像的情感表达有着稳定性的特征，具有人与造物相亲和的色彩，而不是处于疏远、对抗的境地。民俗基础之上的造物活动更注重"形而下"的表达。汉代民俗造物与生活息息相关，真正达到了以人为本、物为我用的设计理念，体现出农耕生活状态下普通民众的朴素情怀以及对环境的观照和精神上自我满足感。

（3）娱乐

娱乐是情感表达的延伸与外化，汉代的礼乐范畴也被严格的造物设计制度所纳入。除统治阶级外，民间的普通百姓也受到感染，并积极参与乐舞活动，使得"雅乐"在汉代一步步衰微，民间百戏盛行，因此带动了民间乐器的造物之工艺。汉代"遇事必歌""即兴起舞"之风遍于民间，充满世俗的生活情趣。《盐铁论·散不足》记载汉人"往者，民间酒会，各以党俗，弹筝鼓缶而已……今俗因人之丧以求酒肉，幸与小坐而责辨，歌舞俳优，连笑伎戏"[①]。就连民间丧葬等场合都有"歌舞俳优，连笑伎戏"的记载，其葬礼的意义已不单单是为把逝者送入地下。目前在徐州当地依然有聘请民间剧团唱大戏的丧葬习俗，以示喜丧。

桓宽《盐铁论·散不足》云："椎牛击鼓，戏倡俳像。"汉高祖生于楚地，故而喜歌善舞，高祖过沛地时留下了"大风起兮云飞扬"的千古绝唱，沛地自汉便流传有腰鼓、花鼓、建鼓、七盘鼓等百戏形式。从画像石中可以看到建鼓舞、长袖舞是汉代徐州地区最多见的舞蹈形式，形象地再现了汉代悠远雄浑的乐风舞韵。

长袖舞在徐州汉画像石中十分常见，这是一种以女子着长袖为特征的舞蹈。古代艺术家充分发挥了长袖这种善于抒发人的情感的特点，使其成为我国古代舞蹈的传统特色之一，以表达各种复杂的情感，给人以美的享受。表演者宽衣长袖，腰如束素，两只长袖飘绕缠绵。表演者以轻盈的体态翩然起舞，婀娜多姿，给人以轻松舒适之感。飞绕的长袖和袅袅的细腰是这种舞蹈的特点。汉代诗赋中对长袖舞亦有形象的描述："罗衣从风，长袖交横""体若游龙，袖如素睨""裙如飞燕，袖如回雪"……这些描写充分体现了汉代长袖舞的飘逸美。长袖舞有单人舞、双人舞和多人群舞。徐州汉画像石中多见单人独舞，并与其他乐舞百戏串演，同时出现在一幅汉画像石之中。如图1-26所示，即为

---

① ［西汉］桓宽.盐铁论[M].陈桐生，译注.北京：中华书局，2015.

长袖舞表演，舞者长袖细腰，体态婀娜，左边有两乐人伴奏，右边一人在做倒立表演。画面构图完整饱满，浅浮雕的雕刻技法给人视觉上美的享受。

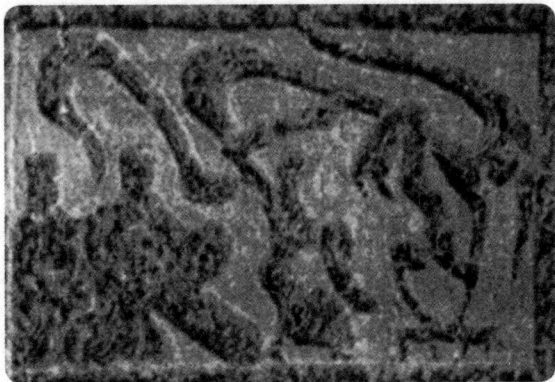

图1-26 长袖舞图

3. 自然观

（1）致用为本

老子提出了"有器之用"，强调了造物的应用目的，这种思想贯穿于中国造物艺术发展的始终。到汉代，随着世俗文化的繁荣，更强调器物的实用性，汉代王符就提出"百工者，以致用为本，以巧饰为末"[①]的思想。民俗造物在本质上是为了满足基本生活以及风俗习惯的实用价值，因此其外在形态就具备了结构形式、功能、生态等之间的微妙关系。

汉代的民俗造物因贴近现实、更富有生活气息，展现出质朴、简约、灵动的特色。经过生活、生产的不断积累和完善，民间工匠们在造物经验的基础上，将"约定俗成"确定为大体上一样的标样，这就是民俗造物的重要特征。

（2）顺应天然

《庄子·天道》中有"朴素而天下莫能与之争美"，造物手段主张无雕饰的朴素之美，以顺应自然规律，达到"大匠不雕"的天然之境。民俗造物大都是由于农业生产的需要而对自然物的再利用，是顺应自然规律而满足自身造物需求的活动，所以汉代造物反映了人与自然的和谐相处。

顺应天然还体现在造物装饰上，汉代匠人将自然之物运用于器物表面装饰，赋予其一定的内涵，取自然图形装饰是古人对自然认识的深化，将这些自然形象图形化、符号化，设计上形成"有图必有意，有意必吉祥"的特点。民俗造物的审美情趣朴素自然，用色单纯和谐，反映出民众共同的信仰心理和本真的价值观，那就是人与自然、社会以及人与人的关系等共生共荣的和谐本体。

汉画像石是两汉时期一种最具民族特色的艺术形式，汉画像石就像是汉代社会生活的一面镜子，它记录、见证、保存了两汉时期当时社会生活的方方面面，形象生动地刻画了当时社会的各种形态。汉画像石是中下层人士的遗存，所以，记录了民间社会生活的点点滴滴，是民间的艺术，充分反映了人们日常生活中的自然观。

图1-27是徐州市邳州汉墓出土的画像图。从画面中我们可以看到，图像的中心是一间分为上下两层的房屋，根据屋子里人物的服饰我们可以知道，一层应该是男主人陪着客人在饮茶、博弈、聊天，冠与帻的搭配显示出其显赫的地位，男主人身着直裾长袍

---

① 高丰. 中国器物艺术论[M]. 太原：山西教育出版社，2001：26.

图1-27 徐州汉墓出土的画像图

且袖口广博，而对面男子从头服与衣着可知其身份地位比男主人低一些。二层中应该是女主人陪同性的客人在饮茶、闲聊家常，从衣服的大下摆可知，女主人与客人穿的也是直裾长袍。从图片中可以看出男女主人由于在家中宴客，所以显得比较随意、自如；也可以看出客人们的来访，使得男女主人很是喜悦，府中上下都开始忙碌。画面中的左中部分，是府中的庖厨景象，厨役们正在为招待客人紧张地忙碌着，厨役们的袖口收紧、裤腿扎进鞋筒。房屋的右侧是歌伎、舞女宴舞、杂技的景象，舞女们着紧身高腰长裙，长长的袖子在空中飘逸舞动，杂耍的两位男艺人手拿鼓槌在敲鼓，营造愉悦欢快的气氛。图画的最下方是一列列马车正在出行的画面，根据两驾马车中男子的头衣可以知道，也是地位显赫的贵族，有可能他们是要去男主人家做客，又或者他们只是在路边匆匆经过。这一整幅画构图严谨，刻画人物以及各种场景手法细腻、生动，整个画面紧凑却不失有序，每个人物的细节都交代得清楚到位，为人们展现了一幅汉代社会中悠闲的生活图景。这幅画像中的人物涉及了各阶层，其中有上层贵族、杂技歌舞表演者、厨房杂役以及其他劳役，他们各自身着代表自己身份的服饰，各司其职。

　　汉画像中除了上层贵族的宴饮会客图，也有如图1-28体现农家之乐的。这幅画构图简单、朴素。我们可以看到一座古朴的房子处于画面的中心位置，一对凤鸟展翅合鸣，欲停落在屋顶，左屋檐角边有一条龙绕着梁飞行，这些祥瑞的出现，预示着这户人家吉祥、安康。房屋的内部有两名男子正在下棋，这两名男子的头衣是进贤冠与介帻的搭配，身着直裾长袍且袖口广博，从左边人物的动作可以看出，他们相谈甚欢。在屋外左侧有一孩童坐在板凳上手拉着牛的鼻环与牛嬉戏，倾斜的小板凳是孩童顽皮、童真的表现。屋外右侧停放着一辆篷车，一只鸟停落在车上。整幅画体现了其乐融融的农家生活，孩子与家长的亲子关系，人与大自然的和谐，表现出汉代社会悠闲自得、生机勃勃的生活场景。

图1-28 瑞临农家、六博图

第二章 徐州汉画像石中的丧葬民俗

汉画像石是指两汉时期雕刻在石头上的画像艺术，主要镌刻在一些巨大的石板上，常出现于墓室、祠堂、墓阙和庙阙等建筑物上，其实质是带有雕刻内容的建筑构件。汉画像是一种汉代礼制文化下丧葬建筑。丧指的是哀悼故者的礼仪，葬指的是处置故者遗体的方式，丧葬合译为办理丧事与埋葬故者的一种仪式。其目的是，让故者有所归宿，让生者寻找到悼念故者的一种形式，是存在于人类社会中所特有的一种情感寄托。丧葬礼节所体现的民俗文化是中国孝道文化具体的表现与组成部分。两汉时期的丧葬民俗主要包括丧前准备、丧葬礼仪、墓穴、丧葬形式、厚葬之风等。

徐州地区的厚葬习俗在东汉时期全面发展，从发掘的汉墓看，不仅墓葬规模大，且陪葬品也是奢侈多样，画像石的雕刻技巧和内容展现更是丰富多彩。

本章从汉画像石中的墓葬文化着手，探讨徐州汉代墓葬建筑与装饰艺术的民俗文化内涵，并以车行图为例，分析徐州汉画像石中的丧葬习俗。

一、汉画像石中的墓葬文化

（一）各个阶层的厚葬之风

西汉中期厚葬之风开始盛行。《史记》中记载："夫厚葬诚亡益于死者，而俗人竞以相高，靡财单币，腐之地下。"[1] 由此可见，徐州地区厚葬之风的盛行与当时徐州地区社会财富的增长有着直接的联系。在学术界中，也有学者提出观点认为，厚葬是由于汉人"孝"的观念。西汉末年《游侠传·原涉传》中解释道："涉自以为前让南阳赗送，身得其名，而令先人坟墓俭约，非孝也。"[2] 可是试想，即使孝的观念再深入人心，假使社会经济处于落后状态，人们依然没有大量的金钱投入到画像石墓葬的建设中去。建造画像石墓需要耗费大量的人力与物力，所以徐州厚葬的民俗根源是由于两汉时期苏北地区经济比较平稳的发展，从徐州地区画像石墓葬形制的演变中可以体现。

回顾我国的丧葬史，厚葬是中国历史上由来已久的丧葬习俗，两汉时期厚葬之风最为典型。自商周时期起，大多数墓葬中不但有君王生前享用的各种奇珍异宝以及器物，

---

① [西汉] 司马迁.汉书（卷 67·杨王孙传）[M].北京：中华书局，1962：2908.

② [西汉] 司马迁.汉书（卷 92·游侠传）[M].北京：中华书局，1962：3716.

并且在其墓葬内还发现有数百名奴隶殉葬，由此可见厚葬之风的盛行。

两汉时期的厚葬之风的盛行是自上而下的。皇陵规模雄伟宏大，皇陵的建造通常要使用人力数以万计。《后汉书》略载前汉诸帝寿陵曰："天子即位明年，将作大匠营陵地，用地七顷，方中用地一顷。深十三丈，堂坛高三丈，坟高十二丈。武帝坟高二十丈，高一丈七尺，四周二丈，内梓棺柏黄肠题凑，以次百官藏毕。其设四通羡门，容大车六马，皆藏之内方，外陟车石。外方立，先闭剑户，户设夜龙、莫邪剑、伏弩，设伏火。已营陵，余地为西园后陵，余地为婕好以下，次赐亲属功臣。"[①] 由以上内容可知，刚即位的皇帝，第二年就开始筹备修建自己的皇陵，地下皇陵的宫阙、楼阁等建制基本都是按照皇陵的布局所修建的；从皇陵建造规模的宏大以及黄肠题凑的棺制可以了解到，两汉时期建造皇陵时的声势浩大。

皇室其他成员的陵墓也极尽奢华。《后汉书·光武十王列传·中山简王焉》记录了中山简王刘焉死后，朝廷"大为修冢茔，开神道，平夷吏人冢墓以千数，作者万余人。发常山、钜鹿、涿郡柏黄肠杂木，三郡不能备，复调余州郡工徒及送致者数千人。凡征发摇动六州十八郡，制度余国莫及。"[②]

富人们在丧葬方面耗费了大量的人力和物力。《后汉书·王符传》中写道："今京师贵戚，郡县豪家，生不极养，死乃崇丧。或至金缕玉匣，檽梓梗楠，多埋珍宝偶人车马，造起大冢，广种松柏，庐舍祠堂，务崇华侈。"[③] 上述内容勾勒出了两汉时期自皇帝、贵族、富人当时极尽奢华的社会现象——厚葬。

上行下效，上层阶级极尽奢靡的厚葬之风对下层阶级也有所影响。厚葬之风使当时的人们"富者奢僭，贫者殚财，"[④] 且"法令不能禁，礼仪不能止"[⑤]。由上述可知，当时的人们为了给死者厚葬，不惜倾尽所有，超出了自己财力的范围。

（二）汉朝以前丧葬形制的演变

在原始社会的初期，人们将同类的尸体弃之于山野之中，并不将故者的尸体埋置于土中，《孟子·滕文公》记载："盖世上尝有不葬其亲者，其亲死，则举而委之于壑。他日过之，狐狸食之，蝇蚋姑嘬之。其颡有泚，睨而不视，夫泚也，非为人泚，中心达于面目，盖归反蔂梩而掩之。"[⑥] 从此文我们知道了从不埋葬故者到后来的用土埋葬，是出于不忍心看到亲人的尸体遭到动物们的伤害，人们自此有了伦理与道德的意识。在掩埋尸体时，在尸体上撒上赤铁矿粉，在尸体的周围埋有当时的石器、骨角器、骨针等其他装饰品，最后用土将死者掩埋，这是一种极其原始的墓葬形制。

① ［南朝·宋］范晔. 后汉书（卷96·礼仪志下）[M]. 北京：中华书局，1965：3144.
② ［南朝·宋］范晔. 后汉书（卷42·光武十王列传）[M]. 北京：中华书局，1965：1449.
③ ［南朝·宋］范晔. 后汉书（卷39·王符传）[M]. 北京：中华书局，1965：1637.
④ ［南朝·宋］范晔. 后汉书（卷1·光武帝纪下）[M]. 北京：中华书局，1965：51.
⑤ ［南朝·宋］范晔. 后汉书（卷1·光武帝纪下）[M]. 北京：中华书局，1965：51.
⑥ ［战国］孟子. 孟子（卷5·滕文公章句上）[M]. 济南：山东画报出版社，2013：104.

　　中国墓葬始于母系氏族公社时期，具有代表性的是仰韶文化遗址中大氏族们的公共墓地。他们一般采用原始的土坑葬，其中包含了单人葬、同姓氏族合葬、母子合葬、二次葬等丧葬形制。有些墓地的头部位置都指向了一个固定的方向，有可能这是死者们灵魂的去向。有些瓮棺葬的葬具中都会留有一个小孔，这就相当于一扇门，以备故者灵魂自由出入。随着故者一起埋葬的生活、生产用具都是让故去的人在另外一边的世界享用的。

　　到父系氏族社会，出现了最早期"黄泉共为友"的夫妻合葬墓形制，分别出现了一男一女合葬、一男两女合葬的形式。后代传承不断，经过整合、提升，将丧葬作为封建礼教的一个部分，上自真龙天子，下及庶民百姓，社会各个阶层普遍重视，形成传统的"丧葬文化"。① 到了西周时期，有关于中国传统的丧葬礼节与丧葬仪式就此全面确定了。

　　两汉时期的徐州地区社会政治发展稳定，经济、文化繁荣，同时也伴随着厚葬之风的盛行，在《后汉书·宦者传·吕强》中记载："丧葬逾制，奢丽过礼，竞相效仿。莫肯矫拂。"② 反映了当时人们对于故者厚葬的追求与攀比。由于先民们相信死者死后会到达另外一个世界，在那里，故者依然跟生人一样吃、穿、住、行、游玩，所以就会把故者生前使用过的东西（例如：生活用具、书籍、饰品等）作为随葬品陪葬。由于墓主人身份不同，他们处于不同的阶级，从而也会形成不同的墓葬形制。

（三）徐州地区汉画像石墓葬形制的演变

　　徐州地区汉画像石发展的中心处于徐州，由于徐州丰县是汉高祖刘邦的故乡，所以两汉时期的徐州当时政治、经济有着比较全面的发展。汉朝开国皇帝刘邦即位后，实施了重本抑末的政策，以压制商业的发展；为了减轻人民的负担，他推行休养生息的政策，减轻赋税，恢复生产。这些措施的推行使西汉时期的经济得以复苏与发展，同时也巩固了西汉初期的中央集权。《史记·高祖本纪》记载："高祖起微细，拨乱世反之正，平定天下，为汉太祖，功最高。"③ 因此，在政治背景下，徐州地区与汉朝的王室之间有着密不可分的关系，西汉初期的布衣将相多出自徐州及其周边地区。

　　两汉时期有关于丧葬的花费主要包括死者的装殓、死者墓地、墓室的营建以及丧葬等活动。两汉时期，不仅仅只是帝王厚葬，诸侯王、大臣等也多有效仿。"事死如事生"主要体现在墓葬的形制与陪葬品上。汉代厚葬之风，也主要体现在这两个方面：一是大兴陵墓；二是陪葬之物极为丰厚。"生不及养，死乃崇丧。"④ 中下层民众由于受到上层阶级的影响也极力推崇厚葬习俗。《后汉书》中曰："吏民逾僭，厚死伤身。"⑤ 在

---

① 朱小琴. 古代丧葬制度与丧俗文化 [J]. 西安文理学院报，2005（05）：43.

② [南朝·宋] 范晔. 后汉书（卷78·宦者传）[M]. 北京：中华书局，1965：2530.

③ [西汉] 司马迁. 史记（卷8·高祖本纪）[M]. 北京：中华书局，1982：392.

④ [汉] 王符. 潜夫论（卷3·浮侈篇）[M]. 北京：中华书局，1985：23.

⑤ [南朝·宋] 范晔. 后汉书（卷5·光武帝纪下）[M]. 北京：中华书局，1965：86.

全国各地发掘的大多数墓葬中，均在不同程度上体现了当时的厚葬之风。厚葬之风通过墓葬的形制、相关设施及陪葬品等均有反映。

汉画像石墓是指在石材结构的墓葬内或砖石混合的石制构件上雕刻出精美的画像。西汉初期到东汉晚期，汉画像石墓葬的形制逐渐从起初单一的墓葬形制变为后来复杂多样的墓葬形制，从单室墓发展到后来的多室墓，在厚葬思想观念下形成了汉代石坑竖穴墓这一新的墓葬形式。画像石图案的内容也从起初简单的表达到后来丰富多样的叙事，到了东汉后期，汉画像石中的内容多表现墓主人生前的高贵地位及其悠然舒适的生活。

二、徐州汉代墓葬建筑与装饰艺术的民俗文化内涵

（一）徐州汉代墓葬建筑形制起源及演变

1."因山为陵"墓制的源起

西汉之初，埋葬制度大体沿袭了战国和秦代的习俗，但在墓葬的种类、形制、风格上比起前代都有很大的变化。凿山为藏的大型横穴崖洞墓是汉代新兴的一种墓葬形式，这类墓是在山崖中穿凿巨大的洞穴，所以称"崖墓"。全墓可分为耳室、前室、后室等部分。目前，已在河北满城、山东曲阜、河南永城、江苏徐州等地发现西汉大型崖洞墓多处。横穴崖洞墓，其规模之大，使用范围之广，规格之高，历时悠久，影响之深，成为汉代墓葬的一大特色。

秦汉时期，传统的"灵魂不灭"观念有较大的发展，当时的祖先崇拜和灵魂不死的观念根深蒂固，所以厚葬之风盛行。大量的文献和考古资料证明，秦汉时期的丧葬礼俗都模拟生前，把地上王国模拟成地下世界。秦始皇陵的设计意图便充分反映了这一点。据考古调查所知，始皇陵内外有两道城墙，内层城墙方形，围住陵墓，东、西、北三面设门。外层城墙长方形，只有东面设门，整个陵园是东西向的。陵园以东约1.5千米处发现了三处兵马俑坑，排列的兵马俑阵势也是东向。陵墓西侧有建筑遗址。汉代帝陵的设计意旨正基于这种传统的"灵魂不灭"观念，他们坚信人死后灵魂有知，所以要求死后也能像生时一样处理政务和饮食起居。西汉帝陵和秦皇陵相似，且布局上更加规整，墓上建筑包括陵园、垣墙、寝殿、宗庙等。不仅如此，这些帝陵王墓在地下墓室的形制和结构也完全模仿现实生活中的地名住宅，而且随葬品尽量做到应有尽有，几乎包括了生人所用的衣食住行各个方面的物品和器具，如陶俑、食物、器皿、钱币等。据文献记载，汉文帝以节俭著称，他修霸陵，不以金、银、铜、锡为饰，而专用瓦器。

2.徐州楚王墓葬的设计思想来源

徐州地区有如此众多的横穴崖洞墓，除西汉前期社会经济发达之外，同时还受当时厚葬习俗之风影响，与冶炼技术的高超分不开。徐州地处鲁南丘陵地带，为兴建崖洞墓提供了因地制宜、就地取材的便利条件，同时由于石质坚硬，更符合汉代人营造千秋之宅的思想，也是这些墓历经数千年，至今仍完好保存的主要原因。

横穴崖洞墓正是在秦汉厚葬之风盛行之际应运而生，继而又对西汉厚葬之风起到了推波助澜的作用。这种墓葬的形制和结果完全模仿地面建筑，正好符合汉代上至帝王将相，下至中小地主官僚乃至平民百姓中普遍流行的"事死如生"的丧葬观，必然受到最高统治阶层的喜爱和推崇。

3.徐州汉代楚王墓建筑形制发展演变

虽然西汉时期的横穴崖洞墓在国内多有发现，但以徐州西汉诸侯王墓的发现最多，且分布集中，形制多样，序列清晰。从已发现、发掘的西汉前期楚王墓来看，所处的时代正是竖穴墓向横穴崖洞墓的转型，横穴崖洞墓产生、发展及逐步趋向成熟的时期。横穴崖洞墓作为大型高规格墓葬形制在西汉前期的出现，有其特殊的历史背景。徐州有特殊的地理环境，崖墓产生时代早，序列清晰，演变明显。就目前已发掘、可比较的墓来说，尽管大类相同，差异却是明显的，且存在前后继承关系。根据其建筑结构、内部装饰特征可分为以下两部分。

（1）前期以楚王山汉墓、狮子山汉墓为代表的从竖穴到横穴的形制过渡

①墓葬凿山为藏，较多保留了竖穴土坑墓的特点；②此时的楚王墓面积较大，陵墓比较讲究气势，有覆斗状高大的封土；③楚王墓使用斜坡墓道；④早期的楚王墓采用中轴对称布局形式，狮子山汉墓耳室和侧室并不完全对称；⑤前后主室粗糙而甬道相对细致，天井及内墓道部分工程量较大。

在建筑布局上，狮子山楚王墓是沿中轴线从前往后，依次分别为墓道、甬道、前堂和后室的分布，与北洞山汉墓和驮篮山汉墓相似，但不同的是狮子山汉墓的耳室和侧室并不完全对称。外观规模宏大、结构复杂是狮子山汉墓的显著特点，仅墓道就占总长度的三分之二，而墓室仅占三分之一。这种墓道结构与北洞山汉墓极为相似，并且两墓在主墓室外的墓道两侧均有耳室，这种特殊结构在徐州地区已发现的楚王墓中仅此两例。与其他各墓不同的是，狮子山汉墓的内墓道上方有一硕大天井，这种形制在全国已发现的同类崖墓中也是罕见的。

狮子山汉墓室内仅有局部雕凿平整，大多未经进一步加工，凿痕明显，在细部雕凿上虽表现了进一步加工的意图与愿望，却未能基本实现，甚至墓室前堂后室也因未及最后完工而不得不有所改变。后室原应是放置棺椁之处，由于地面不平，墓室开凿不规整，甚至岩体裂隙亦未用石块镶补，而不得不将棺椁移置于前室东侧。前室东侧有未及完工的明显痕迹。

（2）以驮篮山楚王墓、北洞山楚王墓为代表，横穴墓的形制已近于成熟

①汉墓的形制已有了新的发展，最明显的是墓道由斜坡改为平坡，墓道较长较宽；②墓内各室完全模仿当时地面建筑开凿，依其功能分前堂、后室、耳室，还有沐浴间、厕间、水井、仓房等；③墓室顶部凿成平顶、两面坡顶、四面坡顶、盂顶等式样；④墓内装饰意识浓厚，各室内壁雕琢平整细致，天然裂隙处用特制石材嵌补，墓内凿有排水

设施；⑤安放了长方体石柱，这种方式被其后的墓葬所普遍采用。

通过以上分析，西汉早期楚王墓形制发展演变脉络清晰，明显看出由竖穴墓向横穴演变，继而横穴墓不断改进逐步走向成熟的过程——横向延伸开凿出广阔的空间，模仿地面宫室和多种生活用室。徐州西汉早期王陵墓均涂朱砂或细泥，甬道均以塞石封堵。楚王山汉墓的整体风格仍与传统大型竖穴土坑墓相近，属于凿山为藏的崖洞墓的初创阶段；狮子山汉墓的大天井式竖穴遗风的表现，小墓室已初见横穴崖洞墓的端倪，具有明显的竖穴墓向横穴崖洞墓过渡的特征；驮篮山汉墓已显现出横穴崖洞墓的不断完善和日趋成熟；北洞山汉墓具有典型的横穴崖洞墓特征。

（二）徐州汉墓的建筑设计艺术

1.汉墓建筑结构的多样性

徐州属苏北鲁南丘陵地带，境内冈峦密布，石材丰富，为建造石结构墓葬提供了就地取材的便利条件。同时由于石材较之木材、陶砖价廉和坚固，更符合汉代人视死如生、营造千秋之宅的思想。汉代石结构墓葬有两个高峰，一是西汉横穴崖洞墓，二是东汉大型画像石墓，徐州是这两类墓的集中地区。徐州在西汉为楚国治，在东汉为彭城国治。它四面环山，中间为小盆地，与四面环山相一致的是西汉楚王墓分布在徐州市周围山峦之中，其布局也是环城四面。

徐州西汉楚王墓就个体建筑风格而言，尚无一处完全相同的，这就大大增加了徐州西汉王陵墓的多样性。

（1）横穴式墓道在徐州地区是西汉楚王墓的特有形式。目前发现、发掘的西汉王陵墓全部都是，尚未见例外。

（2）由带大型天井的横穴崖洞墓向标准的横穴式崖洞墓发展。巨大的天井是竖穴墓的遗风，其代表是狮子山汉墓。

（3）墓室内装饰。各室壁面由粗糙向室内各壁面打磨、抹泥发展，又由室内打磨、抹泥向墓内构筑瓦木建筑发展。由于瓦木建筑的需要，在较大的房间开始出现石擎柱，擎柱可起到支撑、隔间的作用。

（4）墓道由长变短，由宽变窄，甬道由短变长，由宽变窄。这当与墓葬密不易盗的功能要求有关。

（5）楚王墓与王后墓的面积比例总的趋势是由大到小，王、后墓由分到合。

（6）就各位楚王墓的工程量来说，总的趋势是由大到小，陵墓内装饰由粗犷到精细。

西汉楚王墓均是依山为陵的横穴崖洞式，同类陵墓在河北满城、河南永城、山东曲阜等地亦有发现，而以徐州数量最多，出土文物最丰富，时间延续最长，序列清晰，形式复杂，因此学术意义最大。

后期的楚王墓以龟山汉墓为典型，墓葬总的特点不再像前期的楚王墓那样注重取势，而是强调墓室的实用性和结构功能的合理性，具体表现为墓道以外部分以墓门卫起点完全内收，墓道也变得短而窄，甬道仅1米宽但比前期长；墓室不再以墓道为轴线对称分布，布局自然，更加注重各室的功能搭配。

2.汉墓防盗功能设计

新石器时代晚期，社会的发展使社会财富开始有了剩余，出现了阶层分化，部分氏族首领、神职人员占据了剩余财富的绝大部分。"灵魂不死"观念使他们希冀自己荣耀与奢侈的生活死后在阴间仍能得以延续，于是财富便成了随葬品——厚葬出现了。随着社会生产的发展，厚葬之风愈演愈烈。统治者的墓葬成为社会财富的集中地，自然也成为许多人窥视的对象。厚葬与盗墓是相伴生的，厚葬之风愈甚，盗墓之举弥多。为了防止盗掘，厚葬者想尽一切办法，采取各种手段，盗墓与防盗墓的斗争延续数千年而不绝，只要厚葬存在，盗墓就不会停息。两汉时期是我国封建社会发展的第一个高峰，社会财富的急剧增加与统治者"以孝治天下"的标榜相结合，促使厚葬之风甚于前代。

两汉时期的防盗措施包含内容较多，与墓葬相关的大致有以下几个方面。

（1）高丘坟。坟丘多是由封土堆积而成的。死者入葬后，以土覆盖墓室并层层夯实，形成隆出地表的土丘。坟丘的高度既是等级身份的象征，也是防盗的重要手段，坟丘越高盗掘的难度越大。徐州东汉彭城王墓封土为夯筑而成，虽经1800多年的风雨剥蚀，现存高度仍约18米，周长约225米。依汉代之制，皇帝陵墓的坟丘高度为十二丈，约合现在的30米左右，列侯坟高四丈，关内侯到一般百姓次第降低，都有严格的规定。坟丘的高度与政治地位密切相关，也与死者的经济地位相连。通常情况下，坟丘的高度是与墓葬中的随葬品数量的多寡、质量的高低成正比的，坟丘越高埋葬的随葬品越多。封土往往也成为盗墓者寻找目标的重要参考。

（2）积石填封。等级越高的墓葬工程量越大，墓葬开凿得越深。徐州地区的西汉中小型石坑竖穴墓等级多在列侯包括列侯以下，墓葬的深度多在5至7米间，有的则深达10余米。而皇帝的陵墓深度则达到十三丈。除深挖墓穴之外，墓穴的填封也充分考虑到了防盗功能。填土层层夯实，并在填土中添加石块或碎石等材料，主要有以下三种情况。

①夯土中夹杂碎石。如徐州后楼山一号墓，每层夯土间夹杂一层大小、形状不规则的碎石块。

②填土中间以数层石板封堵墓道。徐州西汉竖穴墓中这种情况较为普遍，石板少则一至二层，多者达五六层。

以上两种是以封土为主、石封为辅的方法，防盗效果相对较弱。

③以较大型的石块封填墓道，墓道中放置的石块多重达数百公斤，徐州北郊簸箕山宛朐侯刘艺墓是这种填封方法的代表。盖墓的竖穴墓道中共用了9层大型石块，石块层层叠压，衔接紧密，封石成为主体，填土为次。由于该墓防盗措施较好，发掘时虽然在竖穴墓上部发现了盗洞，但是盗墓者在遇到第二层石板时已经无法继续向下发掘，不得

不放弃盗掘，可见这种方法起到了一定的防盗作用。

（3）横穴式崖洞墓。横穴式崖洞墓的出现是西汉时期防盗措施的一项重要改进。这种墓葬形式改变了以前大型墓葬采用竖穴墓道的单一形式。汉文帝霸陵的修建即采用了这种墓葬形制。从西汉早期开始，这种墓成为高等级墓葬的主要形式之一，并延续近两百年之久，如徐州西汉楚王陵墓群、河南永城芒山梁王墓群、山东曲阜九龙山鲁王墓群、河北满城汉墓等均采用这种形式。与大型竖穴墓随着深度的增加受地下水等因素影响越来越大，施工难度越来越大不同，这种墓葬的轴线基本为与地表平行或高于地表，开凿的长度受自然环境的影响较小。墓葬总长度的增加也就意味着墓葬封堵防盗空间的增加，如果采取相等高度、长度的封堵措施，横穴式崖洞墓较之竖穴墓的工程量大大减少。

横穴式崖洞墓较之传统的竖穴墓在防盗方面有了较大的改进，防盗措施主要集中在墓道和甬道部分。墓道中多以填筑夯土为主，有些墓道中夹杂较大的石块，有的在靠近墓门或甬道口用石块封堵。甬道中以放置加工规整的塞石为主要防盗手段。徐州地区的西汉楚王墓多用大型塞石封堵甬道。早期甬道较宽，塞石多为双层双列，如狮子山汉墓、驮篮山汉墓、北洞山汉墓等。中期甬道变窄加长，如龟山汉墓为第六代楚王刘注夫妇的墓葬，甬道长度在51米以上。甬道中用双层单列的巨型塞石（图2-1）封堵严实，塞石长度多在2.3米左右，宽1米，厚0.87米左右，每块塞石均重达数吨，其中刘注墓甬道中共有塞石13组26块。

（4）封门设施。竖穴洞墓及横穴式崖洞墓等都有严密周到的封门设施。封门设施主要有两类，其一为石板封门，其二为门扉封门。第一种封门方式所用的石板多为长方形，根据墓室宽度使用石板数量不等，这种封门方式封堵不够严密，常见于中小型竖穴洞室墓。第二种封门方式多见于等级较高的墓葬，门扉有木质和石质两种。木质门扉历经两千年，至今能够存在的较少，但是从考古资料上仍能找到一些例证。门扉常常与封门器（图2-2）配合使用，封门器有铜质、铁质、石质等。封门器置于门扉底部靠近墓室内侧的地面上，当门由内向外关闭后，封门器从后部自动将门顶死，从外面不能推开墓门。

除了封门器外，有些大型墓葬还有更为复杂的封门结构。驮篮山汉墓在墓室门扉的两侧石壁上还开凿出曲尺形凹槽，其中应安置相应的构件

图2-1 徐州龟山汉墓的塞石

从侧面封锁门扉。这样不仅墓门下部有封门器,侧面封门也增加了墓门的着力点,使墓门更加牢固。此外,满城汉墓的防盗措施与其他横穴式崖洞墓有所不同。由于甬道剖面的形状不是矩形,不适合放置塞石,而在甬道口部的砖与土坯垒砌的封门间浇灌铁水,形成坚固的铁墙,在一定程度上弥补了防盗措施的不足。两汉时期的墓葬,特别是统治者上层的墓葬所采用的防盗措施往往不止一种,而是综合运用多种防盗手段,等级越高者防盗设施越多,

图2-2 封门器

考虑越周密。但是由于墓葬中埋藏的物品对盗墓者有太大的吸引力,盗掘墓葬历来是禁而不绝。

3. 西汉楚王墓中的建筑空间布局

徐州汉代陵墓注重建筑的实用功能,体现了较成熟的设计观念,能够合理规划建筑空间布局。徐州楚王陵墓建筑是模仿现实居住空间而设计,空间设置和平面布局都具有先进的功能设计意识。现以横穴崖洞墓成熟期的龟山汉墓为代表进行分析。龟山西汉楚王王后墓工程浩大、粗犷雄奇,建筑形式丰富多样,体现了西汉高超的凿墓工艺水平。

由图2-3可以看出,此墓为楚王刘注夫妇墓"同茔异穴"合葬墓,两墓为东西向开凿。北墓室多做拱形顶,而南墓室则凿成两面坡、盂顶或四角攒尖顶。两墓虽同属一组建筑群,却有主次之分。在结构和规模上,南墓的墓室数量明显多于北墓,面积也较大且高旷雄伟,其前、中、后三主室处于整个地宫的中轴线上,而北墓的前、中、后三主室偏于北侧。15个墓室象征着功用不同的宫室,其中有象征前庭的前室;中室即中堂,有高大的厅柱,象征处理政务的宫室;后室为起居的后寝。此外还有车马库、饮马池、厩房,贮藏各类奇珍异宝的府库以及井、厨房等。部分墓室还建有仿地面建筑的木

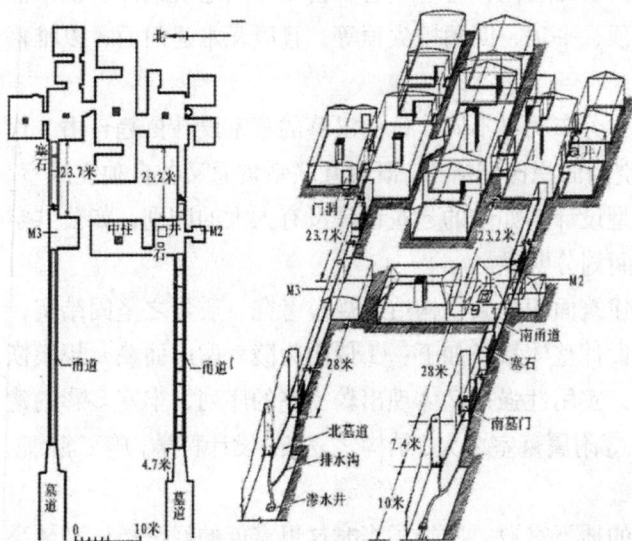

图2-3 龟山汉墓平面图、透视图

结构瓦顶房屋。

龟山汉墓为西汉第六代楚襄王刘注和王后的夫妇墓，时代及墓主明确，且是距西汉早期最近的楚王墓，规模大，结构特点明显。此墓为两座相连通的墓葬，其中北侧一墓规模略小，有墓室5间，为刘注墓。两墓均为平坡墓道，外墓道长方形，内墓道呈喇叭口形，且墓道较短，较之北洞山汉墓明显不同。该墓甬道长五十余米，其宽度只有北洞山等早期墓的二分之一，而长度则明显加长。甬道内塞石也由双层双列改为双层单列以与甬道宽度相适应。甬道雕凿规整细致，凿痕明显且顶部结构简化。主室采用中心柱以增加宽度。

刘注和王后的陵墓分别有各自的墓道和甬道，开口在同一水平线上东西平行。甬道作隧道状，做工十分精细，壁面皆打磨平整。更让人惊诧不已的是甬道开凿的精确度，经激光检测，长56米的甬道，其中心线误差仅5毫米，精度为七千分之一，即使在拥有各种光学仪器的今天，要凿出如此精度的甬道也非易事。何况，这是在极为狭窄的工作面上，用铁锤一锤一钎凿出来的。这里面包含着汉代工匠们怎样的心血与才智，隐藏了汉代科学技术何等的水平与程度，令人深思。

龟山汉墓甬道东西两底边有宽深各10厘米的排水槽，与墓室中的排水槽相连通。通道地平面内外高低相差527毫米，呈1/100的自然坡度，整个地宫中的积水，随各室位置的高低落差，向前、向中汇集，通过甬道排水槽流出墓道外，构成严谨而科学的排水系统。汉代楚王墓葬排水设计水平让人叹为观止，墓葬排水功能逐步改善，由粗糙简单到细致全面，最后排水功能趋于科学化、系统化。龟山汉墓与横穴崖洞墓成熟时期的驮篮山汉墓、南洞山汉墓的排水设计成就尤为显著。

龟山汉墓的甬道和墓室全部开凿在山腹内，各墓室有丰富多彩的建筑式样，仅顶部就有两面坡顶、拱顶、双拱顶、盂顶、平顶、四角攒尖顶等，且以瓦木建门面，以帷幕装饰内宫。

与以前的楚王墓各空间中轴对称分布明显不同，龟山汉墓的墓室设计更趋自由，代表了墓葬设计水平趋于更成熟。各空间面积比例恰当，既相互联系贯通又各自独立成室。依建筑空间类型分析，墓室空间类型设计与如今的建筑设计没有太大的区别，如公共空间和私密空间，主要空间和辅助空间划分明显。

徐州地区西汉王侯陵墓之多、建筑面积之大、构造之规整考究、质量之坚固结实，因此可以归纳出徐州汉代王陵建筑设计整体特点如下：①依山为陵、凿山而藏，规模恢宏壮阔，结构奇特，设计科学合理，实用性强；②体现出较完整的序列，丰富多彩的建筑样式，神秘莫测、华丽而又庄严；③附属墓室之大、结构之复杂，设计科学，施工精细；④墓葬建筑功能设计逐步加强并完善。

徐州西汉王陵开凿出如此巨大的地下宫殿，反映了当时这里富庶的经济条件和较高的生产力水平，另外，当时也已掌握了一定的地质知识、建筑设计和定向技术等。这些气魄宏大的汉代王陵建筑，既是两汉时期徐州人民聪明才智的结晶，也是当时统治者穷奢极欲的见证。

（三）徐州汉代墓葬精彩的装饰艺术

1. 高超的雕凿工艺

西汉早期横穴崖洞墓体现出了先进的建筑设计和高超的雕凿工艺。徐州早期楚王墓葬整体雕凿工艺偏于粗糙，例如狮子山楚王陵，墓室内仅有局部雕凿平整，大多未经进一步加工，凿痕明显，在细部雕凿上虽表现了进一步加工的意图与愿望，却未能基本实现。此墓的天井壁面和甬道的雕凿打磨比墓室细致，而墓室部分有未完工的痕迹（图2-4），但足以反映出当时先进的建筑水平和精湛的雕凿技艺。驮篮山汉墓、北洞山汉墓与狮子山相比雕凿更加规整，墓室内壁雕琢平整细致，天然裂隙处用特制石材嵌补，雕凿工艺日趋成熟。驮篮山汉墓"塞石亦十分考究，

图2-4　徐州狮子山楚王陵

六面均打磨得光可鉴人，其精细程度是任何一处楚王陵墓都达不到的"[1]。龟山汉墓由两个平行的墓组成，两墓"沿中线开凿最大偏差仅为5毫米，精密度达到1/10000，南北通道相距19米，夹角为20度，误差是1/16000"[2]。打凿精度之高，显示了汉代工匠们精湛的建筑技术和雕凿技艺，令人惊叹！龟山汉墓两条甬道雕凿规整细致，而各墓室因另建木结构建筑而制作粗糙、凿痕明显，但凿线痕迹有力、均匀（图2-5）。

图2-5　龟山汉墓墓室雕凿工艺

2. 浓厚的装饰意识与精彩的装饰艺术

汉代楚王墓葬墓室内的装饰艺术精彩纷呈，可以看出当时工匠们浓厚的装饰意识，装饰程序与施工工艺也非常先进、科学。对于墓葬内部空间的石裂缝隙，工匠们都用石料嵌补平整，这种做法在徐州楚王墓中经常见到，这表明当时的人们对室内美化的重视。楚王墓的墓室内部还使用装饰材料来美化界面，如北洞山楚王墓，主体建筑就大量采用装修材料进行细致美化，主要墓室的室内墙壁及顶部以石粉、黄泥等拌成的黏合土涂抹平整，外染朱砂。

---

① 孟强，钱国光. 西汉早期楚王墓排序及墓主问题的初步研究 //[M].两汉文化研究》（第二辑）.北京：文化艺术出版社，1999：177.

② 姚克明，周伯之. 徐州民间文化集 [M].北京：中国文联出版社，2004：29.

这一时期的楚王墓葬还体现出建筑构件的合理运用。墓室内部出现的"擎天柱"兼顾实用功能与装饰之美，例如龟山汉墓墓室的柱子（图2-6）长宽一米有余，柱子为直线条样式，雄壮高大、富有力度。而王后墓室的"擎天柱"在体量上有了明显的变化，柱子呈瘦长状，柱头和柱底部宽，并呈抛物线与顶部相；柱子中间细呈内凹形，凿出了柔和的曲线，比刘注墓里的大方柱更突出了女性的柔美。

图2-6 龟山汉墓墓室内柱子

中期的楚王墓葬装饰意识逐步浓厚，装饰工艺逐步走向成熟，从粗糙到精细。驮篮山汉墓的石壁雕凿细致平整，内壁均经澄泥遍涂三至五层，再以褐漆平敷，局部还雕刻有精美的纹饰，利用涂抹技术美化室内界面，并通过染漆或涂朱砂装饰墓室界面色彩，极富豪华。

龟山汉墓墓室装饰代表了西汉中后期的墓室装饰工艺趋于成熟。龟山汉墓墓室各个界面雕凿痕迹清晰，风格粗犷。虽然打磨得不太精细，但是线条流畅，气势贯通，尤其是甬道各界面打磨得很细致，这表明当时的墓室装饰审美意识正逐步自觉和自由。

龟山汉墓王后的墓室空间变化和室内装饰更为丰富。刘注夫人墓室最大的特点就是，在墓室内发现了22个乳头状石包，被学者称为"乳钉"（图2-7），而楚王刘注墓中却没有发现。这些"乳钉"非常醒目地钉在王后墓室内，但是它们的分布排列并没有规律，似乎不是工艺性的几何式点缀，更不可能是施工中粗制滥造留下的疵点。这些"乳钉"肯定具有某种象征意义，如有的学者把这些"乳钉"认定为星座："这是代表天象的，象征天界与仙界。……汉墓中的主室，往往是象征宇宙的中心的。人生前在此类主室中处理政务、死后也要生活在另一个世界的宇宙中心之中。死后的灵魂是要升入仙界的，因此墓室就成了天地的象征表现。"[①]

通过以上分析，我们可以归纳出徐州西汉楚王陵墓雕凿工艺由粗犷到精细的过程：墓室装饰意识逐步增强，界面装饰由打磨粗糙向打磨精细发展，又由界面涂饰向内部瓦木建筑结构发展，装饰审美观念逐步成熟。徐州汉楚王墓葬装饰意识浓厚，

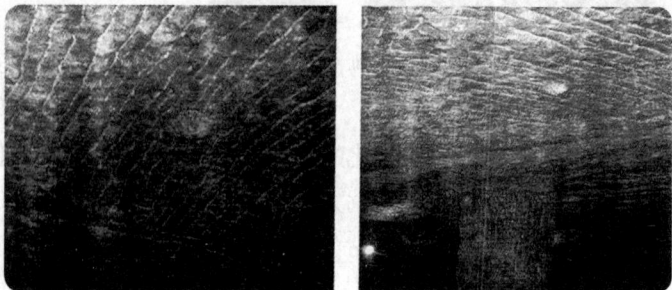

图2-7 龟山楚王后墓室顶乳钉

---

① 朱存明.汉代墓室画像的象征主义研究[J].艺术探索，2003（01）：47.

墓葬装饰更多体现出对现实空间的模仿。精彩的装饰艺术一方面体现出汉代人已经具有相当高的设计审美诉求，另一方面也表现出了汉代人的生死观与宇宙观，使装饰具有了一定的象征意义。

三、徐州汉画像石车行图中的丧葬习俗

（一）两汉时期车马图的象征意义

在徐州地区画像石中，我们发现了大量的车马图像，大多数的车马图都是与其他的图案组合在一起刻于画像石上的。车马图出现于大量的画像石上，可见车马在两汉时期的意义非凡。汉画像石中的车马图可以分为两类，一类是用于作战，一类是日常生活中使用。

在古代社会中对于一个国家而言，车马的多少常被用来衡量国家军事实力强弱的标志。人们经常用"千乘之国""万乘之国"来形容军事实力强盛的国家。《汉书·刑法志》中记载："一封三百一十六里，提封十万井，定出赋六万四千井，戎马四千匹，兵车千乘，此诸侯之大者也，是谓千乘之国。"[①]以上是《汉书》中对千乘之国的定义——马有四千匹，兵车有上千辆。可想而知，万乘之国的军事实力更是他国无法匹敌的。由于汉代早期国家刚统一，车马是国家用来体现本国军事实力的，等到汉代中期社会稳定以后，车马逐渐成为皇族、贵族的出行工具。《汉书·平准书第八》记载："众庶街巷有马，阡陌之间成群，而乘牸牝者摈而不得聚会……"[②]西周时期，统治者对不同车辆的使用加以规定，汉代车辆的使用继续沿用之，其中对不同身份的人乘坐车马的颜色、纹样、尺寸等都做了比较详细的规定。由此可见，当时人们地位尊贵与否的标志，从他们使用车马的规模大小，以及车马的纹样、形制便可以知道。由于当时车马使用普遍，所以在汉画像石中可以见到数量甚多、各式各样的车马图。所以说，汉画像石中大量车马图的出现，其目的是通过将自己生前使用过的车马样式刻于不朽的石头上以传于后世，用来显示自己生前尊贵、显赫的地位。

（二）丧葬车行图与汉代丧葬习俗

丧葬文化源远流长。自古至今，中国人都对丧葬仪式十分重视，丧葬仪式是人们最直接处理生死的形式。人们相信灵魂不死，死者会在另外一个世界用另外的方式存在着，所以人们对于死者依然保持着尊重和敬畏的态度，并通过丧葬仪式来传达自己的内心希冀，这是最原始的丧葬习俗。到了汉代，在视死如生的文化心态和社会主流思想的驱使下，人们越来越重视丧葬这一仪式和习俗。汉代的儒家思想倡导仁孝，在汉代孝的一大表现便是对父母的厚葬，并且汉代社会将这一德行列为招聘官员的考核标准——人们可以凭

---

① ［汉］班固.汉书（卷23·刑法志）[M].北京：中华书局，1962：1081.

② ［汉］班固.汉书（卷3·平准书）[M].北京：中华书局，1962：1420.

借"孝廉"而获得一官半职。这种思想和举措在一定程度上推动了人们对于丧葬的重视，形成了厚葬为孝的社会风气。汉画像石在一定程度上可以说是丧葬意识的一个产物，它就是为死者服务的。这些画像石刻画的内容是以现实生活的情景为素材的，所以在汉画像石中也有很多关于丧葬的出行图像。丧葬出行图也就是指出殡过程的图像，从汉画像石所刻画的内容来看，汉代出殡已经开始使用车辆了。

图 2-8 丧车出行

例如图 2-8 中所刻画的内容，一辆牛车正在拉着棺材前行，前方有两人正在跪拜，似乎很伤心；牛车后方跟着两个头戴丧帽的人。牛车作为丧葬用车在史料中也是有记载的："遵丧至河南县，诏遣百官先会丧所，车驾素服临之，望哭哀恸。还幸城门，过其车骑，涕泣不能已。临死遗诫牛车载丧，薄葬洛阳。"① 牛车构造简洁，损耗人力物力小，所以一般都是贫苦人家所用的丧葬车辆，上层社会或者经济条件较好的家庭都会使用马车来送葬，例如图 2-9 中所刻画的内容。该画像石上层主要刻画了拜谒的场面，中间有一人端坐，左右两边各有几人恭敬地做出拜谒姿态。下层刻画了一辆马车拉着棺材，车上有一驾车者，车前方有一人引导，后面跟随着送葬的人。

汉代马车送葬的场景以及史料记载也比较多，一般场面都比较宏大，送葬车辆、人数、规模等都成为人们比较在意的因素，甚至有送葬人驾车出现，可想而知当时送葬队伍人数之多，规模之大。据《汉书·孔光传》中记载："载以乘舆辒辌及副各一乘，羽林孤儿诸生合四百人挽送。车万余辆，道路皆举音以过丧。"② 又如《汉书·剧孟传》中记载："然孟母死，自远方送丧盖千乘。及孟死，家无十金之财。"③ 这两则材料都反映了汉代社会对于丧葬一事的重视程度，以及送葬的规模之大。

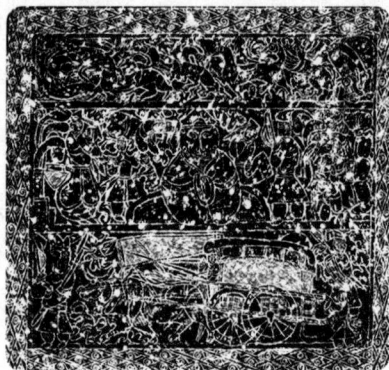

图 2-9 丧车出行

汉代的送葬车辆中也有使用人力牵引的，例如 2-10 中所刻画的内容。该画像石一共有三个格。左边一格主要刻画了人物图像，其中有五个持剑之人，一个手拿曲仗之人，前面有一儿童和长者。长者应

---

① [南朝·宋] 范晔. 后汉书 [M]. 北京：中华书局，2012：61.

② [汉] 班固. 汉书 [M]. 北京：中华书局，2012：3364.

③ [汉] 班固. 汉书 [M]. 北京：中华书局，2012：3180.

为老子，此画像应该刻画的是老子见孔子的画面。中格刻画了一辆丧车，车前车后都有多人引导，有一扛幡者。右格主要刻画了一个长方形的坑，周围林木茂密，左侧站立着三位身穿长衣服、头戴冠的人，他们呈鞠躬状态，右有两人相对跪坐，这应该是中格画像里送葬队伍的去处。

图2-10　丧车

图 2-10 所刻画的送葬画面比较宏大，送葬队伍庞大，整个画面也比较完整，很全面地展示了汉代丧葬的相关习俗。画面中人力牵引的丧车与其他送葬车辆有一些区别。一般牵引丧车的人为死者的亲属或者前来悼唁之人。牵引所用的绳子在汉代统一称之为绋——从前方引导车辆前进的绳子。据史料记载，绋的数量也是有规制的，《礼记》云："天子六绋，诸侯四绋，大夫和士二绋"[①]。从这则材料中我们猜测图 2-10 中刻画的应该是士或者大夫的出殡画面。在送葬车辆的前方有几人跪拜在地，手中持一棍状物体，此物应为丧礼中使用的"仗"。"仗"是在父母亲去世时才使用的，所以这几个丧车前跪拜之人当为死者的子女。汉代的"仗"不仅有材质上的区别，而且有使用上的区别。"仗"有两种材料，一种是竹子做的，称之为苴仗，另一种是桐树做的，称之为削仗，并且这两种材料所制的"仗"在丧礼中出现的场合是不一样的。据记载："竹者，阳也。桐者，阴也"[②]，男性为阳，女性为阴，所以竹子所做的"仗"一般是父亲去世时所用，桐树所做的"仗"为母亲去世时所用。由于该图片比较模糊，目前不能明确判断跪拜之人所用的是苴仗还是削仗。再来看画面中手持仗的孝子们的穿着：他们身穿孝服，腰上系着腰经，头上戴着丧帽，丧车后方跟随的送葬人也是相似的打扮。他们腰间所系之物在汉代称之为"经"。孝子和其他送葬之人腰上所系、头上所带皆为麻制品。"经"的两端往往会打上结，以表示送葬人的思念和悲痛之情。画面的最右格刻画了墓坑和很多的松柏，这是前面送葬队伍最终的去处，也就是真正埋葬死者的地方。汉代的部分墓葬周围会出现松柏，这与当时人们的思想是密不可分的。一方面，人们认为松柏可以保护墓主人，柏树可以驱散一些对墓主人不利的东西。另一方面，松柏也是身份的一种象征。人们喜欢在墓葬周围种植松柏，据《后汉书·袁绍传》中记载："坟陵尊显，桑梓松柏。"

① 朱彬.礼记训纂 [M].北京：中华书局，1996：687.
② 陈立.白虎通疏证 [M].北京：中华书局，1994：511.

图 2-10 所刻画的丧葬内容较为完整和详细，整个画面给人一种很悲伤的感觉，送葬人的姿态也无不透露着悲伤之情，反映了汉代丧葬的真实场景。

上述几幅丧葬出行图也只是所有汉画像石图像中的一小部分，但是从这几幅图片中我们已经可以探索汉代当时的部分丧葬习俗。为我们提供了更为直观的历史资料。

（三）徐州地区汉画像石中的车马图

洪楼祠堂是徐州地区目前发现的汉画像石祠堂中规模最大的双开间地面祠堂。祠堂内现存 11 块画像石，共保留 15 幅画面，其中包括基石画像、后壁画像、山墙画像、横梁画像、立柱画像、顶盖画像等。这些画像的内容看似都是独立的画面，但是却存在着内在的联系。洪楼祠堂的迎宾宴饮图（图 2-11）在祠堂的左室后壁上，洪楼祠堂基石的底座画像内容都为车马出行图（图 2-12），这两幅图在位置上虽然不是先后的关系，但是从画像内容上来看显然有着必然的联系。其中图 2-11 分为两层，第一层画面中出现了一对子母双阙，显示墓主人尊贵的身份，墓主人站在阙前迎接宾客们的到来，体现了拜谒、送葬的礼仪，刻画了宾客们拜谒的场景。第二层则为双阙后面的两组建筑物，在这两座建筑中，祠堂的主人正在忙碌地招待着宾客们，并且品尝着美味的食物。从图 2-12 中我们可以看到一列车马出行的队伍。依据汉画像石图像叙事的连贯性，我们可以推断，图 2-11 与图 2-12 是一个整体。图 2-12 虽然存在缺失，但是不影响车马出行队伍的壮观：图中有轺车 13 辆、骑吏 13 位、步卒 5 位，现存基石长度约为 7 米多。从图 2-12 我们可以看到，马车是由一匹马驾驭的轻便车，此车称作轺车，每辆车上都乘坐两人。以一辆轺车为单位，由 3 辆或者 4 辆轺车组成一组，他们有可能是同一家族或同僚，由步卒和骑吏在前面引路，一起前往参加宴会。通过子母双阙，不仅可以知道墓主人高贵的身份，还可以知道此次车马出行的目的是为了参加墓主人的祭祀活动。从这幅车马图中我们可以看到，送葬者的人数众多，他们由死者的直系亲属，以及死者生前的挚友组成。

图2-11 洪楼祠堂左室后壁迎宾宴饮图[1]

---

① 武利华. 徐州汉画像石通论 [M]. 北京：文化艺术出版社，2017：224.

图2-12 洪楼祠堂基石车马出行图[1]

两汉时期徐州地区宾客们参加葬礼的习俗，可以从徐州市邳州汉墓出土的博弈、建鼓、宴饮、舞蹈、车骑画像图（图2-13）中看出来。画像内容可分为上下两层。上层刻画了男女主人正在繁忙地宴请宾客的场景，主人与宾客们聊天、喝茶、下棋、观看杂技、歌舞表演。下层则是车马出行图，我们从画面中可以看到马车的前端有骑吏带领身后的轺车在向前行进，但是马头、马腿的部分在画像石上是截取的、不完整的，在路边的跪卒也是截取的、不完整的。在画像石的后方我们还是可以看到后方被截取的两匹马的头部。从画像石刻画的图像可知，这只参加葬礼的队伍是多么的壮观浩大，画像石的画面中无法刻画全貌，只能从中截取片段刻于画像石上。从这幅盛大的车马出行图中，我们同样也可以感受到墓主人生前的高贵地位与热闹场景。

古人将车、服饰作为身份地位的象征，在汉代之前早已存在，且在汉代以后的一段时间里继续沿用。车马

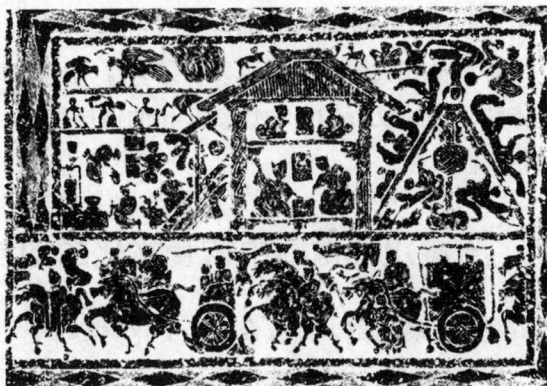

图2-13 博弈、建鼓、宴饮、舞蹈、车骑图

作为生前身份地位的象征，逝后人们将之刻于画像石上，以表明墓主人的身份地位。汉代对于车马的使用规定是有详细记载的：只有皇室贵族、具有社会地位的官员才可以使用马车，商人是禁止乘坐马车的。可是由于汉代极度盛行的厚葬之风，实际情况会因个人现实的想法而改变。墓主人为了彰显自己的身份，逾制的情况时有发生。车马图频现于汉代画像石上，与当时社会的经济繁荣、厚葬风俗的盛行、思想文化的影响是分不开的。反之，汉画像石中的车马出行图，同样也是汉代厚葬之风的体现。

---

① 武利华.徐州汉画像石通论[M].北京：文化艺术出版社，2017：221.

第三章 徐州汉画像石中的饮食民俗文化

在古代，人们认为人死后灵魂不灭，还会在另一世界继续生活，其饮食起居一如阳世，而墓葬就是死者灵魂的住所。据考古发掘，在汉画像石墓葬中，祠堂与墓室均发现有饮食的画像，分别为祠堂和墓室的"祭案""庖厨"图。从丧俗研究出发，祠堂是祭祀死者的重要场所，墓室是墓主灵魂的安乐处。汉代人则通过祠祭与墓葬希望死者之魂尽快归来，无妄行，在自己的墓室——"幸福家园"中安心生活。因此，汉画像石艺术中，有关饮食文化的遗存是其中的重要内容。中国画像石全集编辑委员会主编的《中国画像石全集》（共八卷）共收录了1918幅图，其中"宴飨图"（含拜谒宴饮图、饮食起居图、庖厨图、乐舞百戏图）共计69幅；南阳汉代画像石编辑委员会主编的《南阳汉代画像石》一书共收录南阳汉画543幅，其中"宴飨图"共计27幅。

本章从相关图像资料出发，结合徐州地区有关饮食的文献资料，运用图文互释的研究方法，探讨汉画像石中饮食文化的地域特征、徐州汉画像石中饮食文化的精神价值与民俗内涵。

一、汉画像石中饮食文化的地域特征

我国区域辽阔、民族众多，文化类型非常复杂，因此"除了民族文化大传统之外，各个地方依照自己特殊的生存环境形成了服务地方的文化小传统"[1]。

饮食文化的形成、发展、演变是在一定的地域空间中进行的。在地理环境、经济环境与历史传统的影响与制约下，饮食文化呈现出鲜明的地方特色。

饮食文化的地方性有两种表现。第一种是在地区独特的自然、人文环境中直接生发出来的地方饮食文化。这常见于文化的萌生期，由于环境的隔离，族群之间的交流很少，人们都固守着世袭的生活方式。如《礼记·王制》曰："中国戎夷，五方之民，皆有性也，不可推移。"[2]周朝和秦朝虽然实现了政治上的统一并制定了完整的礼法，但地方的文化特征仍很鲜明。第二种就是一些与地方经济生活、社会生活息息相关的饮食文化，它鲜明地体现了饮食文化的地方特色。

---

[1] 李亦园.人类的视野[M].上海：上海文艺出版社，1996：143.

[2] [清] 阮元校刻.十三经注疏[M].北京：中华书局，1979：1338.

两汉时期的徐州是汉朝区域性的政治、经济、文化中心。从政治背景上来说，徐州是汉高祖刘邦的故乡，刘邦封地给其异母弟刘交于徐州，汉代初期的布衣将相多出自徐州地区，所以说徐州与汉室有着密不可分的联系。从经济上而言，徐州一带经济富裕，是汉代经济最发达的地区之一，从大量的汉画像石中也可以看出人们过着富庶、悠闲的生活。

两汉时期的连云港属徐州刺史部东海郡，靠近黄海，古称"海州"；历史悠久的宿迁在西汉时期属下邳国，东汉后期属徐州刺史部，宿迁自古就有"北望齐鲁，南接江淮，居两水（黄河、长江）中道、扼二京咽喉之称"；淮安市在西汉时期属泗水郡和东海郡，东汉时期属下邳国和广陵郡；盐城在汉代被称作盐渎县，并由射阳丞相代为管理。汉代的苏北地区由于受到两汉时期徐州刺史部政治、经济、文化等因素的影响，社会安定，百姓富足。汉代徐州百姓的富庶生活通过画像石的内容得以体现——画像石中出现频率最多的就是各个阶层的人物，上到皇室贵人、官员贵族，下到歌伎、各种杂役奴仆，他们的头饰和着装表现着他们的身份地位。同样也是汉代富庶生活的象征——"祭案"与"庖厨"真实再现了当时徐州地区的饮食文化。

（一）"祭案"与"庖厨"的发现情况及内容

1. 图 3-1 为江苏徐州贾汪山泉子房征集的汉画像石"鱼盘图"（徐州汉画像石艺术馆藏，东汉）。该石为一祭案，原石侧面刻有案足。画面以"十字穿环"为地，上面摆放三盘，每盘中盛放一鲤鱼。画像石刻鱼形图案，取谐音"年年有余"；鱼产子多，又象征子孙后代繁衍不息，寓意吉祥。

图3-1 江苏徐州贾汪山泉子房征集的汉画像石"鱼盘图"

2. 图 3-2 为江苏睢宁古邳出土的汉画像石"鱼、耳杯、甲鱼图"（徐州汉画像石艺术馆藏，东汉）。画像石为祭案，上刻两条鱼，中间刻有甲鱼，一旁刻两耳杯（酒杯）。汉代人墓祭常用美食、醴酒，以供先人。

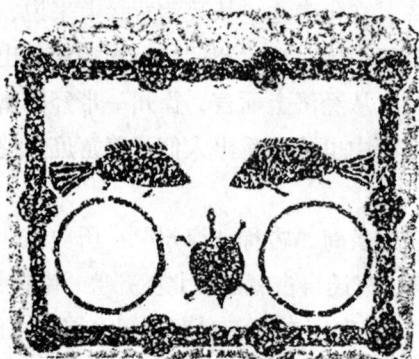

图 3-2　江苏睢宁古邳出土的汉画

像石"鱼、耳杯、甲鱼图"

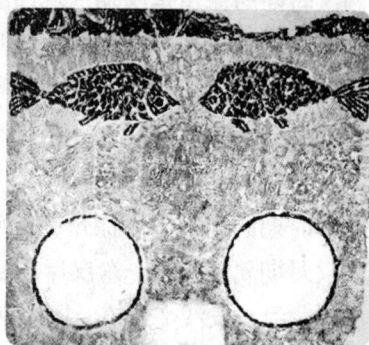

图 3-3　江苏睢宁古邳杆山出

土的汉画像石"鱼、耳杯图"

3. 图 3-3 为江苏睢宁古邳杆山出土的汉画像石"鱼、耳杯图"（徐州汉画像石艺术馆藏，东汉）。画像石为祭案，上刻二条鲫鱼，中间刻有二耳杯。

4. 图 3-4 为江苏邳州出土的汉画像石"鱼、耳杯图"（徐州汉画像石艺术馆藏，东汉）。画像石为祭案，上刻两条鱼，中间刻有两耳杯。

图3-4　江苏邳州出土的汉画像石"鱼、耳杯图"

5. 图 3-5 江苏铜山区汴塘出土的汉画像石"双鱼盘图"（徐州汉画像石艺术馆藏，东汉）。画面中央置一壶，壶中插三炷香；壶两侧各一盘，盘中有鱼。

图 3-5　江苏铜山区汴塘出土

的汉画像石"双鱼盘图"

图 3-6　江苏铜山区汉王乡东

沿村出土的汉画像石"庖厨迎宾图"

6. 图3-6为江苏铜山区汉王乡东沿村出土的汉画像石"庖厨迎宾图"（徐州汉画像石艺术馆藏，东汉）。画面分三层。上层左上方悬挂猪腿和鱼，下方一只雏鹿被缚待杀，一只狗正昂头前行；左侧有二膳夫，一人在俎上操刀切肉，一人左手持肉串，右手执便面在炉上烤肉。中层左侧刻一人灶前添火续柴，右侧一人摇辘轳汲水，一旁陈设樽、壶、耳杯、食案等器物。下层刻迎驾场面，右侧一人持盾恭立迎候，左侧一马驾轺车，车上坐驭者和主人，车前有导骑，手中执棒。

7. 图3-7为江苏铜山区汉王乡东沿村出土的汉画像石"庖厨、乐舞图"（徐州汉画像石艺术馆藏，东汉）。画面分为上下两层。上层刻有伙夫灶前添火，庖人俎上切肉，屠夫杀狗，仆人摇辘轳汲水，家童捧物进食等。右上方悬挂猪腿和鱼等，下层中间刻建鼓、兽形跗座，鼓两侧有二人蹴鞠跳动、舞桴击鼓，左侧有伎人弄丸作戏，右侧有乐人吹竽、摇鼗鼓伴奏。

8. 图3-8为江苏徐州铜山区吕梁出土的汉画像石"庖厨图"（徐州汉画像石艺术馆藏，东汉）。画面分上下两层，上层刻十三人恭立；下层左为庖厨场面，右为宴请宾客场面——二人在屋内宴饮交谈，屋外立二侍者。

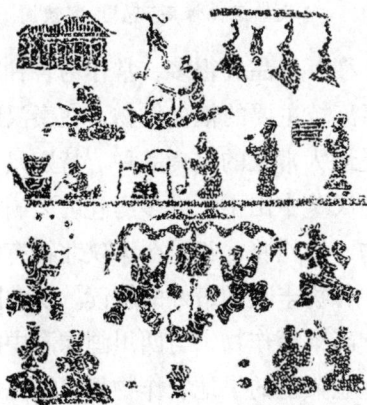
图3-7 江苏铜山区汉王乡东沿村出土的汉画像石"庖厨、乐舞图"

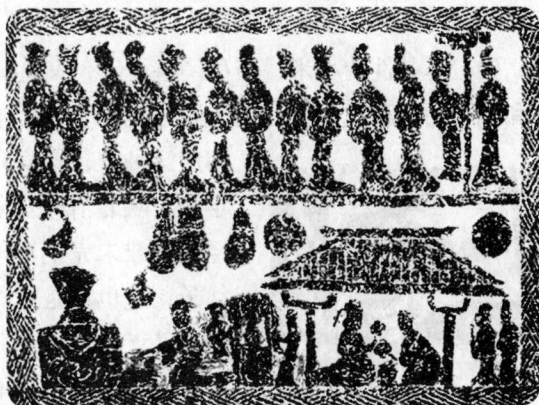
图3-8 江苏徐州铜山区吕梁出土的汉画像石"庖厨图"

9. 图3-9为江苏睢宁县墓山一号墓出土的汉画像石"献食图"（睢宁县博物馆藏，东汉）。画面中间刻一房屋，屋内二人端坐于榻上，左一人头戴进贤冠，右一人头梳高髻。屋左刻一大树，树上有鸟飞翔，树下一人弯弓昂射，射者后面一人手提落鸟。树右一马食草，驭夫坐在树下歇息。屋右分二层。下层有二人抬着猪腿、大鱼，酒肆献食，后随三位官吏；上层刻有三人持竹笼扣鱼，其中一人罩着一条大鱼。另外还刻有鱼鹰啄鱼。

10. 图3-10为江苏睢宁县张圩征集的汉画像石"庖厨、宴饮图"（睢宁县博物馆藏，东汉）。画面分三层。下层左刻一灶，一人灶前烧火，一人在往釜中添放食物；右刻一人在井边汲水，中间刻三人，一人在切肉，一人在淘洗，还有一人托捧着圆形食案。中层栏杆边坐着六人，栏杆中间阙道有二侍者捧食而过。上层刻一房屋，帷幔高悬，屋内设长条大榻，榻上坐着四人正准备宴饮，一旁各立二侍者。

图3-9 江苏睢宁县墓山一号墓出土的汉画像石"献食图"

图3-10 江苏睢宁县张圩征集的汉画像石"庖厨、宴饮图"

粟，非黏性的小米，俗称"谷子"，又称"禾""稷"，品种很多，常作为各种粮食和谷物的统称或代称，是为百谷之长。[1]粟作为黄河流域主要的粮食作物，在秦汉时期广泛种植，普遍食用，是最为常见的粮食品种。特别是近年来，陕北清理发掘的多座汉墓中出土了许多陶仓内装满已经炭化或未完全炭化的谷物，经检验，正是今天陕北特有的谷子，这也算是对画像石中谷物丰收图最好的解读。陕北除粟之外，还种植黍、荞麦、高粱等作物，与四川画像石中的众多水稻题材明显不同，这些典型的旱地农作物很可能是当地主要的粮食来源。另外绥德四十里铺出土了一块反映家禽饲养和杀羊的画像石：一只羊被倒挂起来，一人手持尖刀准备宰杀。在王得元墓中还有一块清晰展示从屠宰到烹制的完整庖厨过程的画像石，该图（图3-11）自上而下分别展现了杀猪、宰羊、汲水、烤肉、蒸煮等场景，在锅灶的上方还悬挂有风干的腊肉，即"脯"，这是汉代人们保存肉食的一种有效方法。从汉画像石中的家禽图、狩猎图还可以看出居民为了获得肉食，除饲养猪、羊、牛、马、狗、鸡、鸭、鹅等家畜家禽以外，还经常通过狩猎捕获野生的狐、兔、鹿、

图3-11 庖厨图

① 刘庆柱，白云翔.中国考古学（秦汉卷）[M].北京：中国社会科学出版社，2010：554.

猪,甚至虎、狼、骆驼等大型动物。当地居民在具体的烹饪方面也很有特色:除了常见的蒸、腌、腊、炖、煮等方法外,还有炙。《说文解字》中说:"炙,炮肉也。从肉,在火上。"[①]就是肉串烧烤,类似于今天新疆的烤羊肉串。这种肉、粮并重的饮食结构,既符合当地特殊的地理环境,也适应亦农亦牧的生产结构,具有典型的地域特色。

从现已公布的资料来看,祠堂在东汉是以徐州为中心的墓上建筑,全国其他地区还有山东、安徽等地也相对集中。而"庖厨"图在江苏、山东的汉画像石上是常见题材,有些地区如河南、浙江、四川也有部分庖厨图出土(图3-12、3-13、3-14、3-15、3-16)。

图3-12 山东枣庄市台儿庄区邳庄乡邳庄村出土的汉画像石"双鱼画像"

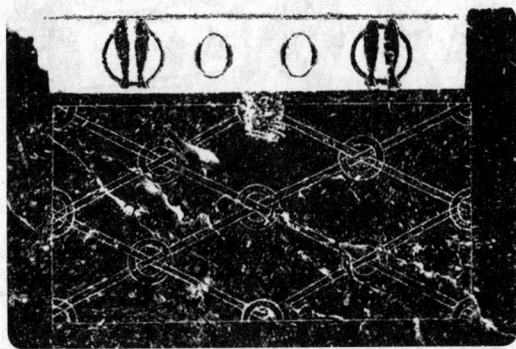

图3-13 山东滕州市官桥镇出土的画像石"串璧、杯、盘、鱼画像"

---

① 王凯旋.秦汉生活掠影[M].沈阳:沈阳出版社,2002:210.

图 3-14 河南南阳市区出土的"鼓乐宴饮图"

图 3-15 河南南阳宛城区英庄墓出土的"庖厨图"

图3-16 四川新都出土的"沽酒图"

(二)"祭案"和"庖厨"的图像意义及研究现状

祠堂又称为庙祠、食堂、斋祠等，是建造在坟墓前供亲属祭祀的享堂。祠堂的"祠"字，也是祭祀的意思。《说文解字》曰："祠犹食也，犹继嗣也。春物始生，孝子思亲，继嗣而食之，故曰祠。"[①]"食堂"又是祠主灵魂享用祭食的地方。祠前通常有供奉的祭案，祭案上摆放供品，汉人由于要"日上四食"，便直接在案上刻画杯盘盛鱼、鸡等象征性祭品，如徐州市青山泉的祭案，还有枣庄市台儿庄区邳庄乡邳庄村出土的画像石"双鱼画像"。

"庖厨"指的是厨房，在古代，人们多把厨房设在正堂之东，所以又叫"东厨"。"食"在中国人的心中占据着重要的位置，认为饮食对于人生是至关重要的，而鬼神也

---

① 说文解字注 [M]. 上海：上海古籍出版社，1981：5.

理应如此。从汉画像石墓和壁画中的庖厨图所反映的内容看，亲属为死者准备了丰盛的食物。文献记载和出土实物证明，汉代的烹调技艺也已达到相当高的水平，如脍、炙、脯等食法都是常用的食肉方法。

最早对庖厨图探讨的是杨爱国先生，他在 1991 年第 11 期的《考古》上发表了"汉画像石中的庖厨图"，文中收集了画像石上的庖厨图及其所反映的一些内容，为汉代庖厨图研究提供了详尽的资料。

信立祥先生认为祠堂是墓祭祖先的墓上祠堂，指出祠堂在汉代至少还有"庙祠""食堂"和"斋祠"三种叫法；这三种不同叫法的由来，都与古代的宗庙建筑有关，并论述了汉代墓上祠堂的形制，祠堂画像石的特点，祠堂石刻画像所反映的汉代人的宇宙观。祠堂的主要功能是人们在重要节日迎鬼魂、祭祀祖先、供给墓主四时享用食物的地方，是为丧葬活动服务的。

郑岩先生在"关于汉代丧葬画像观者问题的思考"一文中认为祠堂本来只是祭祀死者的场所，但是由于建在地上，更便于观瞻，也就成了向公众展示赞颂人孝行的道具：墓室中的画像不仅属于主人，而且属于丧主，是丧主为死者举行隆重的葬礼，以旌表自己孝道的重要组成部分。[1]

巫鸿先生在《武梁祠——中国古代画像艺术的思想性》中说："一旦一个祠堂建造起来，祖先的灵魂居住在里面以后，死者和生者之间的关系便通过不断的祭祀而得以延续。同时，'祭'的最重要的功能是为生者提供与祖先交流的机会。"[2]

作为墓葬图像，虽然说是现实世界的镜像，但其性质与用途已全然不再是过去的意义和使用的目的，按照日常生活层面来理解图像势必导致错误的结论，甚至还会误解其中的含义。

二、徐州汉画像石中饮食文化的精神价值与民俗内涵

（一）宴饮助兴习俗

宴饮助兴习俗是王公贵族或社会民众在庆典祭祀、亲朋好友相聚、招待客人之时，为营造融洽的饮宴氛围，而进行的投壶、乐舞等一系列的娱乐行为。早在先秦时期，宴饮助兴的习俗就已出现，汉代宴饮助兴之风更为盛行。已出土的汉画像石中发现了较多有关宴饮助兴的画像，普遍的助兴方式主要为投壶、六博、乐舞。

本书第一章图 1-27 就是一幅宴饮助兴的图像。另外，淮北市西城村出土一块"欲饮宴"（图 3-17）汉画像石。画像分为上下两层，上层厅堂里端坐一男一女两位主人，

① 郑岩.关于汉代丧葬画像观者问题的思考[M]//中国汉画学会，北京大学汉画研究所.中国汉画研究：第二卷.桂林：广西师范大学出版社，2006.
② [美]巫鸿.武梁祠：中国古代画像艺术的思想性[M].柳岩，岑河，译.北京：生活·读书·新知三联书店，2006：8.

左边主人身旁置一投壶，右边主人身旁放一鸟笼；下层是三个仆人正准备把菜肴和宴饮助兴时使用的矢或竹签送到厅堂里。《投壶仪节》记载："投壶，射礼之细也，燕而射，乐宾也。庭除之间，或不能弧矢之张也，故易之以投壶，是故投壶，射类也。"[①]这幅图是汉代地主庄园的缩影，进一步反映了投壶已成为汉代淮北地区地主阶级宴饮助兴的主要娱乐活动。

图3-17 欲饮宴

六博是一种掷采行棋的博戏类游戏，适合于社会各个阶层参与。棋具主要由局、棋子、箸或茕组成。《古博经》曾记载具体规则，大致是：两人相对，每人6子，局分12道，两头当中名为"水"，置"鱼"两枚。博时先掷采，再移棋，攻守进退，互相胁迫，棋行到处，则入水吃鱼，每吃一鱼得二筹，以得筹多者为胜。投箸的博称为大博，主要流行于西汉以前及西汉时期；投茕的博则称为小博，盛行于东汉及东汉以后。通过汉画像石画面显示，六博戏主要体现在两方面：一是投箸者往往是双手飞舞，二是博戏时伴随着饮酒。淮北地区曹村出土的"汉代风情"图中出现宴饮与六博的画面（图3-18），玩博者把作博的道具鱼双手举起飞舞着，另一个人认真地数着作博用的筹码，似因版面太小，雕刻者充分利用下面的空间把五个宴饮者倒置在画面上。由此推论出六博也是汉代淮北地区宴饮助兴活动之一。

图3-18 六博图

（二）生命永恒的信仰

在汉代画像石墓葬中往往发现不少饮食的表现形式，这种表现形式在祠堂和墓室中都有出现。作为时代的产物，汉代墓葬艺术是对盛行于当时思想和信仰的集中反映。人们通过不同的表现手段来表达内心世界，汉画像石中"祭案""庖厨"图像便暗示了从墓上到墓下的递进，表达了对生死的认识，把祭祀作为阴与阳的沟通、生与死的理解，

---

① 汪禔.投壶仪节 //[M].丛书集成初编 北京：中华书局，1985：13-14.

构成了独有的图像框架。

首先，祠堂中的祭案。在图 3-1、3-2、3-3、3-4、3-5 和 3-11、3-12 的"鱼盘图"中，均为石祭案，案上刻圆盘，盘内放鱼，是放置于祠堂前的祭祀用具，这种石祭案在徐州周围地区发现较多。鱼作为祭祀用品和食品，在饮食生活中占有重要地位。《汉书·地理志》曰："江南地广……民食鱼稻，以渔猎山伐为业"，《史记·货殖列传》称山东"多鱼、盐"，濒临渤海的燕地有"鱼盐枣栗之饶"。可见，渔业已与牛、羊、彘、犬等相提并论了。长沙马王堆出土的鱼类残骸种类记载有鲤鱼、鲫鱼、鳜鱼、刺鳊等，其中鲤鱼是最为常见的鱼类，也是食用量最大的鱼类，并成为主要的养殖对象。众多汉画像石中的庖厨图上，厨房大多悬挂着鱼。此时的鱼又是人们所喜爱的美味佳肴的象征，也暗示了生活的富裕。祠堂祭祀源于祈求祖先护佑的观念，又为"鬼犹求食"，古人因此就为先人献上鱼、肉、鸡等祭品，以享鬼神，神喜则会降福后代。

其次，墓室中的汉画像石"庖厨"图。在汉画像石中有大部分表现的是"庖厨"场面，一方面是地主阶级庖厨饮食生活的写照，另一方面是表现墓室主人生前活动或者幽冥世界里的生活画像。它在墓葬里，应为墓室主人服务。它不仅供当时人们观瞻，也说明了墓室不仅属于墓主人，而且属于丧主；墓主人死去以后所举行的一切仪式都是生者的活动，反映的是生者的思想。

由此可见，通过以上分析，这种丧葬观念的空间变化给我们带来了启迪——祠堂中的"祭案"是利后人，墓室中的"庖厨"是利死者。祠堂为地上建筑，墓室为地下建筑；祠堂是祭祖的场所，墓室则象征个人静止的符号。祠堂虽然是为死去的人建造的，却是为活着的人服务的。[①] 汉代人相信人死之后灵魂不灭，灵魂要像生前一样要有居所和饮食，故有"鬼犹求食"之说，所以在祠堂和墓葬里存储着应有尽有的食物、饮料和各种奢侈品，以保证死者死后生活能得到安逸。[②] 汉代墓室既为理想家园，又是现实家园的模拟和美化，"天堂"或"仙境"都是现实世界的延伸；为使死者在墓室中能够充分享受"理想家园"，刻上佳肴美味和悦人耳目的歌舞女乐以及丰富的随葬品，使得死者"魂兮归来，反故居些"[③]。这些图像充分反映了祖先只有在得到祭祀的同时，灵魂才能得到安息，才不会扰乱生人的生活，并保佑生人；死者只有在墓室中充分享受安逸的同时，才不会变为厉鬼惊骇生人。

这些现象普遍反映了汉代的民间信仰和社会环境。东汉后期社会动荡，战争不断，正常的民俗活动和民俗场所遭到干扰和破坏。人们对死后生活世界表示出极大的关注，显示出民俗巨大的渗透力和张力，而最终出现了民间灵魂信仰盛行的局面。在这种动乱

---

① 朱存明.汉画像的象征世界[M].北京：人民文学出版社，2005：138.

② [美]巫鸿.中国古代艺术与建筑中的"纪念碑性"[M].李清泉，郑岩，等，译.上海：世纪出版集团，上海人民出版社，2009：157.

③ [美]巫鸿.礼仪中的美术：巫鸿中国古代美术史文编（上）[M].郑岩，王睿，等，译.北京：生活·读书·新知三联书店，2014：244-245.

的形势下，《太平经》适应潮流，它将道家、墨家、阴阳家、方技家以及儒家的伦理道德杂糅在道教体系中，在方仙道、黄老道、巫鬼道的基础上形成了早期道教。

综上所述，在汉代《太平经》早期道教与生死观的引导下，祠堂不仅是供奉先人的场所，而且还是通达先人的地方；墓室是养护死者的地方，灵魂的安乐所。也给我们传递这样的信息：祭案—生者—祭祀—护佑；墓室庖厨—死者—养生—升仙。《太平经》里说游魂野鬼因无后人祭祀、供养而"饿乞求食"，以至于对生人造成伤害，所以在祠堂和墓室多刻有庖厨场面。还有视死如生的观念——只有逝者在仙界或幽冥地界能得到充分的奉养，才不会伤及生者，才会福佑子孙，才会真正升仙。这主要取决于汉代民众民俗的信仰——墓葬中的道教力量，求仙仅限于上层人士，非贵胄不易得；而下层民众则把早期道教的祈福消火、祛病延年作为现实利益，把不死成仙仅作为长远目标。[①]

---

① 胡孚琛. 魏晋神仙道教 [M]. 北京：人民出版社，1989：26.

第四章 徐州汉画像石中的祠文化

　　祠堂是汉代典型的丧葬建筑遗存，是建置于墓地旁供后人对地下墓主提供祭祀的地面建筑，因为它也是汉画像石的重要载体之一，所以也被称作画像石祠堂。画像石祠堂作为汉代丧葬建筑遗存的重要组成部分，是研究汉代丧葬观念、政治体制、社会关系、道德观念、精神信仰、建筑形制、绘画雕刻等方面重要的实物资料。中国现发现的汉代祠堂建筑主要分布于鲁南、淮北和皖北地区。地处苏鲁豫皖交界的徐州，作为两汉文化的发祥地，不仅在文化思想领域具有领先地位——儒家思想发源地，又因其地处中原文化枢纽和联络交通要道，从一定程度上推动了文化经济的发展；还因为汉代丧葬习俗和"举孝廉"选材制度使得豪族庄园的势力不断扩大，墓上设立祠堂风气倍受推崇。石质结构发挥了其坚固恒久的优越性，使得画像石遗存得到大量保存。遗留的祠堂建制与祠堂画像构件不断被挖掘整理，虽然数目不多，但是其所反映出的古代浑厚、质朴的本土风貌，不仅是汉代文化艺术特征与文化符号思想传统表达的完美融合，也代表了一个时代和地域的审美高度，为汉代画像石祠堂的深入研究奠定了物质基础。

　　本章从历史考证角度阐述汉代祠堂的文化符号表现，对于徐州汉代祠堂与祠堂构建的发现作系统整理，进而从徐州特殊的文化背景出发，对图像构成和艺术风格进行深刻探讨，并对徐州地区发现的汉代祠堂画像作图像学分析，研究祠堂画像中的文化符号的象征特色，在充分吸收以往研究成果的基础上，对其所反映的汉代思想文化系统进行剖析，充分挖掘汉代祠堂与祠堂画像的民俗观念。

一、徐州汉画像石祠的文化内涵与形制特征

（一）汉代画像石祠的文化内涵

1.画像石祠的文化符号

　　美国学者克利福德·格尔兹（Clifford Geertz）在《文化的解释》中认为："文化是一种通过符号在历史上代代相传的意义模式，将传承的观念表现于象征形式之中，通过文化的符号体系，人得以相互沟通、延绵传续，并发展出对于人生的知识及对生命的态度。"①

---

① ［美］克利福德·格尔茨.文化的解释[M].韩莉，译.南京：译林出版社，2008：89.

祠堂，在汉代又称庙祠、食堂、斋祠、石室等，是建造在墓地旁对地下墓主进行祭祀的地上建筑。伴随丧葬制度的发展和祭祀习俗的转变，祠堂的功能性和艺术性被渐渐增大，从以上不同的名称反映出祠堂的历史以及不同层次的文化符号含义，其所反映的文化象征也是祠堂文化符号的延伸。只有探讨汉代画像石祠堂的文化内涵及其符号象征，才能更方便于汉代祠堂和祠堂图像的深入研究。

《说文解字》曰："祠，春祭曰祠。"① "祠"字在汉代字书中被训为祭祀意义，在当时的含义主要是指在宗庙中所进行的祭祀，也指祭祀天地或者神灵，后来逐渐引申为供奉鬼神，追念先祖、父母或先贤的庙堂。祠堂是由古代宗庙祭祀演变而来。《史记·秦始皇本纪》记载："天子仪当独奉酌祠始皇庙。自襄公已下轶毁。所置凡七庙。群臣以礼进祠，以尊始皇庙为帝者祖庙。"《礼记·祭统》云："治人之道，莫急于礼；礼有五经，莫重于祭。"这种象征性的宗法制度和权威势力，把祠堂文化建制提高到与法律法制相同的高度。"古不墓祭，汉诸陵皆有园寝，承秦所为也。"② 西汉沿袭秦以前在陵墓之上建制的享堂制度、祭祖之活动主要是在宗庙中进行，祭祖作为祭祀的主要对象，在古代人生活中占有极其重要的地位。王充所言"鬼神所在，祭祀之处"③，把祠堂作为象征活着的人与死者交流的场所，通过祭祀的文化符号方式，承载和延续了人类的祖先崇拜与感激之情，也是汉代人通过对生命意识的思考所表现的精神寄托。

祠堂也叫作"斋祠"，源于宗庙祭祀活动的"斋戒"仪式。在祭祖时，为了表达恭敬，要在典礼前沐浴、静思，以达到沟通神灵的目的。《礼记·曲礼》中有"斋戒以告鬼神"④。宗庙建筑旁有"斋宫""斋室"与祠堂共同依附于墓葬地上建筑，之后就合称为"斋祠"。这种原始信仰源于早期古代社会的自然崇拜观念，也是对未知力量的畏惧之情和崇敬之情，用虔诚的态度和礼节礼仪做好对祖先的拜祭，是中国传统礼仪文化符号的表现。

"食堂"与宗庙祭祀时摆放贡品、食物有关，也是由古代宗庙祭祀演变而来。祭祀是具有特殊意义的社会活动。汉代人认为人具有灵魂，死后会像

图4-1江苏铜山区汉王乡东沿村出土的汉画像石"庖厨图"
（现收藏于徐州汉画像石博物馆）

---

① 许慎.说文解字[M].北京：社会科学文献出版社，2005：527.
② [南朝·宋]范晔.后汉书志第九·祭祀下[M].北京：中华书局，1974：2825
③ 王充.论衡·四讳篇[M].北京：中华书局，1964：369.
④ [西汉]戴圣.礼记[M].北京：时代文艺出版社，2003：367.

生前一样有居室，要"饮食"，故有"寝庙"制度，并相信"鬼犹求食"①。他们设想人生前需要吃饭，死后也要吃喝，所以在向祖先及神灵祭奠时，就要摆设供品，做到"日四上食"②。按照习俗，每月必须有四次以上的正规祭祀，还会因节气安排各项庆典礼制活动，每天还应按照生前一日三餐祭奠。古人认为"黍稷馨香"③才能"神必据我"④，所以祠堂也被用来盛放供奉的食品。如第三章图3-2江苏睢宁出土的汉画像石"鱼、耳杯、甲鱼图"，系祠堂祭案，就是向先祖献祭的象征。画面中刻有两条鱼、一只龟，两侧各有一圆形内凹槽，槽内可以放置食物或者装入水酒，可以想象人们在祭祀的时候摆放真实的贡品食物，平时则以画像来替代。由于祠堂多为中下阶层人所建，礼制和经济力量不允许享用过多牺牲供品，所以改为在石台上刻出祭品更为广泛接受和应用，就以刻出祭品来象征表现祭祀形式。祠堂画像中也有关于庖厨饮食的图案内容，如图4-1与"食堂"之说也是相符的。

综上所述，汉代祠堂是一个不断发展的文化叙述，不能孤立地解释其文化符号内涵。其文化名称由来不一，其不同名称所反映的内容构成了汉代墓上祭祀文化符号象征的抽象表现。但是从研究的结果来看，反映出上层显贵与中下级官吏、一般平民百姓对于同一祖先祭祀所体现的精神共识与形式分层：虽然表达的思想内容都是祭祀祖灵和先贤，但是"欲广庙祠，尚无余日""非爱力财，迫于制度"⑤，皇亲贵戚具有雄厚的经济实力和累年的营建规模，兴建墓葬建筑，细分祭祀礼制布局；中下级官吏和普通豪绅平民，多只建独立祠堂，而兼有"庙祠""斋祠""享祠""食堂"之职能，但其所承载的汉代祭祀文化意义却是相同的。

2.画像石祠的文化功能

祠堂作为汉代文化的缩影，也是汉代思想观与宇宙观的反映，作为墓地建筑的重要组成部分之一，大多是帝王庙陵的臣民化形式。祭祀既有"感物思亲"的情感表达，也有"言人事于神"来祈求鬼神世界的祖先能够升入天堂、永葆安详，所以其主要功能不仅是供奉祭祀物品，随着丧葬制度和习俗的转变，它还承载追思先人、表现孝悌、维系伦理宗族、净化灵魂、传承文化的特殊教育意义。

（1）"鬼神所在，祭祀之处"⑥

祭祀作为古代礼仪的重要文化体现，具有非常重要的意义。《左传·成公十三年》记载"国之大事，在祀与戎"，是汉代人崇尚对过去积累的感恩之情和特殊人类精神繁

---

① 王守谦.左传全译 [M].贵阳：贵州人民出版社，2003：687.

② 汉高祖至汉宣帝时，"各自居陵旁立庙，又园中各有寝、便殿。日祭于寝，月祭于庙，时祭于便殿。寝，日四上食，庙，岁二十五祠；便殿，岁四祠。又月一游衣冠。"

③ 王守谦.左传全译 [M].贵阳：贵州人民出版社，2003：18.

④ 王守谦.左传全译 [M].贵阳：贵州人民出版社，2003：18.

⑤ 郭沫若."乌还哺母"石刻的补充考释 [J].文物，1965（04）：2-4.

⑥ 黄晖.论衡校释·四讳篇（卷二十二）[M].北京：中华书局，1975：972.

衍的膜拜之意。在汉画像石祠堂中，我们可以发现一个普遍原则——以祠主为中心的结构布局，并且在所有祠堂画像中，祠堂后壁画像石面积最大，画面也最为精细，以便后人在瞻仰之时，视觉上得到拜祭主题的认知，更充分体现出祠堂的重要文化功能作用。如图4-2，男祠主端坐画像中央，女祠主伴随其旁边，接受侍者的服务和下人的跪拜，这种固体的主题在武氏祠和孝堂山郭氏祠中也都有出现，表现出鲜明的"祠主受祭图"的功能作用，是较为规范的表现形式。

图4-2 徐州铜山区吕梁祠堂后壁画像
（现收藏于徐州汉画像石博物馆）

王充在《论衡·解除》中说道："世信祭祀，以为祭祀者必有福，不祭祀者必有祸。是以病作卜祟，祟得修祀，祀毕意解，意解病已，执意以为祭祀之助，勉奉不绝。"[①]所以在未知的鬼神观念影响下，祭祀之风盛行，又因汉代忠孝观念的直接推动，所以墓上祠堂拜祭现象蔚为大观，在祠堂画像上也出现较多。

（2）观月升仙，长生不老

在蒙昧时代，古人就有反思能力，其各种习俗与灵魂的信仰，与永生的追求在神话中就有所表现。虽"有生者必有死，有始者必有终，自然之道也"[②]，但是人却喜生厌死，本能地排斥死亡。为了摆脱死亡的恐惧，他们假想人死后应该有另一个世界，能任其自由生存，肉体终结但是以灵魂的方式继续延续。这种幻想出的不死的信仰就是升仙。祠堂中有许多代表升仙的特殊符号，具有相当一部分升仙和神仙的画像题材，如西王母、东王公、伏羲女娲和各种祥瑞神兽，无一不形象直观地体现出汉代人对永生的羡慕和对升仙的信仰。

升仙之路也有所不同，在祠堂及墓室画像中也有所反映。如祠堂画像中多有车马出行图，是祠主沿甬道由地下上升到祠堂接受后人拜祭，由祭祀踏上升仙之路；也有龙凤、鹿车、羊车的接引，羽人、瑞兽的追随和主宰生死的西王母、东王公的引见而升入天堂世界，寄托人死后升仙的强烈愿望。如图4-3，图案中的人物分为两组，最左端是祠主与其随从等待仙人的接见，神态毕恭毕敬，向一侧行礼，表现心中的敬畏之情和烘托肃穆的氛围。中间部分是神仙端坐车榻之上，由仙鹿承载，上罩华盖，周围有各种瑞兽和云气。这是一种固定的仪式和规范的行为，神灵下凡表示对祠主升仙的赞同的和帮助，也由此说明神圣时刻的到来。

① 王充.论衡[M].上海：上海人民出版社，1974：759.
② [汉]杨雄.法言[M].上海：复旦大学出版社，1996：689.

图4-3 徐州铜山洪楼祠堂出土的"导引升仙图"

（现存于徐州汉画像石博物馆）

（3）忠孝之举，儒家之观

《孝经》有云："夫孝，天之经也，地之义也，人之行也。"[1]在儒家学说中，孝是其重要的核心思想。孝道思想作为封建统治阶级维持其专制制度的思想基础，已经深深渗透到封建统治政策中，在历代倍受统治者大力推崇。虽然很早古人就提倡孝道、褒奖忠孝之举，孝道思想也初有雏形，但真正得到发展与强化却是在汉代。汉惠帝之后，汉代皇帝死后谥号都是用"孝"字开头，如孝文帝刘恒、孝武帝刘彻，等等。孝道思想还作为入仕做官或加官晋爵的重要衡量标准。汉武帝元年开始推行举孝廉——孝廉之士借此而得以入仕为官。丧葬习俗也是表现孝的重要途径之一，而在墓上建造祠堂更能彰显其孝心，先长死去之后，以厚葬施礼而后赙祭备物以敬祖，"示不负死以观生也"[2]，所以在当时"汉世卿贵人多建祠堂于墓所"[3]。

在祠堂画像中，关于孝的题材内容也较为丰富，但目前所发现的孝子祠堂画像多见于江苏和山东地区，最多被发现在祠堂后壁的画面中，多有大鸟哺育小鸟的图案，从一定程度上暗示"孝"的文化符号内涵，在参观者看到后得到启示——"慎勿相忘，传后世子孙令知之"[4]。

（4）恶以惩世，善以示后

画像石祠堂作为安放先长灵魂的场所，象征无形的传统家族伦理道德的符号，不仅祭祀了先祖，也接受了道德教育，还被强化了血缘关系，联系了族内外感情。祠堂被用作家族先辈和后人聚会、共同饮食的场所，目的是回顾和重温对过去生活的美好景象。与逝去的先人定期"见面""相会"，不仅有助于家族内外亲情的加深，具有教育借鉴的意义，更是对父母长辈养育之恩的精神体现。

祠堂画像的历史故事画像中，多以"忠、孝、礼、节、义"来展现道德规范。有"老莱子娱亲""曾母投杼""丁兰供木人"等典型传统故事内容，宣扬了浓厚的孝道教育

① 李延寿.北史 [M].北京：中华书局，1974：2825.

② 王充.论衡 [M].上海：上海人民出版社，1974：352-353.

③ 王充.论衡 [M].上海：上海人民出版社，1974：352-353.

④ 张从军.两城小祠堂画像 [J].走向世界，2006（06）：56.

意义；"荆轲刺秦王""专诸刺吴王僚""李善抚幼主""蔺相如完璧归赵"等忠义内容营造了具有指向性的社会教育作用；而"秋胡戏妻""京师节女舍子救任""梁高行拒王聘"等贞洁之范，也成为汉代以道德为审美标准的主要价值取向。

恶以惩世，善以示后。通过对祠堂祭祀活动来实现其教育意义，是其他教育形式无法替代的。同时，在丰收之时，汉代人也会出于庆祝和感激先祖馈赠庇佑之情，以为其祈福之由举办各种聚会，还专门向先祖报告当年收成和粮食的价格，是一种极为特殊的仪式。

（二）徐州汉画像石祠的形制特征

1.徐州汉画像石祠的考古发现

（1）白集汉墓祠堂

白集汉画像石墓是徐州地区保存最完好的一座汉代祠堂与墓室画像石墓，位于江苏徐州青山泉白集。现祠堂遗存下来的结构，总体面积大概是一间，顶部倒塌。以两块石板横列平铺作为石祠底部，大门朝正南方向敞开。左右东西墙和后壁均用整块石板凿成，并竖直砌在室底石板基座上，上下间有子母榫扣紧，较为坚固。屋顶虽然遭到破坏，但能看出是悬山式结构。所发现的祠堂画像石有5块。

（2）铜山区洪楼祠堂

位于江苏省铜山洪楼，为双开间大型祠堂，出土时祠堂画像石分布较散，复原后陈列于徐州汉画像石博物馆。两块后壁石组成一组"祠堂受祭图"，祠主夫妇端坐祠堂左右厅，接受后人的拜谒，另一场景是祠主夫妇端坐厅堂之上观赏乐舞的场面。祠堂后壁分为左右两个部分，左边内容为车马迎宾图，右边为纺织图。左右山墙由五块画像石组成，内容均为车马出行。祠堂中部由一块三面刻画的三角横梁支撑，三边图案内容分别为：力士图、神仙出游图和蹶张图。所发现祠堂画像石艺术价值较高，出土的11块画像石都配置在其原来位置，与山东孝堂山祠堂结构一致。

（3）铜山区大庙祠堂

1994年发掘，位于铜山区大庙村。祠堂紧靠墓室之前，山墙为两坡式，侧面和正面都有画像。左山墙刻有历史故事"泗水捞鼎图"，山墙刻有车马出行图，两侧刻有双阙，阙旁有手执兵器的卫士，并刻有题记。

（4）汉王乡东沿村祠堂群

1986年，在徐州市铜山区汉王乡东沿村发现的10块汉画像石，大致分属5座小祠堂的构件。

一号祠堂：左壁画像内容有乐舞杂技、对饮图、六博图和玉兔仙人；右壁画像内容为人物拜谒、乐舞宴饮、跪拜图和西王母；门柱石对称刻有马匹、门吏和力士，并有"力士"二字的题榜。祠堂后壁画像缺失。

二号祠堂：右壁画像石内容为建鼓舞、跳丸杂耍和庖厨饮食图；左壁为人物图、六博图，下方刻有妇女和儿童站立。两石侧面对称刻有子母阙，阙上刻有铭文。后壁画像石为屋中二人对饮，屋外一人背包，一人持物。屋上有两只凤鸟，左右各有小鸟。房屋两侧各有连理木。

三号祠堂：左壁画像内容为人物端坐图、六博图和妇女儿童站立。左侧面刻有双檐阙，阙上二鸟叼衔一条鱼，阙下站立手执武器的门吏。右壁画像图案为炙肉、汲水的庖厨图和恭迎宾客的场景。右侧面刻有双重门阙，阙上站立一只鸟，阙下由门吏看守。祠堂后壁为祠主受祭场景。

四号祠堂仅存有部分祠堂残件，大约为祠堂右壁。

五号祠堂仅存有一块祠堂构件，图案内容为建鼓乐舞图和庖厨图。右侧面刻有双重门阙，阙上站立一只鸟，阙下由门吏看守，并刻有铭文。

六号祠堂仅存有一块祠堂构件，画像正侧两面刻画。正面为人物图、百戏乐舞图和庖厨图。右侧面刻有双檐阙，阙上二鸟叼衔一条鱼，阙下站立手执武器的门吏。

该祠堂群由于是再葬墓，祠堂形制被完全打破，祠堂顶盖和基石都没有发现，但是通过尺寸测量和模拟复原可以看出，与山东嘉祥宋山小祠堂相近。

（5）邳州占城祠堂

于 1999 年发现的两块祠堂单体构件，经对比发现，一块为祠堂右壁山墙，一块为祠堂顶盖石的前半部分，可以看出其性质应该为悬山式顶。

（6）铜山汉王壁龛式小祠堂

1992 年，徐州汉画馆在徐州铜山区汉王乡与安徽淮北交界地区征集到一套形制完整的小祠堂，祠堂由 5 块汉画像石组成，由祠堂的左右山墙、祠堂后墙和两个象征祠室门扉的画像石组成。祠室没有顶盖，没有石块铺底。祠堂后壁画像内容为祠主观看乐舞表演，祠室左壁为建鼓舞，右壁内容为六博图，门扉刻有铺首衔环。

（7）汉王乡西沿村祠堂

1993 年，东汉小祠堂后壁画像石于汉王乡西沿村出土，由徐州市博物馆征集。画像内容为祠主观看乐舞表演。右边框刻有一行铭文："建武十八年腊月子日死，永平四年正月葬，石室直五千钱，泉工莒少郎所为后世子孙忌子"。建武十八年为公元 42 年，永平四年为公元 61 年，这段铭文明确记载了这种石室祠堂当时的称谓和流行的年代。

（8）石鼓形小祠堂

20 世纪 30 年代，由著名收藏家张伯英先生在睢宁县双沟镇发现。石鼓的正面刻青龙戏壁，侧面刻人首蛇身和车马，浅浮雕，当时对种形制的画像石用途不清楚。1993 年，在徐州和皖北交界处发现同类型的画像石多块，雕刻内容和形式大体相同。1997 年，徐州博物馆又征集到一对完整的"抱鼓石"。根据现场调查，这种"抱鼓石"就是摆放于墓前的小祠堂的。

2.徐州汉画像石祠的形制特征

两汉时期是中国古代建筑发展的重要阶段，而汉代画像石祠堂也是重要的古建筑研究标本，比较准确地反映出汉代建筑的重要特征与风貌，其中所包含的汉代历史文化与建筑构造特点给后世带来极大的影响，具有重要的意义。所以，对于目前所发现祠堂从形制上划分也就非常必要。

汉代祠堂的建造全部是用石材雕刻而成，其本身即是一种建筑艺术，在建筑风格上追求古朴、对称、协调，给人以沉稳庄重的感觉。特别是在屋面的处理上，用整块大型石料"镂石作椽瓦屋，施平天造"，屋面或雕为悬山式，或雕为硬山式，屋面的正脊、垂脊、筒瓦、瓦当、檐椽都是仿造当时的木结构建筑。为了增加建筑的稳定性，祠堂的建造事前都有详细的规划和施工图纸，每一块石构件都有严格的尺寸要求，以便能够整体安装。为了将祠堂的顶盖牢固地安放在祠堂的山墙上，在顶盖和山墙结合处雕凿出榫卯，顶盖就不至于滑落下来。徐州汉代画像石祠堂按其建筑规模大体分为以下四种类型。

（1）平顶房屋壁龛式祠堂

这是一种规模比较小、形制简单的壁龛式小祠堂，由底面基石、后壁画像石、左右侧壁山石和祠堂顶盖画像石组成。祠堂顶盖为平顶，顶盖依建于左右壁山墙之上，并且前面没有门扉，虽然没有隔挡，但是祭祀者不能进去，只能在祠堂外进行祭祀活动。由于这类祠堂体量很小，又都是立于地表墓前，较容易移动，所以完整祠堂很难发现，大多被搬移或再利用，但是由于其结构简单，也易于复原。祠堂左右壁和顶石前横额雕刻有花纹，祠内刻满画像。

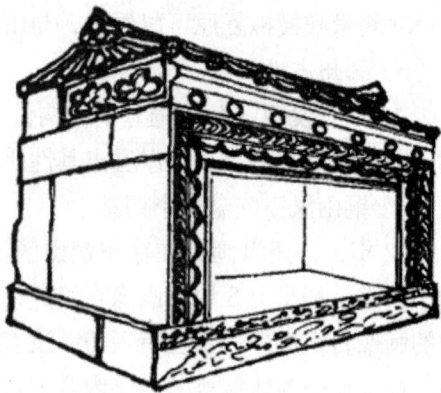

图4-4 铜山汉王乡东沿祠堂形制

江苏铜山汉王乡东沿祠堂群都属于这类小祠堂的构件，如图4-4所示。

（2）单开间悬山式建筑祠堂

规模较第一种祠堂形制大，由底面基石、后壁画像石、左右侧壁山石、前后两块屋顶石组成。堂顶为两坡式，前坡稍短，后坡较长，也是没有门扉。基石为两块横列平铺的石板构成，顶盖模仿屋面式样，用整块石料凿刻出瓦垄、瓦当、檐、椽等，前后端刻出瓦当做屋檐，顶盖上部刻出瓦垄。以徐州白集汉墓祠堂（图4-5）为例，两块石板横列平铺作为室底，石板底由碎石与砂浆土夯打砌基。大门朝向正南，不设门楣和门扉等辅助构件。左右山石壁和后壁画像石均由整块石板雕凿而成，并竖砌于室底石板基地之上，上下由子母榫扣紧，较为坚固。这种类型的祠堂形制在徐州发现较多，如经徐州博物馆修复后陈列馆中的邳州占城祠堂（图4-6）。

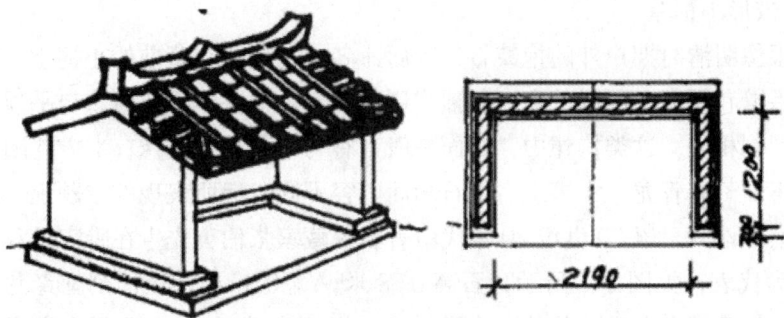

图4-5　徐州白集汉墓祠堂形制

图4-6　邳州占城祠堂

（3）双开间悬山顶式建筑祠堂

这种祠堂规模较大，其结构也较为复杂，由基石、左右山墙石、左右后壁石、立柱、中间三角形隔梁石、四块顶盖石（前后坡各有两块）组成。这种祠堂并不多见，从目前掌握的材料来看，徐州地区仅发现洪楼祠堂一例。洪楼祠堂虽然倾塌，但大部分构建完整，复原之后甚至堪比郭孝山祠堂规模，应是全国目前所见的最大汉代画像石祠堂，如图4-7所示。

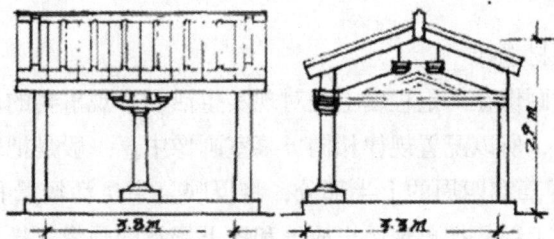

图4-7　徐州洪楼祠堂形制[1]

---

[1]　信立祥.汉代画像石综合研究 [M].北京：文物出版社，2000.

（4）石鼓形小祠堂

其外形很像明清时期户外的抱鼓石，因而命名。这种摆在墓前的小祠堂，由于没有发现祠堂的后壁和顶盖，所以其宽度和顶式还未确定，但基本样式应该与平顶房屋壁龛式建筑祠堂形制相同。这类构建中，侧面一般刻有马车与神兽图像，上方伴随人首蛇身的神灵，侧正面刻有青龙，大多左右壁石画面内容不同，但所表现的主题统一。其主要发现在徐州南部地区，以20世纪30年代由著名收藏家张伯英先生在睢宁县双沟镇发现的石祠构件为代表，如图4-8所示，石高0.68米，宽0.57米，正面刻画青龙与圆壁，侧面刻有人首蛇身像和车马。此种构建形制，在1993年和1997年又屡有发现。

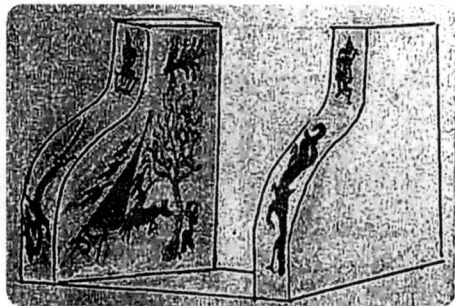

图4-8 石鼓形小祠堂形制①

二、徐州汉画像石祠堂画像的民俗观念

（一）祠堂画像与墓室画像

祠堂是位于墓前用以祭祀死者的开放场所，墓室是死者尸体和随葬品安置的封闭式建筑，在使用目的和功能形制上各有不同，但作为相同的时代产物，也在一定程度上受到地域工艺、文化思想和人文背景的影响，所表现的艺术特征也趋于相同。从两者表达的含义来看，祠堂作为死者灵魂的安放之所，是精神空间的理想化，也是拜祭的现实场所，所以与墓室画像存在一定的差异，在内容题材、艺术表现和意识形态等方面也有所差别。

1.配置规律与题材选择

墓室画像和祠堂画像在一定程度上是对现实生活和客观事物的反映，又为同一种祭祀墓葬建筑体系服务，所以配置规律相同。墓室画像中，一般是把表现天上神仙天堂的景象推高于墓室或者墓室四周的上半部分，将反映墓主生活场景和生前事迹的画面安置在四周的中部或中上部，把再现历史故事和地下场景的画像安排于墓壁中下部或者下

① 图片来源于中国汉代画像石砖数据库 [EB/OL]. http://221.229.250.60:8039/tpi_2/sysasp/include/index.asp.

部。① 而祠堂画像首先是"天上世界，是天帝和自然神居住的世界，其次是西王母所代表的昆仑山仙人世界，再往下是现实的人间世界和死者灵魂居住的地下世界"②。所以，无论是墓室画像还是祠堂画像，都在建筑模式的最高位置来配置代表"天界"的符号，在其较高位置来反映墓主或者祠主普通的生活场景或祈求升仙的图案题材，将具有教育借鉴和反映道德宣传的题材类型置于下方。

由于汉代注重厚葬的社会背景影响，特殊的配置原则也反映了汉代人普遍具有的宇宙观。祠堂画像与墓室画像都反映了"事死如生"的汉代传统思想，同组祠堂和墓室也是为同一丧葬文化体系而服务，有许多相同类型的画像题材与画像风格相似，所以车马出行、神仙鬼怪等图案主题题材发现较多。但其题材的侧重点有所不同，祠堂的主要功能是联系死去的人与活着的人交流和拜祭，是具有特殊意义的场所，其作为地面祭祀建筑，将祠主作为祭祀形式的中心，以供子孙后人观瞻和祭祀，所以祠堂画像比墓室画像内容更为丰富，雕刻也更加细致、精美；在内容上更多是具有教育鉴戒意义的题材，如"孔子见老子""荆轲刺秦王""周公辅成王"等，以达到"恶以惩世，善以示后"的效果和目的。

2. 构图布局与表现手法

墓室画像和祠堂画像在构图布局上也同样运用了分层分隔和独立图案配置。这两种形式是汉画像石使用最广泛的构图方法。如第三章图 3-6 江苏铜山区汉王乡东沿村出土的汉画像石"庖厨迎宾图"所示，从画面上达到层次鲜明、繁而不乱的效果，使得内容复杂、个体众多的画面内容从视觉上得到有序归纳，如电影胶片般依次映入观众眼帘。独立配置是让画面内容突出主题，将一个或多个主题内容不分层，没有界限地安排于石刻之上，以夸张生动的表现手法将表达主体充斥一个独立画面，这种构图大多表现某一时刻的内容，如第一章图 1-17 洪楼祠堂出土的力士图所示，这是汉画像石艺术手法的重要表现特征。祠堂是为死去的人建造，却是为活着的人服务，通过对祖先的祭祀，转化为一个不断回忆的过程，来强化宗法社会的礼制与教化，因此，图像的安排应该有所权衡。由于有些祠堂门扉过小，人不得进入，所以祠堂后壁就成了最引人注目的地方，其图案内容安排和尺寸大小因祠主的身份地位高低和财力资产多少而有所不同。

3. 意识形态与建造形式

墓室是死后的安息之地，是为死者准备的在阴间生活的理想家园，在墓主下葬之后不会向众人展示而成为相对封闭的场所，墓室画像也很难被世人所看到。祠堂建制于地面之上，死者的亲朋好友、旧故可以参观，更是供后辈子孙观瞻和拜祭之处，所以在题记中会有"但观耳，毋得败坏"等字样；并且汉代人崇尚厚葬之风，以"示不负死以观

---

① 赵超. 汉代画像石墓中的画像布局及其意义 [J]. 中原文物，1991（03）：18.

② 朱存明. 汉祠堂画像的象征主义研究 [J]. 民族艺术，2003（02）：55-56.

生也"①，借"举孝廉"博得功名，所以祠堂画像内容较墓室画像更为丰富充实，雕刻工艺手法也更加精美、细腻。这些祠堂造价的题记充分说明当时汉代人以祠堂建造和规模形制来彰显孝心和财力的封建思想，在一定程度上促进了汉代祠堂和祠堂画像的发展。

（二）祠堂画像的题材特征

汉代祠堂作为极富特色的祭祀性丧葬艺术形态之一，是汉代特殊历史背景之下产生的特殊艺术建筑形式，也是汉代雕刻与绘画艺术的完美结合。画像石作为祠堂的重要载体，具有特殊的文化教育功能。与汉画像石墓葬画像不同，祠堂作为阳界与阴界的转换处所，作为生者和死者交流的地方，是一种神圣空间的构建过程，所以画像内容主题更加突出，思想更加明确，注重整体空间的布局。每个祠堂的内容都基本包括天上、人间、历史、现实的四度空间，体现了汉代人的世界观和审美观。

目前，学界一般把汉画像石题材分为社会生活、历史故事、神鬼祥瑞和图案花纹四类，但是祠堂画像还是有别于墓室画像。有的学者认为一些画像石"内容多刻在人们经常观瞻的祠堂内，而墓葬中却鲜见。相反，墓葬中常见四神、鬼异，祠堂中也较少出现"②。祠堂画像具有一定的写实性和创造性，在表现现实生活的题材中具有明显的写实手法，如祠主的形象和乐舞百戏、庖厨宴饮的场面，是对现实生活的高度概括和集中表现。所以对其象征内容的了解要通过题材的分类和图像学的阐释，从汉代人的宇宙符号观念和审美情绪出发，吸收祠堂画像传达的信息而体现出的丰富多彩的文化内涵和独特的艺术风格。

1. 天人之交

祠堂作为宇宙天界的象征，最顶端就是表现天的图式，往往以莲花纹和鱼的图案展现。莲花纹中间为圆形，四大花瓣分别代表方位的"四象"，也是四海或者四方的表达。八瓣代表地方之说，周围绕四条同方向的鱼表现为大地周围的海洋，具有"天圆地方"的图式象征。古人的宇宙观认为天圆地方，八瓣莲花正是地方的象征表现。在大地之外，古人认为是"四海""四方"或"八方"。刻鱼，正是古宇宙论中"周接四海之表"、大地四周是海洋观念的符号表现。在另一方刻上鸟，或带翼的神异物，则象征四海的上方是天界，有理由认为这些图像都是古宇宙论中的盖天说与浑天说。在祠堂中，正是通过莲花的象征意象，表达了汉代人的宇宙模式。如邳州占城出土的祠堂顶盖石（图4-9），图像分为三格，中间为雨伯出巡图，鱼腾飞跃引起云气沸腾，上方由龙身形成两条彩虹笼罩庇佑，周围有仙女穿梭其间。两侧各有两朵藻井莲花纹，每朵莲花围绕四条首尾相向的鱼。这种藻井莲花图式在两汉之后被广泛应用。这种象征符号表现了汉人对于盖天说的形式表现，将祠堂作为与天界交流的神圣空间，具有重要意义。

---

① 王充.论衡[M].上海：上海人民出版社，1974：352-353.

② 赖非，济宁.枣庄地区汉画像石概论[M].济南：山东美术出版社，2000：19.

图4-9 祠堂顶盖石

2. 地人之事

祠堂后壁是最引人注目的地方。作为展示死去祖先生活的"祠主受祭图"，有的表现了汉代人的生产劳动场面，如牛耕图、纺织图等；有的反映了人间生活场景，如庖厨宴饮图、乐舞百戏图、车马出行图、迎宾跪拜图、安居乐业图、六博图等。与汉画像石墓葬画像不同，祠堂作为祭祀祖先的场所，除了丰富的装饰性之外，画像的内容主题也更加突出，思想性更加明确。笔者通过对徐州诸多祠堂画像进行考察分析，并与汉墓画像、画像石图像进行比较研究后发现，作为一种带有特殊宗教祭祀性艺术的祠堂画像，相对图式的配置是稳定的，以人本观念来追求天人合一的宇宙模式。因为汉画像石祠堂的主题就是对祠主的祭拜，大多表现为祠主生活和接受祭拜的场景，所以多呈现了祠主生前的生活场景和生产劳作等社会现实画卷。

3. 历史故事

选择适合置于祠堂内的画像内容，不能随意安排，主要是历史上的重要人物和宣扬道德教育意义的历史故事，所以严格按照当时占统治地位的社会意识选择和配置主次。这些历史故事图像也具有明确的目的性，以达到"恶以惩世，善以示后"的效果，常见的历史人物有祝融、神农、黄帝、帝尧、帝舜、夏禹等。在汉画像石的历史故事画像中，可以清楚地体现儒家评价历史人物的道德标准：以"仁"为核心，以忠、孝、礼、义、节"为内容；"仁"用以评价古代帝王道德标准，以"忠、孝、礼、义、节"评价其他历史人物，从而形成对其他各个阶层的广泛道德影响。根据这种道德规范，历史人物画像也被分为两类：正面人物行圣人之道，反面人物逆圣贤而行之。通过绘制和观赏历史人物画像，褒贬立现，善恶顿分：正面人物得到敬仰和赞赏，反面人物遭到唾弃——借艺术形象来传达道德教育的内涵。

综上所述，祠堂画像内容的选择和固定配置是严格按照汉代人的宇宙观念的。把准备过程图像化，就含有一种象征性，图像就成了真实意图的一种幻象传达。通过围绕祭祀祠主一系列图像的描绘，汉代人建立在祖先崇拜上的宇宙观则被图像叙述出来。[1]一切围绕死去的先祖而展开，作为其根本功能——"鬼神所在，祭祀之处"，祠主被安放

① 朱存明.汉祠堂画像的象征主义研究[J].民族艺术，2003（02）：55-56.

于最显著之处以接受子孙后代拜祭。生者以拜祭方式来怀念与瞻仰死者，希望死后按其生前的样子与生活方式在地下世界享乐与永生，这也是汉代人根植于心中的祖宗崇拜观念的体现。

有的学者从祠堂画像内容和所处位置来看，认为："一座祠堂就像包含了天上、人间的一个大宇宙空间，体现着人们的宇宙观念和五行方位。如祠堂顶部都刻有天上的神灵、日月星辰和祥瑞图像等，以表示神秘的天界，两山壁的上部刻有西王母或东王公等仙人图像，象征所在仙山世界。祠壁其他部位，从上而下则依次有历史故事和生活题材画像。"[1]不论是划分三层或是四层，其上下分层的宇宙文化符号观念是基本一致的，都可以看出汉代祠堂的图式配置是按照一个完整的宇宙文化符号模型来建立。祠堂后壁下方是联系地下世界与地上世界的通道，通过车马的承载将祠主引接到祠堂与子孙交流，而祠主的灵魂又在子孙的祭祀中得以"观月升仙，长生不老"。

（三）祠堂画像的民俗观念

张道一认为："物质文化和精神文化分化出来之后，原来的兼有物质和精神双重性的工艺美术并没有分解。其延续长达数千年乃至上万年，并且逐渐扩大着自己的领域，品类越来越多，同人民的生活关系越来越密切。"[2]汉代是古代封建社会相对稳定的上升时期，经济得到不断发展，人民安居乐业，生活富足美满，使得中华文化得到了大发展大繁荣。两汉时期也是中国民俗文化发展的重要时期，"秦汉以后风俗的演化和变迁，都是在秦汉风俗基础上的损益和增减"[3]。所以通过对汉代民俗思想的考察，从而了解汉代的生活历史风貌和客观社会生活习俗。翦伯赞曾经说过，汉画像石几乎像一部绣像的汉代史，也是一种最具体和最真切的史料[4]，所以汉画像石因其内容丰富、题材较为广泛，是研究汉代文化最直观的实物资料。

图4-10 庖厨乐舞图

在祠堂画像中，有对民间宴饮乐舞场景、庖厨活动的形象绘制，真实记录了汉代人的饮食文化。徐州烹饪技术历史悠久，在公元前2300年帝尧时期就有所记载。而彭祖也是著名的烹饪鼻祖。宴饮图也多与乐舞百戏图相联系，展现出了汉代人精妙的演奏技艺与灵动的舞蹈形态，如图4-10

---

① 蒋英炬，杨爱国.汉代画像石与画像砖[M].北京：文物出版社，2001：95.

② 张道一.造物的艺术论[M].南京：江苏美术出版社，1988：10.

③ 万建中.试论秦汉风俗的时代特征.[J].民俗研究，2000（02）：36.

④ 翦伯赞.秦汉史.[M].北京：中国社会科学出版社，1997：2.

所示。

祠堂画像还反映了汉代的习俗信仰。表现未知世界和鬼神信仰的升仙图表达了汉代人对于永生向往的追求与希望，对神灵的情感不再是畏惧，而是崇敬与敬仰。谶纬思想也是特殊时代下产生的民间神秘文化，源于当时流行的神仙方术、阴阳五行学说。其是以天人感应为理论基础的学术现象，也是制约君权、指导政治的内容延伸[①]，成为当时思想文化的主要特征。

三、葬墓环境中孝行图的意义与影响

以孝子孝行为题材的汉代孝行图画像石遗存在山东最多，如嘉祥武氏祠、宋山、肥城、南武山、孝堂山小石室和大汶口汉墓等，都发现了不少孝行图画像石。而有关孝义图的画像石和相关文献记载并不多见，分布也更加零散。其中武氏祠中的武梁祠东西山墙和后墙上就刻有四十多幅画像石，其中孝行图就达十七幅之多。孝行图在武梁祠中的位置是排第一的，其他依次为帝王图、烈女图、刺客图和忠孝图。由此可见汉代对"孝治天下"策略的重视程度。汉代画像石孝行图在石阙、墓室中的位置都是有主次之分的，例如在武梁祠后壁上有四层画像，孝行图被列为第二层；而在祠堂东西两壁山墙上，孝行图位于五层壁画的第三层。从武梁祠画像石孝行图的位置排列中，可见孝行图对孝道传达的重要性。

（一）孝行图的位置

作为汉代最为重要的美术遗存——孝行图画像石是一种祭祀性的丧葬艺术。这种孝行图画像石作为墓室、墓地祠堂和墓阙的建筑构石，不仅反映了当时社会工匠的艺术和文化水平，还综合反映了汉代社会的政治制度、社会关系、道德思想观念和精神信仰等。画像石这种古典艺术在中国美术史上起到了承前启后的作用，对汉代以后的中国艺术发展产生了深远影响。[②]武梁祠中保存下来的孝行图是迄今为止最为完整和丰富的孝行图，其数量列为众多图像之首，孝行图的显著地位可见一斑。

1.分布在墓祠阙中

汉代孝行图画像石从西汉前期到东汉末年，时间跨度四百多年，在地域分布上，从西南的巴蜀到中原的广袤地带及东方的齐鲁大地，分布地域很广；在场所分布上，从辉煌灿烂的皇宫到喧嚣的市井之地，从孤寂萧瑟的墓地到庄严肃穆的祠堂石阙等，都有孝行图画像石的踪迹。不过这些孝行图画像石因为都是在粗糙的青石或砖头上绘制刻画出来的，再经过两千多年岁月的无情打磨，画面形象给人的感觉是十分模糊的。简单的孝子事迹就像一个个孤立无联系的孝行事例，总体印象是"点"而不是"面"的呈现。孝

---

① 周耀明.秦汉魏晋南北朝汉族风俗 [M]// 汉族风俗志：第二卷.上海：学林出版社，2004：204.

② 信立祥.汉代画像石综合研究 [M].北京：文物出版社，2000：4.

行图的主人公大都是平民百姓，不像那些帝王图和忠孝图都是地位显赫的国家级重臣和忠臣的形象，但是统治阶级"以孝治天下"的思想观念深入人心，使每个人骨子里都贯穿着孝道思想，因此，真正的孝道思想体现在下层贫民内心之中。上层达官贵人正是利用了"忠孝节义"这个思想工具统治着人民，他们自己却为了皇权皇位而父子兄弟相残。作为表彰功德的孝行图往往在人们最终归宿——墓地的墓室建筑、墓地祠堂墙壁上和石阙中体现出来，这也符合当时对生老病死的一种世俗观念。武梁祠中的孝行图画像石安放在帝王像和烈女像的下边，其中在东壁上从右向左分别分布着曾参、闵子骞、老莱子和丁兰的四幅画像；后壁上分布着伯俞、邢渠、董永、蒋章训、朱明、李善和金日磾等七幅人物图像；在西壁上分布着三州孝人、羊公、魏汤、颜乌、赵徇、原毂等人的画像，但是画面比较模糊不清。在武梁祠后壁四层壁画上孝行图在第二层，在东西山墙五层壁画上孝行图在第三层，这样一来东西墙壁和后壁上的孝行图平行贯穿三壁，在汉画像石祠堂和墓室中尚属首例。总体来说，武梁祠孝行图呈现出图文并茂的艺术特点，醒目的榜题很好地注释了画面内容。

2. 孝行图的排列意义

汉代墓室、祠堂和石阙上的汉画像石总体来说以羽人形象和云气图案为主，孝行图在汉代画像石中数量并不多。在汉代，厚葬父母本身就是一种孝行，运用画像石作为墓室装饰，其主题思想就是彰显孝子们希冀父母的在天之灵不灭，还能够护佑子孙后代繁荣昌盛和生命得以延续，画像石中的孝行图与一些流传的孝道故事和神仙传说等主题相结合，也便产生了多重意义。用于墓祠和石阙中的孝行图是为了宣扬孝道，可供现实生活中的人们观瞻，但是地下不能见天日的墓室孝行图则起不到任何的宣传孝道功用，也无法起到任何的装饰墓室的作用。那么人们为何还要用这些孝行图画像石来装点墓室呢？其实这还是一种精神信仰。作为一种自然行为的丧葬风俗，在任何时代都是一种精神信仰，人们为逝去的父母和先辈随葬一些祭祀品，或者修建比较豪华一些的墓室，都是为了尽一份精神上的孝道之心，感觉活着的时候没能尽到孝道，就用厚葬来弥补一下精神上的亏欠。赵超先生说："孝子故事一直用于人们墓葬中的艺术装饰，除了大力宣扬孝道，彰显墓主及其子孙的孝顺品德外，可能还具有辟除邪恶的宗教意义。"[①]对此，笔者也有自己不同的观点和看法。墓室中的孝行图画像石压根不能见天日，无论是用来艺术装饰还是用来宣传孝道，都是无稽之谈。至于辟除邪恶之说更加不靠谱，丧葬墓室本身就是一种阴间场所，在活着的人看来就是一种邪气重生之地，哪里还用得着孝行图来辟邪呢。笔者认为这与汉代"事死如事生"的观念极为吻合，作为后代子孙认为通过这些孝行图画像石，依然可以替代自己对死者进行精神孝敬和孝养，这样看来画像石孝行图具有精神境界的实用性。武梁祠里面的孝行图也如同墓室壁画中的乐舞图和庖厨图

---

① 赵超.关于汉代的几种古孝行图画 [M]// 中国汉画学会编.中国汉画学会第九届年会论文集.北京：中国社会科出版社，2004：93.

的意义一样，都是象征子孙后代继续孝养墓主人享乐现实社会生活的精神反映。武梁祠有选择性地使用这些带有故事情节的孝行图，都是表达武梁后代子孙像孝行图中的人物一样，能够尽心尽力地孝敬祖先和孝养父母，为后人做榜样。这些孝行图在其他地方的墓室壁画中也都能见到，甚至在铜镜画面上都有，说明这些孝行图故事在当时得到了社会的广泛认可和流行。

在汉代画像石中孝行图的各类人物都配有一定的场景和孝行故事，通过这些感人至深的孝道故事和艺术形象，一方面表达孝子贤孙对父母和先辈的孝敬之意，一方面以其日月可鉴的孝心感化人心，达到"收买"世人之心的效果和目的。在古代中国，墓地和墓室有着一种神圣之意，因为它是先人的尸骨与灵魂所在。对于那些看重血亲和祭祀的大家族来说，重孝道还表现在坟茔长幼和墓地昭穆有序上，这本身也是一种礼制精神，在这种文化氛围下的画像石孝行图具有着极强的艺术感染力和精神慰藉功能。东汉时期流行起来的建祠堂和墓室用画像石进行装饰，本质上都是为了向世人彰显子孙后代的孝道行为，这些祠堂和墓地也成为当时社会家族孝道教育的最佳场所。孝行图中所刻画的人物故事都在潜移默化地影响着乡邻，后来形成和盛行的"二十四孝图"也是建立在汉代孝行图基础之上的。同时，一些构图比较复杂的孝行图还配有一些缭绕的祥云和龙飞凤舞的图案。在汉画像石墓中有宅第化的立体空间，有庄严的门户，甚至还有日月当空下的高堂屋宇，仿佛人间的美好生活在阴间墓室里都能得以延续和升华。汉画像石创造了汉代神仙世界的"新时空"，也反映了汉代神仙学说的盛行。在汉代，人们追求长生不老的神仙世界，自然在画像石中也要着笔描绘这种仙界生活。在孝行图中往往也有这种神仙思想和元素参与其中。人们总是希冀活着的人能够长寿，死去的人能够在另一个世界里过上神仙一般的幸福生活，这也是孝行图中掺杂一些神仙观念和仙境描绘元素的关键所在。

（二）汉代画像石孝行图蕴含的功能

目前所发现的画像石孝行图大都是东汉时期的，一般都在墓室、墓阙和墓地祠堂中。这些孝行图蕴含的教化功能是不言而喻的，除此之外，还有标榜死者孝德的功能和彰显生者孝德的功能。

1. 教化功能

在中国画艺术发展过程中，诞生与成熟最早的是人物画，这是因为人物画具有"恶以惩世，善以示后"的宣传教化功能。孔子曾经在观看庙宇壁画上的帝王将相图时说过，人物壁画起到了"成教化，助人伦"的作用——"孔子观乎明堂，睹四门墉，有尧舜之容，桀纣之像，而各有善恶之状，兴废之诫焉。又有周公相成王，抱之负斧扆南面以朝诸侯之图焉。孔子徘徊而望之，谓从者曰：'此周所以盛也。夫明镜所以察形，往古者所以知今'"[①]。孔子认为具有善恶褒奖的绘画艺术是为礼教服务的，因此汉代画像石

---

① ［宋］李昉. 太平御览（第七十一卷）[M]. 北京：中华书局，1969：742.

孝行图当然也具有教育功能，祠堂、石阙和墓室中的孝行图就是利用了绘画形式宣传封建忠孝礼制的。中国封建社会的那些中间阶层的官吏和地主豪绅，一般都受到了儒家思想的教育和影响，他们无论在日常生活中，还是在丧葬仪式和丧葬建筑中，无不贯穿浓厚的孝道思想，在祠堂和墓室中刻画孝行图也是如此。古代士大夫阶层严格遵守着封建礼教制度，在祠堂和墓室中刻绘画像石孝行图目的就是教化人们向孝子学习，向自己的子孙后代和当地乡民宣扬孝道思想，劝人行孝。例如武梁祠与墓室中的那些画像石孝行图本身就具有彰显孝道和忠义的功能。作为士大夫的武梁忠于儒家思想，肯定在日常生活中奉行孝道，并且希望通过刻画那些社会流行的孝行图来警示自己和家人尽孝道和表忠诚。这样一方面可以得到上层统治阶级的褒奖得以"举孝廉"，另一方面也可以标榜家族历代的孝行传统。这些孝行图还与大量的帝王将相、烈女和忠臣义士图像并列，更无疑地表明墓主人存在表功行孝和忠君不二的思想，随之民间也仿效他们的做法，也刻制一些简单粗糙的孝行图以尽学习和宣传孝道之责。于是墓葬建筑中流行的孝行图成为一种社会习俗，一方面标明世人都在学习孝道行为，另一方面也彰显墓主人能够躬行孝道与孝义，因此，画像石孝行图的教化功能不言而喻。

2. 彰显生者孝名的功能

在武梁祠、和林格尔汉壁画墓中的孝行图，其人物与故事大都是重复的，同时两处墓主人也都是具有一定身份的人，这些孝行图的排列组合方式具有一定的规律性。从它们的图像和榜题文字中可以反映出当时社会盛行的孝道思想观念。武梁祠的碑文中赫然刻着"万世不亡"之语，很明显是指墓主人想利用这些万世不腐的画像石来宣传孝道，也运用这些孝行图彰显本族的家风和繁荣，为活着的子孙后代宣扬其家族的荣耀和子孙绵延不绝的繁衍。这些孝行图中的孝道人物不仅成为活着的子孙后代学习孝道的楷模，更是为了让家族能够繁荣昌盛下去。在内蒙古和林格尔墓葬的地面上所铺的画像砖中，都模印着两行隶书"子孙繁昌，富乐未央"，其墓中随葬品铜镜上有残余文字"长宜子孙""位至三公"等。由此可见，这些画像石孝行图和墓室壁画孝行图的最本质功能，还是为了活着的人，反映出墓室主人对自己的子孙后代和家族繁荣昌盛的殷切期待和希望。由于汉代统治阶级为了实现"以孝治天下"的愿望而实行了"举孝廉"制度，致使部分家族想利用祠堂、石阙或日常生活用具，如屏风、漆盘上刻画孝行图，通过这种方式彰显本族人的孝道家风，以逢迎帝王之意，达到入仕之目的。这种伪孝的最终目的同样也是为了活着的人能够加官晋爵。汉代还没有发现在棺材等葬具上刻画孝行图的，只是后来的魏晋时期才有。在东汉时期的墓室中孝行图一般离墓主相对较远，说明孝行图与墓主人在主观意识上还没有多大联系，因为那时"孝"与"忠君"思想联系较为紧密。由于大量"举孝廉，父别居"的伪孝子存在，导致了"孝悌之至，通于神明"的思想未能完全彰显。孝行图用于装饰墓室和祠堂的功能也并不显著，其主要功能还是为了劝导和规谏后代子孙行孝道和忠君为国。

3. 标榜死者孝德的功能

汉代祠堂和墓室中的画像石孝行图装饰作用不大，主要还是为生人和死者服务的。墓室是墓主人的神灵归宿之地，也需要这些画像石上的人物形象作为墓主神灵的守护者和陪葬者。祠堂上的画像石孝行图不仅仅是为死者服务的，还为生人宣传孝道观念思想服务，而墓室中的画像石孝行图由为生人服务开始转向主要为死去的墓主人服务了，因为墓室中的孝行图不可能为世人观赏和教化，在这样一个封闭的空间设计画像显然是为死者服务的。祠堂上的画像石孝行图因其空间的公共性可以供世人观瞻，具有一定的宣传孝道和教化功能，当然也具有一定的艺术审美功能。墓室中的孝行图一方面可供殉葬之用，一方面主要标榜墓室主人生前的孝德功用。画像石孝行图在封闭空间上集中围绕在墓室主人身边，体现出孝行图所承载的"孝悌之至，通于神明"的功能。墓室主人一般也没有存放自己的画像，反而用这些画像石孝行图围绕装饰，就是利用这些孝行图来彰显墓主人生前的孝道品德。墓主画像的缺失也反衬出画像石孝行图的功能作用，这些孝行图本身就能象征和标榜主人的德行，也能护佑墓主的神灵。墓是象征墓主人灵魂栖息之地，因此，那些孝行图被刻画在墓室壁画、棺材外壁和棺床之上，具有引导和保护墓主人在未知世界中的灵魂的作用。墓主神灵在孝行图这种"无所不通"的护佑中，也能进入理想精神家园，从而实现墓主后人的"妥死者之魂，慰生者之望"的美好祈愿。

（三）汉代画像石孝行图的历史传播

1. 孝道思想的传承

汉代重孝传统被后世历代王朝所传承。由于"以孝治天下"取得了较为理想的治国效果，普天之下形成了重孝风尚，统治者也成功地利用孝道教化移孝作忠，极大地维护了自己的统治地位和阶级利益。到了魏晋时期，重孝传统依然被统治阶级所继承，继续推行"以孝治天下"的基本国策。当朝统治者甚至亲自宣讲《孝经》，热衷于利用《孝经》教化民众，如晋武帝就下诏倡导全国百姓学习孝道，晋穆帝和晋孝武帝等晋代皇帝大都热衷于亲自宣讲《孝经》，对于那些不孝敬父母之人给予严惩，对于那些具有忠孝之心的士大夫通过举荐可以为官，孝行被纳入"九品中正制"的选官制度之中。

在魏晋时期，但凡为官之人稍有不孝就会有被罢官或闲置的危险。例如阮简在服丧期间，由于吃肉防寒这一点小过错就被闲置了三十多年，还有陈寿、王式、周德等人皆因类似情况不被任用。到了隋唐，统治者依然利用孝道传统维护君臣父子的尊卑等级，因此，孝文化得以在唐代空前发展。《孝经》在唐代成为学校教育的必修课程，得到统治者的大力推广。唐玄宗更是以帝王身份亲自注释《孝经》，认为《孝经》乃德之本，被运用于官家学校教育之中；还树立孝道学习楷模，通过表彰孝行昭告天下，例如唐高祖就颁布过《旌表孝友诏》，对孝民王世贵和宋兴贵等人进行了大肆表彰，并布告天下。据《大唐诏令集》中的《访至孝友悌诏》和《新唐书·孝友传》中的记载，因为"事亲居丧孝著至行者"而被表彰赏赐的就有一百多人。

　　不但如此，唐朝还实行了尊老敬老政策，对六十岁以上的老年人给予物质赏赐和授予各种荣誉官职，在法律上还享有众多特权。更有甚者，唐代统治者居然还把孝道纳入了科举考试制度和法律系统，《孝经》被列为科举考试的必考内容，完备涉孝法规，严惩不孝之人，甚至"不孝"被列为"十恶"不赦之罪。

　　两宋不但传承了孝道文化，还把孝道伦理规范成非常具体的措施，把孝道伦理转化为制度化的行政原则。儒家经典《孝经》不但被列入科举考试之中，而且在朝廷经筵讲习中作为随时宣讲的学习范本。与唐代一样，宋朝也赏赐并保障高龄老人的权益，不但给予粟米和帛等一类的物质赏赐，甚至还赐予爵位、封号和享有法律特权。宋朝历代皇帝也都利用表彰孝子和树立楷模等惯用方式来倡导孝道，对待不孝之人同样给予严惩不殆。

　　元代依然积极吸取儒家思想，遵循孝道道德规范，在政府法令中提倡孝养老人；重用和赏赐孝子；父母在世时禁止分财异居；禁止损害自己身体行孝，不再提倡割肝、割股行孝；行丧期间不得饮酒作乐，不得结婚；官吏在职期间也必须奔丧，否则要被降职削职；如果能够在父母墓地建庐守孝的，还给予特殊表彰。

　　明朝依然大力倡导孝道，作为开国皇帝的朱元璋率先垂范，躬行孝道，甚至把《孝行图》画出来教育自己的子孙后代。但凡皇帝皇后的庙号、谥号和陵号都爱用"孝"字，如孝陵、孝宗、孝康、纯孝、广孝等。明代也采用了前朝以孝纳官的政策，尤其在洪武年间通过荐举孝廉选任官员，科举考试重视孝道的内容，甚至罢科举举贤才。明朝同样实行养老政策，但凡八十岁以上的老人授以爵位，并由政府供养，每月给米五斗、酒三斗、肉五斤，九十岁以上的再加棉布一匹、絮一斤。当然，活过八九十岁以上的老人很少，也足见这种奖赏制度的虚假性。

　　清代满族统治阶级依然大力推行孝道，以稳固其大一统的帝国统治，如顺治亲自注释过《孝经》，康熙和乾隆在宫廷多次开设"千叟宴"以优待老人；清代法律也有制彰孝子和严惩不孝行为的条款；为了推行孝道还封赠臣子的父母。

　　2. 对后世孝行图的影响

　　汉代画像石孝行图对后世影响深远，其图式也随着时代的变迁不断演变。从考古发掘出的历代孝行图来看，孝行图图式从东汉开始，之后又经历了魏晋南北朝、隋唐、宋辽金和元明清四个历史时期的演变。

　　（1）魏晋孝行图式的发展演变

　　目前发现魏晋南北朝时期的孝行图达七处之多，分布在安徽、河南、湖北、山西和宁夏等省份。在安徽马鞍山三国时期的东吴朱然墓中发现一漆盘，上面绘有"伯俞悲亲"图，画面上有伯俞双亲、伯俞夫妻和孙子等五人，并有榜题。画面构图比西汉画像石孝行图明显增加了人数，而且五人同在一个空间内，属单幅画面，图式的发展演变也是根据时代的需求，明显要求媳妇和孙儿都能像伯俞那样成为孝子贤孙。在河南邓州发现的南朝墓的彩色画像砖，有孝行图壁画"郭巨埋儿"和"老莱子娱亲"二则。其中东壁是"郭巨孝行图"三幅连环画，画面有郭巨一家三口人，也有榜题，画面情节丰富。在湖北襄阳发现的南朝至隋代的画像砖墓，也有一幅"郭巨埋儿"图像，其构图和河南邓州彩色画像砖构图相同。

在山西大同发掘出北魏时期的司马金龙墓中发现了色彩鲜艳的彩色漆屏风，有舜和李充两幅孝行图像，其中"舜孝行图"上有舜的父、弟、后母和两位妃子，可以说人物众多。画面上父亲与弟弟伏于井栏填井，其后母在放火烧房。另外一幅是孝子李充奉亲孝行图，画面是跪拜的李充和侍卫及李充妻子等。而在宁夏原州发掘出来的北魏漆绘孝子木棺中，也发现了保存完好的舜和郭巨的孝行故事，分别绘制在木棺左右两侧，其中有关舜的孝行故事就达八幅之多，郭巨的孝行故事共有三幅。在河南洛阳发掘的北魏中期孝行图石棺中有两件棺木，其中一件棺木左右两侧各刻绘有三组孝行图连环画：右侧一共三组：一组是两幅舜行孝的故事连环画，一组是"郭巨埋儿"孝行图，并增加了郭巨抬金、抱子回家的场景，一组是原毂孝行故事；左侧棺木也有三组：一组是董永孝行图二幅，一幅是董永向债主借债，一幅是路遇仙女；一组是蔡顺孝行图，也有两幅画面，一幅是蔡顺趴在棺材旁哭泣，一幅是房子失火，四人在提水灭火；一组是含孝行图的两幅画面，一幅是骑马武吏刑训士卒场面，一幅是被缚之人手捧金银、肩负粮米回家场景。第二件石棺上也刻有三幅连环画式孝行图像，遗憾的是左右两侧图像残缺不全，中间一幅为原毂孝行图。在河南洛阳发掘的北魏宁懋石室中左右山墙上刻有"丁兰事木人""舜孝行图"和"董永侍父孝行图"三幅。

（2）隋唐孝行图式的发展演变

隋唐时期的孝行图目前发现不多，主要散见于一些造像和壁画中。在中晚唐时期的敦煌报恩经变题材壁画中，依据《大方便佛报恩经》中的《孝养品》部分绘制的是须阇提太子本生故事，在296窟中的壁画中主要表现了须阇提太子割肉济父的本生故事，也是反映孝道思想的图像。在盛唐的148窟中就有以宣扬孝道为内容的早期壁画，还有第299、301、438和462窟中的北周时期壁画，内容是依据佛经《睒子经》绘制的睒子本生故事，连环画式的构图表现了睒子精心侍奉双目失明父母的情节。

由于隋唐时期已经不在流行厚葬风俗，墓室壁画中的孝行图和画像石也难得一见，只在一些石窟绘画艺术中有一些零星的孝行图可见。在敦煌藏经洞中也发现了不少涉及孝道思想的经书，如《董永变文》《舜子变文》《孝子传》《孝顺乐》《剡子经》和《报恩经变·孝养品》等。在唐景福年间四川大足群雕《父母恩重经变相》中，发现了11处佛龛，里面刻有佛前祈嗣、怀胎守护恩、临产受苦恩、生子忘忧恩、咽苦吐甘恩、回干就湿恩、乳哺养育恩、洗濯不净恩、为造恶业恩、远行忆念恩、究竟怜愍恩、父母养育恩的孝行图。在四川安岳摩崖的第59窟也有一幅石刻"佛说报父母恩重经"，内容与大足石刻内容大体一致。

（3）宋辽金时期孝行图式的发展演变

到了宋代，墓室孝行图又多了起来，在河南、四川、重庆、辽宁和山西等地都发现了题材广泛、内容丰富的孝行图。例如，在河南洛阳发掘的"王十三秀才"画像石棺，棺材上的两侧和后档上面通过阴刻手法刻有15幅孝行图，上有姜诗、丁兰、舜子、郭巨、董永、韩伯俞、曹娥等人的孝行故事。在河南孟津发掘的张君墓也是画像石棺，棺上有阴刻成型的24幅连续的孝行图，榜题有赵孝宗、郭巨、丁兰、刘明达、舜子、曹娥、董永、睒子、曾参、姜诗、闵损和老莱子，首次呈现了"二十四孝图"。在河南巩义也有类似的"二十四孝"墓石棺。在重庆井口发掘的画像石墓中，有墓室壁画孝行图8幅：王延元求鱼、姜诗侍母、陆绩怀桔、李氏孝女、郭巨埋儿、子路负米、闵损御车和丁兰侍木等。还有两幅佛教题材的孝行图：目连救母和为母乞食。在河南嵩县也发现了壁画墓，甬道和墓室内绘有15幅孝行图，除了汉画像石上经常表现的孝行图之外，还有刘殷、汉文帝、王祥、田真、剡子、元觉、孟宗和赵孝宗等人的孝行故事图。

在辽阳发掘出来的辽代画像石墓中共有15幅孝行图，除了汉代画像石上的那些孝子外，还增添了茅容、王衮、孟宗、杨香、睒子、鲁义姑、薛包和蔡顺等人，人物服饰为契丹族，无榜题。在鞍山汪家峪发掘的辽代画像石墓中有16幅孝行图，也都是上述那些孝子，契丹族装束，无榜题。在山西永济发掘的金代石棺墓中发现了"二十四孝图"，皆有榜题。在山西长子县发掘的石哲金壁画墓、长治安昌的金壁画墓，都发现了类似的"二十四孝"图像。在山西稷山马村，还发掘了金代墓群四号墓泥塑"二十四孝"等。宋代的孝行图无论在内容上还是形式上都极大地丰富了汉代孝行图，内容上增加了许多孝子故事，从生活中不同方面表达孝道，绘画形式上更加多样化，大大拓展了汉代孝行图的文化内涵和外延，使得我国孝道文化更加厚重和浓郁。

（4）元明清孝行图式的发展演变

到了元明清时期，孝行图的发展处于停滞状态，见于发掘和文献记载的资料较少。目前发现的孝行图以山西为集中分布区域。在山西芮城发掘的元代宋德方和潘德冲墓室壁画中，宋德方石棺刻有董永、郭巨、孟宗和王祥四孝行图；在潘德冲墓室壁画中则刻有传统的"二十四孝图"，并均有榜题。在山东济南柴油机厂发掘的元代壁画墓中有十幅孝行图像，上有大舜、杨香、朱寿昌、刘明达、孟宗、元觉、鲁义姑和庾黔娄等人的孝行故事。在元代一部刻本《新刊全相成斋孝经直解》卷中有15幅图解《孝经》的孝行图，完全是汉人风格。

从以上历朝历代的孝行图发展演变来看，孝行图作为一种丧葬艺术或墓室装饰品有着特定的意义。从各个时代孝行图的时空架构和发展演变来看，反映了不同地域的政治、经济、文化和民间传统等，尤其民间流行的"二十四孝"图式的民间版本图像，可以说是民间思想与信念的"活史"和文化史的"活迹"。孝文化给历代统治和社会生活带来了积极和消极两个方面的影响。孝文化传统为此后历代封建统治者所继承：魏晋的孝治天下带有明显的虚伪性和欺骗性；唐朝孝文化开始出现极端化趋势，孝道规范走向了完备；宋明时期的理学又给传统孝道涂上了形而上学的色彩，使孝文化走向了进一步绝对化；明清时期统治阶级把君权与父权结合起来逐步神化了孝道，也是为了更好地利用孝文化维护其专制统治。

第五章 徐州汉画像石中的礼乐文化

汉代是中国古代乐舞史上的一个集大成时期。中国古代乐舞文化与礼俗文化紧密联系，自先秦时期起，"礼"与"乐"便相生相息地为成为巩固阶级社会集权统治的"左膀右臂"。而汉代在承袭前朝集权礼制的前提下，延续着周秦"诗、礼、乐"三位一体的传统艺术形态，发展着并非纯粹以审美为目的，而更多的是成为灌输伦理道德工具的"乐"，将"乐"依附于政治体制下，既能发展"乐与政通"的礼乐文化，又能"破礼立俗"地成为礼乐文化的一大转型期，在王宫贵族与普通百姓之间，蔚为大观地开创了民俗游艺活动——乐舞百戏的新天地。也正是在这一"破礼立俗"的文化转型助推之下，后世的"乐"才能够依循其艺术本质而自律发展起来。正所谓，汉代是一个"礼复乐兴""礼复乐盛"的乐舞文化转型时代。而礼乐文化作为我国传统文化的逻辑起点，是我们厘清汉代如何成为乐舞史上的集大成与转型发展时期的关键。

乐舞题材的汉画像石是徐州汉画像石的一个重要组成部分。乐舞作为汉代的艺术表演形式，高度凝练着汉代的社会风貌、人民的精神追求和审美特征。但是乐舞艺术需要用可听的音响和可视的动态来记录，在当时没有先进影像记录手段的情况下，所保留下来的图像就成为我们了解汉代乐舞文化最直观、最真实的资料。这些被刻画在汉代墓葬石壁上的乐舞图像对解读汉代文化、还原历史风貌有着重要的研究价值。同时，汉画像石乐舞图像作为音乐题材的美术作品，具备多学科交叉研究的学术价值。

本章从汉代礼乐制度的建立过程与社会功能、汉画像石中的礼乐文化特征、徐州汉画像石乐舞百戏图像的艺术特征与象征意义等几个方面探讨徐州汉画像石中的礼乐文化。

一、汉代礼乐制度的建立过程与社会功能

（一）兴"礼"制"乐"

何为"礼"？《礼记·昏义》曰："夫礼，始于冠，本于昏，重于丧祭，尊于朝聘，和于射乡，此礼之大体也。"意思是说，一个人的"礼"开始于冠礼（成人礼），作为根本的礼是婚嫁之礼，最重要的礼是葬礼和祭祀，最尊贵的是朝堂之礼，学习社交的礼仪是射乡礼（射箭）和乡饮酒礼（宴会饮酒），这就是礼的大体框架。所以，"礼"源

于原始习俗与生活习惯。

又有《礼记·内则》曰："礼始于谨夫妇,为宫室,辨内外。"《周易·序卦传》:"有天地然后有万物,有万物然后有男女,有男女然后有夫妇,有夫妇然后有父子,有父子然后有君臣,有君臣然后有上下,有上下然后礼义有所措。"《礼记·礼运》:"今大道既隐,天下为家,各亲其亲,各子其子,货力为己,大人世及以为礼。"从这些可以看出,无论是小家之"家",还是大家之"家",当"家"在和谐稳定的社会里组织建立起来之时,"礼"才有产生的可能。再有,"礼,履也,所以事神致福也"[①]。由此,"事神致福"成为"礼"兴起之初最直接的目的。

阶级和国家产生后,贵族利用生活中的习惯和原始习俗并加以改造发展,使得这些习惯、习俗具有一定的象征意义,"连同一系列的象征性动作,构成种种仪式"[②],有着巩固阶级社会、强化国家统治象征意义的仪制便逐渐形成与完善。"礼"至此便不只是作为习俗与人们的生活紧密联系,更进一步地作为阶级社会的统治者用以维护自己统治的、有着象征行为规范与生活准则意义的社会之"仪"得以保存发展下来。"仪"在这里是模式、法度,依照模式而行礼是礼仪,依照法度而行法是威仪,因此有着习俗意味的"礼","经过阶级社会'圣人'的加工和改造,变为成文的礼,后来又变作成文的法"[③]。而乐舞便是这礼仪中"仪"的部分。周公制作的"礼",是治国的大法,"礼仪"与"威仪"有相互对立的趋势,"礼仪三百,威仪三千,待其人然后行"(《礼记·中庸》),所以继承宗周之"礼"的西汉初年,不仅仅是继承了"礼"表面的模式与法度,作为"礼"引申意义的"乐",更有建国之初"兴礼制乐"的政治意义。

(二)"乐":发轫于民治于民

"夫礼之初,始诸饮食,其燔黍捭豚,污尊而抔饮,蒉桴而土鼓,犹若可以致其敬于鬼神。"[④]在"人人通天为神"的殷商时期,"乐本无经"的"乐"发挥在"供物奉神"与"用乐娱神"的社会祭祀活动中,成为不可或缺的两个部分。到了礼制兴起的周代,周公吸取殷人亡国的教训,于是"一年救乱,二年克殷,三年践奄,四年建侯卫,五年营成周,六年制礼作乐"(《尚书·大传》)。"乐"与"礼"互为表里,"礼"是外在的"别异","乐"是内在的"和同"。礼乐治国,以礼来区分等级、以乐来调和人际关系,二者互为统一、完美结合。周公的"制礼作乐",减轻了原始社会礼尚往来中"礼"作为习俗的商业交换性质,却在"礼仪"的"仪"的部分,由于有了"乐"的配合而加重了阶级意味。[⑤]自此,"乐"作为一种包罗万象的综合性艺术形态,附着于"礼"

---

① [汉]许慎著,[清]段玉裁注.说文解字[M].上海:上海古籍出版社,1981:2.

② 杨宽.古史新探[M].北京:中华书局,1965:234.

③ 杨向奎.宗周社会与礼乐文明[M].北京:人民出版社,1997:259.

④ [清]阮元校刻.十三经注疏:礼记正义[M].北京:中华书局,1980:1415.

⑤ 杨向奎.宗周社会与礼乐文明[M].北京:人民出版社,1997:335.

的规范、准则，被施予政治色彩而寄生于整个封建阶级的礼制文化大摇篮中。

1. 代神立言之"乐"

主持代神问道祭祀活动的"巫"，凭借其"女能事无形，以舞降神者也"的身份以及能够"绝地通天"的本事，在以神权代替人权进行阶级统治的商代，成为统治阶级掩盖个人集权意图的神权代言工具。巫觋通过宗教祭祀活动来通神、娱神乃至装神。本是为生活、生产劳动占卜问道的"巫"，也成为神权的代表，参与到一切关乎国家社稷与安危的政治生活中。

而由巫主持祭祀活动的"乐"，披着神的外衣，歪曲、磨灭音乐与舞蹈发轫于民间原本附着的人性，作为奴隶主臆造的"神性之乐"而统治和施恩于民。比如甲骨卜辞中大量记载着商贵族关于"舞雩"这样的求雨祭祀活动：巫觋手持牛旄，以神道设教，主持"久旱逢甘霖"的祭祀活动，"司巫……若国大旱，则帅巫而舞雩"（《周礼·春官》）。"巫"成为专职神职人员，巫乐也成为笼络百姓归附王权、巩固王权的大型社会祭祀活动。

春秋战国时期，"诗亡然后《春秋》作"，虽然社会由"巫"职历史时期转向"史"的历史时期，巫的地位下滑，但巫乐的影响对地方百姓的生活还是足够深远。譬如西汉建国初期，楚地浓厚的巫术色彩使得汉代的区域文化以秦楚文化为中心播散开来，吸收融合了全国各地文化，为大一统文化中的西汉初年提供了文化基础的发源地。

2. 夸耀武功之"乐"

周代建国之初，便在周公旦的主持下整理夏商以来的乐舞，用以制礼作乐，建立了一整套宫廷"雅乐"体系。为了夸耀周武王的建功卓越，周王朝整理、加工、编排了以歌颂武王伐纣为主题的《大武》，这在刚刚经历了商纣王极端腐朽残暴统治下的人民中，是完全符合他们对安稳、和谐生活向往这一愿景的。只有大功告成、天下大治的王者才有资格制礼作乐。除《大武》之外，周王朝还搜集了前代遗存下来的歌颂黄帝的《云门》、歌颂尧的《咸池》、歌颂舜德的《大韶》以及歌颂夏禹的《大夏》和歌颂商汤的《大濩》，将这些编排整理为象征周王朝繁荣昌盛、祈求天地祖先庇佑的《六舞》，在统治阶级的不断加工与利用中逐渐成为震慑百姓、炫耀统治集权的政治手段。

3. 等级象征之"乐"

周代维护社会秩序、巩固王权的制礼作乐手段还表现在对人民身份等级的划分之中。而这一划分以用乐规格的大小来体现。如对舞队利用的规格有规定：天子乐用八佾，诸侯用六佾，大夫用四佾，士用二佾。而乐器和乐队的规格分为：王的乐队和所用的乐器，可以排列东西南北四面，诸侯的可以排三面，卿和大夫的可以排列两面，士的只能排列一面。周王朝充分利用乐舞的特殊性来严格区分上下、尊卑，以此加强等级观念。如若不遵循用舞与用乐的规定，就是没有德性的体现，也就是"失礼"。周朝吸取殷人抛弃勤政爱民的传统、亡于"失德"的教训，又一改商代"神权至上"的政治思想，将集权统治手段以"敬德保民"思想为其遮羞布，继续以"乐"制体现"礼"制来粉饰太平。

到了西汉全盛时期，国家设立重要的音乐机构——乐府。乐府在杰出音乐家李延年的带领下创作出为适应宫廷政治职能教化需要的艺术作品。以董仲舒为代表的"阴阳""五行"神秘学说影响了汉代音乐舞蹈艺术的发展，"京房十六律"便是从中引申而来。受"天人感应"神学思想影响深重的西汉，轻视民间音乐而大力提倡有着"天人合一"象征意味、能维护统治阶级权力的宫廷雅乐。天人关系就像是君臣、父子的等级关系，因此宫廷之乐也要合宇宙万物归一的规律，体现出身份等级。同时，在汉代广泛发展和普及的女乐艺人也被分为三类：一类是"倡"——奴隶身份的职业性伎人；一类是"舞姬"——家族中的善舞者；还有一类是"歌舞者"——介于前两者之间的歌舞专业艺人。

4. 行政教化之"乐"

"乐"的大节是德，是重要的教化工具。周王朝建立了国家音乐机构——"大司乐"，其职能包括音乐行政、音乐表演与音乐教育。在"敬德保民"思想引领下，"大司乐"以乐德教国子，中、和、祗、庸、孝、友；以乐语教国子，兴、道、讽、诵、言、语；以乐舞教国子，舞《云门大卷》《大咸》《大韶》《大夏》《大濩》《大武》。（《周礼·春官·大司乐》）

除《六舞》成为国子贵族的必修课之外，《六小舞》（包括《拔舞》《羽舞》《皇舞》《旄舞》《干舞》《人舞》）也是教育国子的必修课，同时规定了国子学习期限与先后程序，"十有三年，学乐、诵诗、舞《勺》；成童（十五岁），舞《象》，学射御；二十而冠，始学礼"（《礼记·内则》），这种原本持牛尾、旄羽、干戚用于求雨、强身、操练来求生存求发展的原始舞蹈一经周王朝汇集、整理，均成为其礼制文化教育下的行政工具。

《六舞》《六小舞》也首开中国古代雅乐舞的先河，面对雅乐渐渐式微的西汉，依然以雅乐舞所确立的"诗、舞、乐"三位一体的格局，与以社会伦理道德为中心思想的儒学体系，还是十分契合的。雅乐舞依然有着其深厚的正统理论基础，对汉代社会起着普世性的教育、教化作用。

5. 采风集成之"乐"

民间乐舞的采风制度始于周朝。周王朝希望"通过民歌来观察人民的反映和对统治者的情绪，同时利用民歌作为统治的工具"[1]。但是，这些被采纳编辑成诗歌传唱的民歌，早已不是其原本的样貌，它们经过选剔和修改，被保存下来的大多是反映统治者意图的。此外，西周有"列士献诗"制度，"变风变雅"之作也就在这一制度下形成。

西汉的乐府设立后，也广泛采编民间音乐舞蹈、创作填写歌辞、创作改编曲调，又将张骞出使西域后带回来的乐曲、乐器、舞蹈进行重新编配，并大力培养演唱、演奏、舞蹈的专职艺人。同样地，经过采编重新整理加工的音乐舞蹈作品并非完整的民间音乐，

---

① 杨荫浏. 中国古代音乐史稿 [M]. 北京：人民音乐出版社，2011：47.

沿袭着周朝"变风变雅"的乐舞创编模式。

6.礼崩乐坏之"乐"

春秋战国时期出现了所谓的"礼崩乐坏"。儒家对最高层次的音称为"乐"——只有合于"道"的音，才能称为"乐"。一场"雅乐"与"俗乐"之争便在春秋战国时期展开。实际上，这是"古之乐"与"今之乐"在时代潮流中一次艺术规律的演变。战国时期，孟子就提出了"今之乐犹古之乐"这一十分客观辩证的论断。

春秋时期的"礼"已经演化为确保专制统治长治久安的政教工具，它束缚个人的言行举止、捆绑个人的思想感情、泯灭个人的自由心灵。时至战国时期，以儒家为代表的诸子学说更是进一步阐发"礼"的含义，形成了带有普遍意义的礼论。"礼"不再仅仅是人类生活、祭祀活动中的规范与准则，它被赋予政治的等级性、制度性，乃至强制性，扼杀个人生命的独立与自由。与之相互联系的"乐"便因此出现"古之乐"与"今之乐"的分歧：依附"礼"以教化人的"乐"为"古乐"，能够随百姓思想情感、审美意识的蜕变，不断地变换着形式形态和语言音调，突出反映时代精神风貌的"乐"为"今乐"。

因此，春秋战国时期所谓的"礼崩乐坏"，在"古乐"与"今乐"相互磨合、碰撞的基础上，为汉代复兴礼乐，以俗入雅、以雅入俗、雅俗交融的乐舞新格局奠定了艺术自律的基础。而汉代所谓的"郑声"，实际上也是融合了周代的雅乐遗音，楚地的乐声，以及赵、代、秦等各地的乐调以及西域的乐曲杂糅而成的新声变曲。[1]

（二）破"礼"立"俗"

1.神本信仰的衰落

有学者将中国古代史职的演变分为三个时期[2]，即"神"职历史时期、"巫"职历史时期，而自春秋时代开始，才是"史的历史时期的开始"。神职与巫职历史时期也就是禹、夏、商、周的时代，人们对宇宙万物的认识从神话与历史不分，到巫可以代神立言。春秋时代，又有了"百家争鸣"这一理性的逐步觉醒。

直至两汉，人们对神灵的信仰也逐渐从一神到多神，从对神灵的恐惧、依赖心理摆脱出来，为了延长寿命而对神灵加以利用甚至臆造。不同于商周时期用怪异的神鬼形象来指向某种超世间的权威神力观念的象征符号，两汉时期不仅按照现实世界的样子对神鬼进行描绘，而且，"这些按照生命本身的样式所创造出的神鬼形象，又大大超越了生命本身，艺术家把自己心中的狂奔的激情灌注其中，使这些神物的形象同时又具有某种不可思议的神的力量在其生命中"[3]。从神的世俗化、人格化以及社会化的过程中可见，两汉时期神本信仰逐步衰落，人本思想日渐明晰，同时，也反映出汉代帝王对于国家政局统一的征服已经由地面征服转向了天庭，从而可以看出西汉盛世时所呈现出来的不可

① 徐华著.两汉艺术精神嬗变论[M].上海：学林出版社，2003：131.
② 杨向奎.宗周社会与礼乐文明[M].北京：人民出版社，1997：351.
③ 徐华著.两汉艺术精神嬗变论[M].上海：学林出版社，2003：97.

一世的霸气。这是西汉群臣万众在远接殷商旧俗后，在各地民间歌舞祭祀文化中对神灵信仰发展出来的新的内涵表现。

（1）神的世俗化

神权至上在殷商时代发展至极，以至于"其民之敝，荡而不静，胜而无耻"，给人民带来的灾害便是人民都变得放荡不安分，好胜而没有廉耻之心。随着理性与智慧的发展，及至周代，用礼来治人，以爵位等来进行赏罚，对鬼神尊奉但敬而远之，因此在周代有了以礼为主，以神辅之的神权与政权相结合的治国策略，根据一定理性的原则处理人神关系。

春秋战国时期更加强化神灵崇拜的政治教化作用。虽然《礼记》中一系列的规范时刻把天地鬼神放在至尊至贵的地位，很多的礼节都要"敬天""尊祖"，但这些礼节是常被纳入人伦之中的，"敬天""尊祖"更多的是从社稷、百姓、人伦关系出发，而不是同自然物理本身的规律联系在一起。由此可看出，在春秋战国时期，虔诚的宗教信仰已经让位于世俗功利的目的了。

（2）神的人格化

秦汉时期，人们按照与自己生产生活相关的习俗，塑造自己心目中的神灵，比如对西王母最初的形象在《山海经》中也有记载："又西北三百五十里，曰玉山，是西王母所居也。西王母其状如人，豹尾虎齿而善啸，蓬发戴胜，是司天之厉及五残。"西王母就是这样一个蓬发、戴胜、虎齿、豹尾、善啸的半人半兽形象。

到了汉代，由于汉武帝十分迷恋神仙之道，在他统治期间，掀起一股求仙热潮。于是人们将西王母的形象纳入神灵体系，其形象也由半人半兽变成了白发老妪。同时，在《汉书·司马相如传》中对西王母身份的记载为："必长生若此而不死"，师古注曰："昔之谈者咸以西王母为仙灵之最"，西王母的身份由最初的部落首领，到汉人眼里已经成为掌握长生不老药的群仙之首。还有，汉代将自然神"雷神"的称呼称作"雷公"，"公"是当时人们对年长男性的尊称，从"神"到"公"的称呼转变，拉近了人与神之间的距离。雷神的形象也由半人半兽变为力士之容。由此，无论是白发老妪的西王母还是有着人的造型和行为的雷神，均是汉人创造出来的人化神，是与汉人生产、生活息息相关的神祇。这些均表明：在汉代，神灵信仰有着世俗化与人格化的趋势。

（3）神的社会化

从神权至上的殷商时代到制礼作乐的周朝，人们的鬼神观念向着围绕天人关系的讨论展开。周人在崇拜认可天帝的同时，提出"以德配天"的思想，认为天命可以转移，天帝具备赏罚善恶的职能。而春秋战国时期伴随着封建化的变革，奴隶制的土崩瓦解，神的地位也每况愈下，人的地位与作用不断提高。到了秦朝，经历"礼崩乐坏"的巨变，传统的"礼"再也不能与神权相结合来规范社会成员的行为，由此秦国统治者在变法图强的道路上选择了讲实用、尚武功德的法家思想，秦朝成为"法治主义"下以"君主集权论""暴力万能论"为代表的王朝。由法家韩非子为代表的"无神论"思想成为秦王朝淡化鬼神观、以法治国的主流思想。

而汉代"独尊儒术",将儒家思想中讲求"爱人"的学说加以改造发展,使之成为人本学说,经过后世政治活动家的实践,人的地位得到大力提高,神祇地位下降。同时,由于西汉时期人们自我生存意识发生觉醒,他们借助燕齐方士求取仙药或借助灵物飞升成仙等现象,也造成了人们对现实世界的重视与关注。也正是由于关注对象转移至现实世界,所以对生命的弱小、现实的不完美认识也愈加深刻,发挥想象、借助不可知的力量来维护现实世界的安定成为汉代社会神灵信仰的主体,并且鬼神形象被汉代人依据人的形象、意志、愿望进行塑造与取舍,其过程也日趋社会化。正如费孝通先生在《美国与美国人》中比较中美两国的信仰方式时曾说:"我们对鬼神也很实际,供奉他们为的是风调雨顺,为的是免灾逃祸。我们的祭祀很有点像请客、疏通、贿赂。我们的祈祷是许愿、哀乞。鬼神在我们是权力,不是理想;是财源,不是公道。"[①]

2. 新思潮的崛起

两汉时期,神本信仰衰落的背后,是官方哲学思潮与民间思潮自身蜕变与抗衡的体现。从西汉创立之初奉行"黄老思想"开始,到武帝"罢黜百家,独尊儒术",以及后来对董仲舒新儒学思想的继承、批判,发展到王充思想,甚至在民间泛滥,两汉新思潮在经历改弦更张的时代洪流中,依循"霸王道杂之"的轨迹而此起彼伏般崛起,但它们都围绕着"究天人之际"这样一个哲学命题而发生。对这些新思潮中关于"天人关系"的讨论,实际上又是汉代儒家思想与道家思想相互博弈的表现,它们从斗争到互补,都对汉代艺术作品的创作以及艺术精神的嬗变产生了巨大的影响。

汉初社会面临着集体精神信仰的失落与人的尊严地位丧失这样一个危机。由王权与神权二者如何兼顾、平衡、协调所引出的各种关于社会政权地位的巩固问题,亟待建立新思潮作为官方哲学来解决这一时代危机。而以董仲舒为代表的新经学哲学在这样一个信仰危机的情境中应运而生,并以"目的论"为特征发展其理论体系,与以《淮南子》《道德指归》和王充思想为代表的自然论体系互为对立而又相互补充,成为两汉乐舞百戏游艺性质发生、发展与变革的"酵母"而广为扩散。

(1)为目的论

以董仲舒为代表的儒生,一方面继承、推崇传统儒学,另一方面又有所损益地改造传统儒学,发展百家学说。以儒学中的《公羊春秋》为中心,融合法家、道家、阴阳家学说的新儒学体系在众多儒生的推崇改造之下应运而生。这套体系以"天人感应"为核心思想,为了辅佐政治权威的统治,它强调秩序统一,而忽略个性不一。具体表现在以下几个方面。

第一,"天"是最高的权威。"天"是一个有着情感意志,通识宇宙内外的"百神

---

① 费孝通. 美国与美国人 [M]. 北京:三联书店,1985:110.

大君"（《春秋繁露·郊祭》，并且这些情感意志的表达是通过自然现象的变化来表现的。在董仲舒的"天论"中，天有三个方面，一是神灵之天，一是道德之天，还有一个是自然之天。自然之天从属于道德之天，道德之天又从属于神灵之天，三者可以互相统一。因此，董仲舒的"天论"是建立在有神论基础之上的，既相互矛盾又有着唯心主义体系的本质特征。

第二，仅次于"天"的权威的是"人"。"人"是"超然万物之上，而最为天下贵也。人，下长万物，上参天地。故其治乱之故，动静顺逆之气，乃损益阴阳之化，而摇荡四海之内"（《春秋繁露·天道阴阳》）。"天地之精所以生物者，莫贵于人"（《春秋繁露·人副天数》）。但是，这种仅次于"天"的"人"一方面指的是皇帝，而非普通百姓，"唯天子受命于天，天下受命于天子"（《春秋繁露·为人者天》），另一方面，这里的"人"并非拥有独立作为的个人，而是作为集体"类"属性的人。当然，在董仲舒目的论体系中，也体现出"人"所拥有的强大主观能动性。这一点是汉代唯心主义哲学家与唯物主义哲学家所共同持有的观点。他们认为人可以支配与主宰天，"宰相者，上佐天子理阴阳，顺四时，下育万物之宜"（《史记·陈丞相世家》），屈原《天问》中"遂古之初，谁传道之？上下未形，何由考之？"，汉末宗教神学《太平经》中"兴衰由人"的响亮口号，王符《潜夫论》中咏叹的"天工人其代之"，无一不是将"天工"唯有通过人的改造才能实现这一信条贯穿始终。

第三，根据"天人合一"中"天人同类""人副天数"的观点，能够推导出天上秩序便是人间秩序的折射与统一。"天地之气，合而为一，分为阴阳，判为四时，列为五行"（《五行相生》），而董仲舒对于"合"的解释为"凡物必有合。合，必有上，必有下；必有左，必有右；必有前，必有后；必有表，必有里。有美必有恶，有顺必有逆，有喜必有怒，有寒必有暑，有昼必有夜，此皆其合也"（《基义》）。因此，"阴者阳之合；妻者夫之合，子者父之合，臣者君之合"，"阳兼于阴，阴兼于阳；夫兼于妻，妻兼于夫；父兼于子，子兼于父"（《基义》）。社会关系里的君臣、父子、夫妇便应该具有尊卑主次的配合与从属关系。

第四，从董仲舒对"天论"和"人"的解释中看出，天人关系不再是殷商时期讨论的自然与人之间的关系，而是人化了的自然与人之间的关系，依循阴阳五行而进行调理后的天人关系表现出真、善、美三者的统一，这样便将人们对"天人关系"的讨论自然而然地转变为对封建等级礼教的强调。由此，虽然董仲舒对传统儒学进行了改造，但尊古复礼的思想依然是新儒学改造道路上尊崇的信条——"春秋之道，奉天而法古"（《春秋繁露·楚庄王》），再一次强调了由《公羊春秋》发展出来的新儒学应该是权威遵奉的学说，为封建等级中的礼教体系加注了厚实的理论基础。

（2）为自然论

以《淮南子》《道德指归》与王充思想为代表的自然论体系不同于董仲舒的新儒学

思想，它们发展了《老子》关于"道法自然"的论点，完全以自然为基础，认为自然与人的关系在于人是自然的一部分。因此天人感应是自然现象，天人关系也成为纯粹的自然现象，而阴阳五行的变化，便是纯粹机械的转化过程。相对于儒家对人主观能动性的强调而言，自然论体系对人可以发挥主观能动性对自然进行改造这一方面，无疑起着消极、避世的影响。

比如，《淮南子》认为"所谓天者，纯粹朴素，质直唯白，未始有与杂糅者也。所谓人者，偶差智故，曲巧诈伪，所以俯仰于世人而与俗交者也。故牛岐蹄而戴角，马被髦而全足者，天也；络马之口，穿牛之鼻者，人也。循天者，与道游者也；随人者，与俗交者也"。将人与自然相互对立，并且贬低人的作为，认为是"与俗交"。而对于礼乐文化的态度，在《淮南子·要略》中也谈道："欲一言而寤，则尊天而保真；欲再言而通，则贱物而贵身；欲参言而究，则外物而反情。"这里的"外物而反情"意思便是指只有摒除了礼乐文化，才能回归到自然质朴的状态中，否定了文化知识的价值，倡导"抱朴归真，同于冥冥"。

同样，《道德指归》发挥"道"即"自然"的思想，认为自然万物的变化是不以人的意志为转移的客观过程，而是由"气"生成，对宇宙生成、天人关系的探讨进入了本体论领域，为魏晋时期玄学思想做基础。

王充的自然概念又直接继承了《老子》，并发挥了《淮南子》和《道德指归》的思想。王充思想的最大贡献在于否定了神的存在，改革了老子自然概念中的神秘主义，发挥了无神论思想。凡是涉及神学活动的领域，王充便依循"自然、社会现象和发展的必然性与事物源头在于元气"这些自然思想去进行批判，使自然思想在《老子》中具有无神论意义。

自然论体系中的思想一定程度上净化了谶纬神学的"毒雾"，给汉代人"究天人之际"提供了比较理性的理论依据。但是，将一切事物的产生、发展都归结于自然的变化，否定人的主观能动作用，这样的遗世避俗的态度，也对汉代的政治、文化产生了不可忽略的消极影响，将汉代道家引入神仙道教中"长生不老、以求升仙"这样一种消极避世与个人养生的方向中。

（3）及其他论

综览以上两大思潮体系作为官方哲学相互博弈的过程，我们可知二者均是以"克己复礼为仁"为最高修养来规范个人、巩固政权，缺乏对个体生命本真的关注；将考取功名、事务行政为人生追求的终极价值，以此达到与国家社会的和谐，忽略对个人自我价值存在的认识；再以诗书五经为经典学说思想，作为衡量个人是否学富五车、才高八斗的标准，抹杀个性情感的真实表达与自然流露。

在这样一个强调"合"与"一"的浪潮里，两汉动乱与自然灾害频发使得经学哲学再也不能满足人们安乐太平的个人愿望，而东汉民间道教与谶纬之术的突然兴盛，虽偏离了官方哲学主旨，对政治大体没有多少进步意义，但却因为它们对个人生命的观望与守护，不但满足了人们对个人生命意识的觉醒，更是激发和唤醒了人们内心情感的迸发、浪漫情怀的培育、飞扬想象力的滋生，为汉代乐舞百戏"立俗"提供了另一个更为宽广的发展契机。

首先，谶纬之术的神秘诡异给汉代人提供了一个瑰丽多彩的意象。民间道教里搜罗进来的神话传说中大量关于神鬼精怪、奇闻轶事的内容以及天神大帝、西王母、雷公电神、仙境羽人、不死仙丹、符案圣水等具有神奇力量的形象，都为汉人浪漫的艺术思维培育了温床。其次，民间道教里敬神、祈神、娱神时所进行的"鼓舞"祭祀方式，大大提升了汉代鼓乐踏舞的乐舞技术，灌注了汉代人热烈奔放的生命豪情和艺术品位。再次，谶纬方术与道教思想中对宇宙空间的热衷追问，实践表现出人们对自我由来的无限探寻，对内心自我的无限审视，揭开了经文哲学以"礼"来规范自我、生命以及情感意识的这块遮羞布，从"神本"逐步回归对"人本"以及生命自觉的思索中。最后，道家哲学里对虚静、自然之境的追求，与艺术创造层面对虚实幻化的要求不谋而合。

3. 田庄经济的影响

（1）经济结构的几次变革

两汉的经济模式并非单一不变的，从西汉立国到东汉末年，其经济模式发生了几次变革，经济模式的变革同样影响着艺术形态的变化，尤其东汉时期出现的田庄经济，给东汉时期的艺术提供了更为宽广的变革思路。

西汉前期，统治者为了恢复社会经济，提高综合国力而减轻对社会农工商业发展的限制，采取无为放任的政策，农工商业得以自由发展。西汉中后期，政府开始抑制私营企业的发展，在各地设置官营工商业，其中包括设置盐铁官、平准官和均输官等，官营工商业成了社会主导的经济形态。也正是由于西汉中后期对私营工商业的抑制政策，促使大量私营企业主投靠地主、官僚，同时，官营商业的官吏出于经济利益的趋使，也转向开始与工农商业相结合，社会经济模式发生明显变革，集士、官、农、商四位一体的田庄经济格局诞生了，并一改原来的官营商业与小农经济所构成的格局。田庄经济以其自给自足的优势成为当时社会经济结构中的一个独立单元。

（2）田庄经济的游艺平台

具有独立意义的田庄经济同样能对东汉的社会风俗文化以及东汉士人心理产生具有"相对独立意义"的影响，这影响便体现在东汉士人文化教育活动中有着独立个性的创造环境与心理环境。

首先，从田庄经济的经营结构来看，它是大土地所有制在农、林、牧、副、渔等领域多种经营下的联合体，因此田庄经济是自给自足的新兴经济结构；其次，从占有形式来看，主体以大姓家族为基础，同时依附了不少破产的小自耕农与其形成经济附庸关系以及家族自身供养了大批奴隶；最后，庄园主人的身份是官僚、商人、地主三位一体或向三位一体这一新身份转化之中。因此，在这样一个宽松、自由的物质环境之下，东汉士人子弟除了接受汉代主流儒学文化教育作为其参政的必修课以外，还拓展了自己对于"黄老学说"、民间道教与儒家经学、诸子百家同步修为、积淀的广博学术视野。

田庄经济印证着东汉士人庄园精神的独立、自由与平等的性格，更为东汉士人在官场不得志以后，兴趣的转向提供了场所。他们将个人理想抱负与对现实的不满化作具备浪漫诗意情怀的艺术作品，在精神上找到得以自由、享乐与安定的栖息地，同时，我们也不可否认地看到田庄文化还滋生了不少异端思想。总体来说，从诸多汉画像砖石的考证研究中我们仍然得以看到，在大量以田庄文化为背景和依托下，汉代人对现实生活题材的丰满记载，有踏鼓舞乐的生命张扬，有杂技俳优的叫绝表演，还有拨弦唱和的悠然自得。他们都抛开了以金石为主的雅乐祭祀形式，在诗书琴棋充盈的田庄文化中回归到了对人性自我审视与内心情感迸发的游艺民俗艺术创作之中。

4.民俗区域的形成

"有一种'精神的气候'，就是风俗习惯与时代精神，和自然界的气候起着同样的作用。"[①] 早在汉代，司马迁与班固分别在《史记·货殖列传》与《汉书·地理志》中根据当时的自然地貌成就的民风，对汉代各地做了细致的划分。而现代学者又在此基础上对汉代民俗区域特色做了不少研究，均认为：汉代文化是处在春秋战国文化的遗留与延续阶段，它打破了中国自夏商周以来以黄河流域为中心的文化区域、文化特色，在漫长而又缓慢的历史长河中不断传播、渗透、吸纳下形成了以秦楚文化为中心，融合全国各地文化的汉文化，而这归功于楚地的西汉帝王与群臣们所做出的时代贡献。西汉末年至东汉末年，汉代才进入佛教文化大规模占据中国文化这样一个开辟阶段。至此，汉民族文化才开始有了统一的精神文化。

汉代区域内文化大致分为：秦、魏、周、韩、赵燕、齐鲁、宋、卫、楚、吴越、粤等文化区。它们虽然因各自地理环境造就了不同的文化精神风貌，但也因汉代交通的便捷而互通往来，将不同文化精神风貌带到重要的经济都会城市而相互杂糅，形成了以秦楚文化为中心、各地文化融合的局面。

（1）交通都会促交流

不同区域特色的乐舞百戏集中于汉代都市要道，并借助商旅货财而周流天下，形成了"郑舞""吴歙""蔡讴""齐讴""楚鼓""秦倡"。清代魏源就在其《诗古微》卷九"桧郑答问"中对郑、卫地及周边东方各国的商业情况有评述为："三河为天下之都会，卫都河内，郑都河南据天下之中，河山之会，商旅之所走集也，商旅集则财货盛，财货盛则声色凑。"这些地区由于本身拥有的盐铁之利与中央集权的加强，使得各路豪强、高官与富人由外迁入于此，豪姓家族纵横百里，人们开始崇尚奢靡、经商与勇力。《盐铁论·通有》引文称："赵、中山带大河，纂四通神衢，当天下之蹊，贾商错于路，

---

① [法]丹纳.艺术哲学[M].傅雷，译.北京：人民文学出版社，1963：34.

诸侯交于道。然民淫好末，侈靡而不务本，田畴不修，男女矜饰，家无斗筲，鸣琴在室。"

（2）鬻歌假食随流动

像战国时期韩娥以"鬻歌假食"，借助卖唱换取食物等为了生计而流亡的方式，同样能将不同民风的艺术随艺人而传入他乡，促进了乐舞百戏的交融。如王室内外豢养的女乐，便是汉代乐舞百戏艺术中名留青史的一段佳话。《史记·李斯列传》："所以饰后宫、充下陈、娱心意、悦耳目者，必出于秦然后可，则是宛珠之簪、傅玑之珥、阿缟之衣、锦绣之饰不进于前，而随俗雅化、佳冶窈窕，赵女不立于侧也""郑、卫之女不充后宫"。另外，哀帝时期"罢乐府"的举措导致对乐府艺人的裁减，也使大量专业艺人从宫廷流入民间，反而促进了民间乐舞百戏艺人队伍的专业化与职业化，为乐舞百戏在技艺上的交流与提高提供了条件。

（3）专门场所供发展

乐舞百戏在都会城市集中汇流后，还有专门的表演场所，在这样一个复杂多元的背景下，也会促使乐舞百戏自身朝着活泼而富于变化的方向发展。比如《汉书·武帝纪》中记载的上林平乐馆就是最为典型的表演场所之一。李尤还专门作《平乐观赋》，描绘了当时在平乐馆观乐舞百戏的盛大场面。同样，一般的富豪家族也有专门的乐舞表演场所："今富者祈名岳，望山川，椎牛击鼓，戏倡儛像。中南者居当路。水上云台，屠羊杀狗，鼓瑟吹笛。"（《盐铁论·散不足》）"威重于六卿，富累于陶、卫，舆服僭于王公，宫室溢于制度，并兼列宅，隔绝闾巷，阁道错连，足以游观，凿池曲道，足以骋骛，临渊钓鱼，放犬走兔，隆豺鼎力，蹋鞠斗鸡，中山素女抚流征于堂上，鸣鼓巴俞作于堂下，妇女被罗纨，婢妾曳絺绁，子孙连车列骑，田猎出入，毕戈捷健。"（《盐铁论·刺权》）

（4）庞杂繁芜楚风盛

在汉代区域乐舞百戏混融相杂的盛况之下，似乎又以楚风乐舞最为流行。《汉书·艺文志》中提及的各地乐舞有吴、楚、汝南、燕、代、雁门、云中、陇西、邯郸、河间、齐、郑、淮南、河东蒲反、洛阳、河南、南郡等地。根据《汉书·礼乐志》所列举的乐府地方乐舞，有邯郸、江南、淮南、巴渝、临淮、郑、沛、陈、秦、楚、巴、齐，等等，还有公莫舞、巴渝舞、盘舞、铎舞、白纻舞这些"始皆出自方俗，后寝陈于殿庭"的杂舞。在当时来看，不同流风的乐舞平分秋色，频频出现在各种民俗活动场合，在诸多民风特色乐舞百戏中成为在时人之中流行的新声乐舞。在诸多出众的流风乐舞中，楚风乐舞的流行又略显广泛。戚夫人的"楚舞""楚歌"，细君公主《思乡歌》、武帝《瓠子之歌》《太一之歌》《秋风辞》，昭帝时李陵起舞所唱的《别歌》，燕王刘旦与华容夫人之歌唱、起舞，昭帝《若鸠歌》，还有灵帝时百姓赞颂皇甫嵩的歌谣"天下大乱兮市为墟，母不保子兮妻失夫，赖得皇甫兮复安居"全是楚风，可见楚风流行之盛。

（5）四夷之乐同翻新

除去各区域乐舞百戏在不同流风中的交融发展之外，汉代帝王为了"一天下"，在一定程度上对域外乐舞百戏采取了兼容并包的态度，域外夷狄之风也为民间百姓所接纳。汉代基于对"四夷"的认识——"以为四夷外，无礼义之国"，而对域外乐舞采取"乐者远近所同，礼者异制而已"的基本态度，只吸收并创作四夷之乐，而摒弃对于夷狄"礼乐相须为用"的做法。因此，汉王朝对于域外乐舞的吸收利用可能更为纯粹地停留于乐舞、乐曲、乐器、乐制的民俗游艺物化层面之上。在汉画像砖石上我们经常看到如短箫铙歌、骑吹、黄门鼓吹、横吹等与域外乐舞有关的鼓吹乐形式，还有羌笛、箜篌、琵琶、胡笳等出自羌胡地域的乐器。至于乐舞百戏而言，就有巴渝的都卢、西域的骆驼载乐、滇人的羽舞以及吞刀、吐火、殖瓜、中暑、屠人、剥马等奇幻之术被吸收创作于乐舞百戏的游艺活动之中。

以上我们试图从礼乐关系的角度来分析汉代乐舞百戏向游艺民俗发展过程中是如何继承上古之乐，但又开天辟地般"破礼立俗"而发展时代新乐的。虽然汉代也沿袭前朝"厚古薄今"的观念，借助"德音"维护了当朝统治，但也随着人们对鬼神信仰的逐步理性发展以及汉代新思潮、新经济和愈发互通往来的区域民风等因素的影响，迫使汉代艺术在其物化形态与精神导向方面层层蜕变，发展出更符合汉人悦心、陶情、益智这样一个充分体味与展现个体生命情怀的游艺大环境来。无论如何，一个时代有一个时代的精神风貌与艺术形态，这样一个充分酝酿的游艺大环境，正是汉代乐舞百戏在宫廷与民间发展颇盛的时代条件，它也是当时人们喜好安逸享乐、追求回归人本自我的时代气息体现。

二、汉画像石中的礼乐文化特征

（一）在天人合一中张扬的浪漫无际

虽然西汉人民也"向神而舞"，但他们心中的"神"已不再是可怖的、不可捉摸的"神"，他们将对天下太平、安康享乐的社会祈愿附在所有"人造神"的形象当中，内心没有任何畏惧与害怕，反而希望自己心中的神灵能带引自己超越现世。因此，在西汉的艺术作品中，我们不难发现其艺术语言中蕴含的是对整个族群"天人合一"理想境界的祈愿。所以说从西汉开始，类似神仙戏、兽戏以及"鱼龙曼延"这样的幻术综合表演的演绎，表明了西汉人希望通过娱神达到"羽化登仙"的目的，他们不仅要实现人类的一统，而且要将一统的范围扩展到所有生灵界以及天界。这种豪放的魄力正是西汉人推动游艺文化在初发之时所凸现出的浪漫无际的精神，潜伏在浪漫无际游艺精神下面的是西汉人想象力、模仿力以及创造力等文明人所具备的智慧品格的发挥。

（二）在广纳四方中尽显的外向开拓

汉朝是中国封建王朝发展的第一个高峰。西汉建国之初吸取了秦亡教训，对民众采取休养生息的政策，这一政策使得西汉王朝国力剧增，物质财富极大丰富，人们极力将眼界开拓至外面的世界，正是这样一种开放的心态，促使西汉王朝对于四方乐舞也采取了广纳吸收的态度。丝绸之路的开通更是招徕了譬如东夷的骑射与游猎文化、西戎的胡乐与胡舞炫技、南蛮的勇猛与刚烈锐气以及北狄的雄浑与激励之风，都因交通枢纽的便利与往来而得以在中原地带汇聚一堂，集腋成裘般赋予了西汉时期游艺文化外向开拓的磅礴气概——敢于征服、善于接纳的广博之势。也正是这样一种包举宇内的大气，造就了汉代乐舞百戏中更多出演项目力求达成高、精、尖的技艺表演，在这一用力的推动中，乐舞百戏从形式到内容不仅纵向地囊括着天、地、人的题材，造成了仙凡杂处、人兽同乐的景象，而且更横向地借鉴了多种风格与色彩的描绘，为游艺文化提供了更为立体化的改进与翻新的空间。

（三）在远古遗风中承继的粗放古朴

汉代乐舞百戏中，许多游艺演出都是承继着原始时代舞蹈发生的遗迹而来。譬如带有宗教或巫术属性的"鼓舞"，目的在于社祭，发生场合在于春秋二社。鼓，这一原本应该呈现于严肃场合的乐器，被汉人发展并用于乐舞百戏的杂耍炫技当中，从为了社祭且成为社祭的手段，到为了欢娱且成为欢娱的手段，鼓在人们手中，被如此一番演变，不得不说这是对远古遗风的沿袭与改革。同样，刑天氏的"干戚舞"从原始社会手执"干"与"戚"以抵御外敌，演变发展至汉代成为巴人表现勇猛精锐的巴渝舞，这些演变均是将器具从严肃、认真场合下抽离出来，成为游艺民俗中人们把玩、操弄的"玩意儿"，仅仅从这一点便能折射出汉代乐舞百戏那粗放古朴的拙美之气来。

（四）在把握现实中飞溅的生命张力

受汉代儒道思想的碰撞与各种异端邪说的影响，汉人从西汉浓重的神仙色彩发展到东汉对于神仙思想的淡化，转而关注于人间的现实生命。人们越是关注现实，就越对现实的不完满产生了无比的遗憾与留恋，他们只能借助神灵的庇佑来维护自己的生命——生时祈祷长生不老，死后相信灵魂不朽。基于这样一种对现实的不确定与无法把控的心态，汉人在乐舞百戏中极尽所能地挑战着人自身的极限，以精湛的技巧来彰显生命的魅力。从汉画像石上，我们不难发现许多关于艺人表演瞬间的刻画，那是汉代人在把握现实世界中飞溅着的生命张力，他们有着对生活的浓浓热忱与敬意。比如画像石中关于表演"建鼓舞"的舞人再现，几乎都体现了舞人一面翘袖折腰，一面挥着鼓槌勇猛敲击鼓面那一瞬间的情感迸发，汉代人性情中的奔放与对艺术充满的活力可见一斑。还有南阳汉画馆中的"虎车雷公图"，画中三只猛虎前爪与后肢均最大限度地伸展成一条直线，大张着虎口昂首怒吼，让人见而生畏；而车上是两位仙人，配合着那长巾当空的飘带，似乎正在击鼓作势，一前一后、有直有曲地交相辉映，将汉代人祈求生命能够生生不息的愿望以及对奇妙多姿、百态生活的珍惜体现得淋漓尽致。

（五）在独立自觉中寻找的自然真我

西汉末年新兴社会思潮的涌现、新兴经济的崛起，致使这时候的艺术家有了对于人类内在自我进行重新审视的机会。同一时期的其他门类艺术，与乐舞百戏都发生了朝着追求艺术与生命本真方向的转化。如果说西汉的乐舞百戏透露着更多的群体性悲喜之情的话，那么东汉时期的作品则是人们个体自我发自内心的自然流露与真我体现。以东汉时期的说唱艺术为例，乐舞百戏中的"谐戏"便是其中之一。俳优艺人可以不用再对帝王进行歌功颂德，而是体恤情感细腻精妙之处，对现实社会现象进行讥讽与纳谏，表达个人独立见解。这是汉人在放松、玩乐状态的游艺文化中，以自己的风趣与智慧换来的对生命自觉与人本关怀的真切体验与彰显，更是乐舞百戏借游艺文化氛围而发掘出的艺术自觉之路。

三、徐州汉画像石乐舞百戏图像的艺术特征与象征意义

（一）徐州汉画像石乐舞百戏图的艺术特征

1.徐州汉画像石乐舞图的构图特点

徐州汉画像石乐舞图是一种集绘画和雕刻于一身的中国古代艺术形式，虽然其最终的表现形式是雕刻，但就其整体艺术形态而言，绘画仍是创作的基础。徐州汉画像石乐舞图有着明显的装饰性，其画面布局种类多样，画面感厚重质朴。古代工匠从大处着眼，不拘泥于细节，在创作过程中不过分追求形似，而是注重画面整体的视觉效果。汉画像石乐舞图的内容既有对墓主人生前生活的真实记录，也有对神仙天界的浪漫想象，当这些内容要在同一副画面中体现出来时，分层分格的构图方法被巧妙地运用其中。部分乐舞图被自上到下分成多个画面，上层往往是对神仙世界的想象，下层则是对人间生活的刻画，这种将天上和人间共同刻画在同一幅图的创作手法为汉画像石增添了一抹浪漫主义色彩。徐州汉画像石乐舞图的空间构图大多采用散点透视的方法，既将视觉范围内可观察到的物象集中刻画在一副图中，且选取的角度较为自由，可仰视、平视或俯视。依据统计的图像资料可以分析得出，徐州汉画像石乐舞图中体现的构图特点主要有以下几个方面。

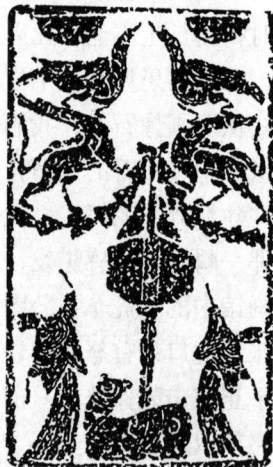

图 5-1　建鼓舞图

（1）均衡对称

在汉画像石建鼓舞（如图 5-1）中常采用左右对称的构图方式，体现建鼓的高大稳固，给人以稳定庄重的视觉效果。一面建鼓伫立在图像正中间，鼓上的装饰物左右对称，鼓的两侧各立一人且造型相互对称呼应。整个图以建鼓为主体，两侧人物及装饰物的动势以对称的形式向建鼓集中，共同指向画面的中轴线。这种指向集中、左右均衡对称的形式时画

面简洁整齐，给人带来稳固、庄严、厚重的视觉效果。

（2）饱满充盈

徐州汉画像石乐舞图构图十分饱满，不仅通过分层使图像内容饱满，每一层图中的物象也被刻画得十分充盈，在图像中几乎没有空白的地方留出。汉代艺术不懂得以虚作实，所以图中主要物象以外的空白地带常用瑞兽、藤蔓、祥云或者飞鸟填补，整个画面被布置得满满当当，画面感丰满质朴。为了填充空白而刻画的装饰物并不是与画面内容没有关联的单纯装饰，而是依据画面内容，为烘托画面氛围而设计的。在刻画天界神仙生活的画面中常出现祥云的图案，这就把天上虚幻缥缈的意境烘托出来了；在车马出行图中常出现飞鸟的图案，这无形之中衬托出车马疾驰飞奔的形象。如图5-2，为长袖舞表演，舞者长袖细腰，体态婀娜，左边有两乐人伴奏，右边一人在做倒立表演。画面构图完整饱满，浅浮雕的雕刻技法视觉上给人美的享受。

图5-2 沛县长袖舞图像

（3）装饰优美

优美的装饰纹样是汉画像石乐舞图的又一个重要构图特点，这里所说的装饰纹样特指图像边框的装饰纹样，俗称"花边"。常用的装饰纹样主要有三角形、菱形和波浪纹等样式，这些装饰纹样都来自对生活中物象的抽象和简化，使之具有装饰性。将装饰纹样在图像边缘有规律地排列整齐，使图像置于边框之中，这样的构图方法就像给图像加上了与之匹配的画框一般。图像的周围均排列着整齐的装饰纹样，使图像整体更加丰富，主体更加突出，一定程度上美化了汉画像石乐舞图像（见图5-1、图5-2）。

（4）捕捉瞬间

汉画像石乐舞图是对动态的乐舞艺术的定格记录，为了使画面达到气韵生动的效果，汉代工匠善于抓住乐舞过程中最具有典型性、最精彩的瞬间进行刻画。这一构图特点也体现了我国古代绘画不过分追求复制自然，而是通过大脑的记忆默写出要表现的艺术瞬间，将对客观事物的理性认识进行感性的升华，即将客观的外部环境加以内心的主观感悟，主观与客观的共同作用使画面既真实又富有生命力。通过对精彩瞬间的捕捉刻画，徐州汉画像石乐舞图画面富有节奏感，洋溢着跳跃、悠扬的律动感。长袖舞图抓住袖在空中翻飞流转的形态加以刻画，增加了整个画面的流动感，让人通过静态的画面也可以想象出人物的运动轨迹；建鼓舞图通过对人物双手交替击鼓这一形态的刻画，让人感受到激昂的鼓点节奏如弦在耳。如图5-2长袖舞舞者的"袖"呈飞舞状，这是长袖舞的代表性舞姿，对这一瞬间的刻画使整个画面富有律动感。虽然画面中的舞者是静止的，但是翻飞的衣袖让人们可以想象出舞者一系列的动作形态。

总的来说，徐州汉画像石乐舞图的构图不过分追求对细部的刻画，而是通过简练的线条、神似的轮廓和饱满的形态展现着粗犷豪迈、稳重古朴的大气之美。徐州汉画像石乐舞图注重画面的整体组合，正是震撼心魄的大道艺术，这也是现代绘画中平面构图所追求的境界之一。

2.徐州汉画像石乐舞图人物造型的美学特征

人物造型是对人物的外部轮廓进行重点刻画和描绘的一种方式，徐州汉画像石乐舞图中对乐舞艺人的造型刻画充分体现了形似神异的造型特点。造型是用艺术手段依循美的规则，将处于运动变化中的事物予以概括、综合、凝聚、固定的物化与升华的过程。创作过程中对形象的提炼、加工以至必要的夸张、变形，都是为了更有效地突出形象本身的审美特点。造型不是创作的最终目的，而是揭示艺术主题的一种手段。汉画像石乐舞图中对人物的刻画并没有细致的面部表情，仅仅是将人物五官进行大致的体现，在人物的整体造型上大胆运用了夸张和变形的手法，通过以形传神的方法将人物性格、精神风貌进行表现和突显。徐州地区出土的汉画像石乐舞图中大部分是记录墓主人生前生活的现实题材，但是汉代工匠在人物造型上并没有被现实所束缚，而是通过对艺术的理解将现实的乐舞场面进行二度创作，使人物更具神韵。汉画像石与汉代乐舞同为汉代的艺术表现形式，两种艺术表现形式的叠加创造形成了汉画像石乐舞图，真实的乐舞造型与图像上的乐舞造型中浓缩着汉代造型艺术中认识美、塑造美和品味美的观点和方法。

（1）雄浑壮阔

徐州是历史上著名的古战场，从文字记载的史料中我们可知，陈胜与吴广、项羽与刘邦、曹操与刘备、李世民与朱元璋都曾在此征战。在徐州的古代历史长河中，平均每几十年就会出现一次战争，战争文化影响着徐州人民的性格。古代徐州民风彪悍泼辣、英勇果敢，这样的性格特征也被深深地融入汉画像石图像中，从雕刻技法到人物造型无不粗犷不羁，徐州地区出土的汉画像石将汉代先民的大气与豪迈展现在世人面前。汉画像石乐舞图中建鼓舞图像的人物造型健朗有力、雄壮洒脱，彰显着汉代画像石中人物造型的雄浑壮阔之美。徐州出土的建鼓舞图有男子双人、女子双人和男女对舞的建鼓图，其中最常见的是男子双人建鼓图。建鼓本身有着祭祀、仪式和军事的社会功能，鼓本身声响巨大，气势磅礴，配以男子击鼓给人以高亢激昂之感。汉代工匠在塑造建鼓舞人物造型时，抓住了击鼓这一典型形象进行刻画，将人物手臂造型刻画为振臂击鼓且比较粗壮。与手臂造型相呼应的是击鼓者腿部的造型，建鼓舞中男性击鼓者的腿部造型大多以前腿弯曲、后退蹬直的大弓箭步为主要形态，看起来既扎实稳健又富有张力。这种上肢张扬、下肢扎实的人物造型显示了力与美的完美结合。图5-3中两名男子分别位于建鼓的两侧，面鼓而立，双手各执鼓槌一枚，前腿屈膝、后腿蹬地呈大弓箭步的姿态反身击鼓，一手击鼓，一手扬起，双手交替击鼓，动作幅度较大，人物刻画富有张力，表现出男子建鼓舞的遒劲和力度。这种人物造型是在写实基础上进行的夸张表现，其形成的原因是，这是一个户外建鼓舞表演。户外建鼓舞表演大多为娱神舞蹈，需要巨大的声响以达到惊动天神、叩开天国大门的目的。另外，击鼓是这个舞蹈中最华彩的部分，古代社会没有话筒、音响等扩音设备，声音想要传得更远只能靠舞者击鼓的力度来达到。大弓步的造型后脚蹬地形成一个支撑点，力量从腰部贯穿有利于舞者手臂发力，达到对击鼓音量的要求。表演时舞者跳腾而起，伴以铿锵有力、摄人心魄的鼓声，给人以雄浑壮阔之美感。当人物造型跃然石上的时候，通过夸大上肢和下肢的动作幅度，给人以强烈的视觉效果，仅仅通过视觉的体验就可以感受到建鼓那雄壮的声响，形成通感的美妙体验。

（2）温婉飘逸

汉文化与楚文化有着共同的血脉根基，楚文化是汉代文化孕育形成的母体。虽然秦始皇统一了六国，但是短暂的统一并没有摧毁楚文化的影响力，因为楚国封地在长江中下游一带，这里富庶安定，给文化传承营造了良好的社会环境。汉代始祖刘邦生于楚地，自幼受到楚文化的熏陶，其个人喜好也为楚文化在汉代的传承发展创造了有利条件。李

图5-3　徐州铜山出土的建鼓舞汉画像石

泽厚先生在其著作《美的历程》中写道："汉文化就是楚文化，楚汉不可分。"[1]楚国的乐舞艺术作为楚文化中的一个重要部分，浓缩着楚文化中"巫"所体现的浪漫主义色彩。长袖舞舞者纤细的腰肢给人以温婉细腻的美感，配以柔软轻盈的长袖，这种"翘袖折腰"舞整体看来有一种缥缈婆娑的感觉，形象地表现出了人们想象中的仙界生活。长袖细腰的楚舞给汉代长袖舞带来了深刻的影响。长袖舞是汉画像石乐舞图中刻画较多的一个舞种，其人物造型姿态万千、各具神韵，最突出的特点就是细腰倾折、长袖飘逸。"翘袖折腰"的人物造型将女性的婀娜柔美体现得淋漓尽致。汉代工匠在塑造人物形象时善于使用线条的刻画，长袖挥舞时随风飘动、漫天婆娑的意境

---

① 李泽厚.美学三书[M].合肥：安徽文艺出版社，1999：74.

就是通过线条的流畅性来营造的，人物纤细柔软的腰肢也通过线条的塑造得到展现。长袖舞人物造型的美感包含在其最明显的两个特点之中，即人物的"袖"和"腰"。

汉代工匠通过对"袖"和"腰"变换多姿、形态丰富的塑造，将舞者不同的情感色彩镌刻成图像，通过对线条曲直、弧度的把握，将长袖飘逸回旋所产生的盘旋缭绕、气韵氤氲的形态美表现出来。徐州汉画像石长袖舞图中对"袖"的塑造主要有扬臂抖袖、绕圆绞袖和垂臂拖袖三种形态。扬臂抖袖是手臂带动衣袖向上用力甩出，并通过手臂做快速的"Z"形运动，将空中的衣袖不断抖动，使衣袖好似一条连绵的锦缎，又似荡漾着柔波的水面；在绕圆绞袖这个造型中，工匠抓住了衣袖在空中翻飞绕圆的形态，衣袖沿着圆形的运动轨迹在舞者两侧飞舞，刻画出的人物造型好似蹁跹飞舞的蝴蝶；在垂臂拖袖这个造型中舞者双手向与身体运动方向相反的一侧延伸，给人以留恋不舍的情绪感染。对"腰"的塑造，在"细腰"的基础上，拧腰出胯是代表性的造型之一。这个造型中舞者屈膝出胯、反向拧腰，使人物上身微微向前倾斜，形成近似于汉代行礼的颔首屈膝造型，极富温婉动人、含蓄内敛之美感。

如图5-2中舞者以拧腰出胯配合扬臂抖袖的姿态。舞者屈膝出胯，左手绞袖，右手扬臂，人物线条流畅圆润，给人以柔美灵动之感。虽然汉画像石的图像是静态的，但是我们可以感受到，美丽圆润的舞者下颚微扬，在微风中迎风轻盈地跑过，留下飘逸颤抖的长袖在身后缠绕扭动，使舞者看起来如仙女般腾云驾雾地飘过，让人无限地去追寻她的倩影。汉代石刻工匠把长袖舞人物造型塑造得长袖轻盈飞舞、细腰曼妙回旋，将人物温婉细腻的神韵通过体态展现出来。流畅连贯的线条营造出了如烟波浮云般飘逸的美妙意境，将汉代长袖舞婉约飘逸的视觉感受，完美地体现在其人物造型中。

（3）古拙稚朴

徐州汉画像石乐舞图中的人物造型是汉代工匠在模仿现实人物造型的基础上，加入自己的理解和想象进行的二度创作。"汉代工匠在塑造人物造型时注重追求人物形象的整体风貌和气韵表达，将人物造型抽象成相对规整的几何图形，这种造型手法使画面更加整洁具有程式化的特点。所谓程式化是指抓住某一类物象的基本特征，结合作者的审美追求，运用规范的艺术语言对人物结构加以强化夸张，概括提高造成形式感较强的艺术形象。"[1]汉画像石乐舞图中人物造型所体现出的程式化又不同于刻板的公式化，其追求的是不失内在丰富气韵的规范化美感，使整个人物造型看起来没有繁复冗杂的细节刻画，体现出一种古拙稚朴的规范美。团块式和程式化均是徐州汉画像石乐舞图的造型手法之一：程式化将画面的装饰性凸显出来，使画面整体求同、细部存异；团块式造型手法忽略物象的细节，只取外部轮廓加以刻画，形成了类似剪影的艺术效果。徐州汉画像石乐舞图追求的是一种稚拙朴素、不拘小节的大气之美。将人物的头部、躯干、上肢和下肢抽象为团块式的几何图形，这些几何图形经过组合拼凑就形成了一个简练的人

---

① 顾生岳.工笔人物画[M].天津：天津人民美术出版社,1994：37.

物造型。在不同的几何形状中又有线刻的区分，使整个图像总体上既有大的轮廓造型，又有细节的不同，这就形成了使观赏者既可以感受到大朴不雕的气韵之美，又可品味细部微妙变化的形式语言。汉代工匠通过团块化和程式化这两种古拙稚朴的人物造型手法，对"形似"加以适度取舍，使徐州汉画像石乐舞图达到形似神异的艺术境界。如图5-2，三名乐人的头部皆为形似头部的一种几何图形，躯体部分依据不同的人物动态也被抽象提取成几何图形，不同的几何图形组合在一起形成各具形态的人物造型。这种着眼大处、系统规整的造型手法令人赞叹不已，并且开中国传统人物造型程式化之先河。

（4）诙谐幽默

百戏是徐州乐舞题材汉画像石中经常出现的一种表演形式，是对中国古代乐舞、杂技表演的总称。百戏形式丰富多样，包括跳丸、倒立、幻术、爬杆等，百戏表演的条件和规模不受过多的限制，具有较强的娱乐性和随意性。表演百戏杂技的艺人在汉代被称为俳优。俳优一般由身材矮小、相貌丑陋的人担任，主要在乐舞艺术中起到诙谐幽默的作用，就像今天的小丑表演是为了供人嬉笑一样。许慎在《说文解字》中写道："俳，戏也""优，饶也，一日倡也。"[1] 王国维在《曲论·杂论》中写道："古之优人，第以谐谑滑稽供人主喜笑，未有并曲与白而歌舞登场如今之戏子者。"[2] 俳优在汉代的社会地位十分低下，近乎奴隶，并有"近优而远士"的社会等级观念。贾谊在《新书·官人》中有载："大臣奏事，则俳优侏儒逃隐，声乐伎艺之人不并奏。"[3] 大臣们在商量事宜的时候，俳优需要回避，而其他的乐舞艺人则只需要停止演奏即可，这也说明俳优在乐舞艺人中的地位也是十分低下的。从出土的俳优俑和汉画像石上看，俳优大多只着裤装、赤裸上身，与其他乐舞艺人雍容华贵的服饰形成鲜明对比，这也成为俳优地位低下的一种标志。汉代工匠在塑造俳优形象的时候运用了夸张和变形的手法，将俳优的

图5-4　睢宁建鼓舞图像

社会地位及表演特点从图像上凸显出来。如图5-4，三个俳优都是上身赤裸、身材矮小、腹部突出、臀部后翘的侏儒形象，与画面中的其他人物形成鲜明对比。除了人物整体造型的夸张以外，人物的面部塑造是凸显俳优诙谐幽默形象的点睛之笔。图像中两名击鼓俳优龇牙扭嘴、厚唇瞠目，人物面目丑陋、表情夸张，这种夸张变形的人物造型手法将

---

[1]　许慎. 说文解字 [M]. 北京：中国华侨出版社，2014：372.

[2]　王国维. 曲论 [M]. 北京：中国文艺出版社，1993：81.

[3]　贾谊. 新书 [M]. 南京：江苏古籍出版社，1987：281.

诙谐幽默的情趣刻画得栩栩如生。正是因为俳优幽默诙谐、雅俗共赏的特质，使这一艺术表演形式在汉代有着十分广泛的受众面，形成了上至王公贵族下至黎民百姓无不喜爱的全民性表演艺术。

（二）徐州汉画像石乐舞百戏图的象征意义

能够运用抽象的符号来进行情感交流、思想表达，是人类文明的显著特征之一。例如，文字就是一种抽象的符号，它与其自身所代表的具体物象或意义有着一定的关联性，人们用文字来表达自己对某一物象或意义的认识。《建筑创作构思解析：符号、象征、隐喻》一书中写道："符号体系不仅是形式，也是风格与思想，是建立在价值体系基础上的社会文化表达体系。符号是人类彼此之间的一种约定，在这类约定中，某种物质的结构形态被约定为代表某种事物。"[①]徐州汉画像石乐舞图中的装饰图案作为一种抽象的，通过图像符号来表达寓意的记录载体，其背后隐喻着汉代先民所寄予的象征意义。德国哲学家卡希尔曾说过："艺术可以被定义为一种符号语言，或符号体系，它是对人类经验的构造和组织，它在对可见、可触、可听的外观之把握中给予我们以秩序。"[②]与文字语言符号主要表现概念不同的是，艺术符号主要用于寄托情感和表现美感。徐州汉画像石乐舞图中的装饰图案，是汉代先民通过智慧的创造，抽象出的汉代艺术符号，既有强烈的装饰效果又体现着丰富的象征意义。

汉代乐舞与人类的原始信仰有着紧密的联系，其中寄托着汉代先民对生死规则的理解和对繁衍生命的渴望，这也被系统地抽象和寄托于乐舞图的装饰图案中。

1. 三角形纹饰

徐州汉画像石乐舞图中的边饰纹路有很多是由大小均等的等边三角形紧密排列组合而成的，这些三角形纹饰并不是简单的装饰图案，而是寓意深厚的一种艺术符号。三角形纹饰包含着生殖、繁衍的意义。早在欧洲的旧石器时代，出土的女性雕像上就用倒三角形表示女性的性别；在古埃及绘画中也不难发现诸如此类的抽象艺术符号；特洛伊古城曾出土的一尊女神雕像中也是在人物的腰部以下，用倒三角来表示女性性别；在20世纪30年代的中国，卫聚贤先生考释甲骨纹中"帝"字时指出："'帝'字上面的'▽'，像女子生殖器……"[③]在我国古代的岩画作品中也经常可以见到正三角形和倒三角形组合出现的装饰纹样，据考证，倒三角是象征着女性生殖的符号，正三角是象征着男性的生殖符号。作为装饰图案的一种艺术符号，三角形最初也是源于对两性生殖器形象的模仿，继而伴随着原始宗教的发展，经过时间的洗礼和文化的积累，最终形成了使用特殊艺术符号来传达特定思想观念的表现形式。汉画像石中的三角形纹饰体现着祭祀中对生死规律的理解和对生命延续的渴望，故常与建鼓舞图相伴出现。在汉代特殊艺术符号中

---

① 戴志中，舒波，羊恂，等.建筑创作构思解析：符号、象征、隐喻 [M].北京：中国计划出版社，2006：56.

② [德]恩斯特·卡西尔.人论 [M].甘阳，译.上海：上海译文出版社，2003：212.

③ 卫聚贤.古史研究：第一集 [M]北京：商务印书馆，1937：314.

象征意义的体现越来越强烈，这是人们赋予艺术符号更多的超出其本身的意义的结果，增强了艺术符号的灵性和神秘感，最终形成了深入解读汉画像石图像象征意义的文化密码。如图 5-5 为贾汪青山泉女子双人建鼓舞装饰纹样，在整个图像的下方装饰着排列整齐、大小均等的正三角形装饰纹样。建鼓舞有着羽化升仙、天人合一的象征意义，此处的三角形纹样中符合画面主题，体现着汉代人民的生殖崇拜和对生命繁衍的渴望。

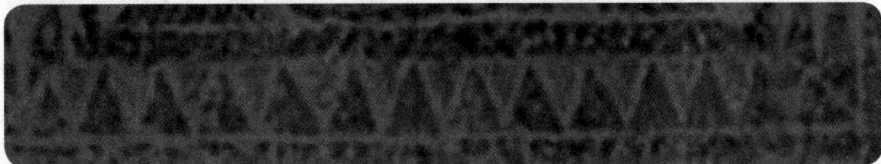

图5-5 三角形纹饰

2.菱形纹饰及云纹

鱼在中国传统文化中有着吉祥、富足的象征意义，这种观念深深地植根于华夏五千年的历史命脉之中。早在原始社会时期，鱼纹就作为装饰图案出现在了先民的生活器皿上，历经六千年风雨的半坡彩陶人面鱼纹盆上的鱼纹经久不衰地向后人展示着古代先民对鱼的喜爱和推崇，鱼俨然成为原始社会图腾崇拜的对象之一。图腾寄托着先民的精神生活和原始信仰，因此在人们的日常生活中图腾频频出现，用以体现先民的某种精神追求。汉代装饰纹样与巫术思想和宗教观念有着紧密的联系，所以这些装饰符号也是汉代人民信仰追求的载体之一。鱼纹在经过历朝历代的传承之后逐渐走向简化和抽象，到了汉代对鱼纹的刻画逐渐将头部和尾部简化抽象，形成了我们所见的汉画像石装饰纹样中的菱形纹饰。这种菱形纹饰与更早时期的鱼纹一样，象征着对吉祥富足的美好生活的渴望和期盼。如图 5-6 为邳州建鼓舞的装饰纹样，菱形纹饰装饰于图像周围，将图像的象征意义进行了丰富和烘托，为图像增添了期盼吉祥如意的美好寓意。

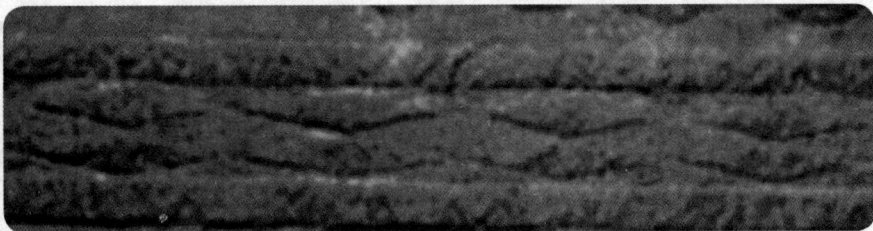

图5-6 菱形纹饰

在传统农耕时代，人们认为天气决定着收成，祈求风调雨顺是古代先民对富足生活的渴求。长期的耕种经验让人们知道了雨水对世间万物的滋养作用，并且认识到云和雨的关系，所以古代先民对"云"这一自然现象怀着期盼和敬畏的心态。伴随着这一心理现象而来的是人们逐渐将"云"抽象化地运用到生活器物上：早在商和西周时期就有卷曲回环的云纹出现在青铜器上，到了春秋时期，云纹的样式更加轻松活泼，跳出了商和西周时期古板规整的样式束缚，到了汉代云纹注重厚重感，以彰显汉代雄姿。作为汉画像石的装饰纹样，云纹使画面富有流动感和气息感，增强画面神秘浪漫的气息，在装饰画面的同时又将美好的寓意承载其中。如图5-7为邳州长袖舞图像的装饰纹样，云纹装饰于图像整体的最外层增强了画面飘逸灵动的感觉，使图像整体更有浪漫主义色彩。

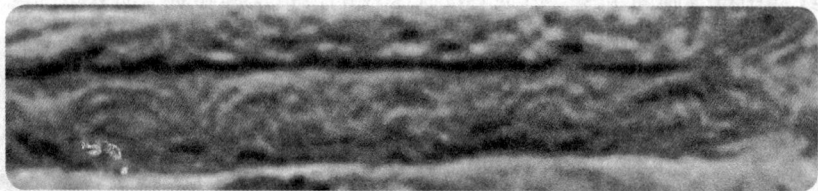

图5-7 云纹

3. 十字穿壁纹

玉器自古以来就在华夏民族的生活中占有十分重要的地位，尤其是玉璧被赋予了更多的意义和价值，在当时乃至后世都产生了深远的影响。早在新石器时代，大量的墓葬中就有玉璧陪葬，到了汉代以璧陪葬和以璧装饰的习俗已十分流行，这说明玉璧与丧葬习俗有着紧密的联系。例如，徐州狮子山汉墓出土的玉棺，不仅棺材整体使用墨绿色的玉石包裹，在棺材的四周还镶嵌着很多玉璧。玉璧是十分珍贵稀有的一种饰物，民间一般在墓中雕刻上玉璧的图案用以表现玉璧的陪葬作用。在汉画像石中十字穿壁纹经常被刻画在墓门上及在有升仙意义的图像中作为边饰出现。汉墓中的墓门被视为天国的大门，门上的十字穿壁纹作为"天门"上的装饰纹样，也逐渐被赋予了"天门"的意义——人们认为穿过玉璧就代表着进入了天界，所以圆形的玉璧是天圆地方宇宙观符号化的具体体现。图5-8为长袖舞的装饰纹样，装饰于图像两侧，象征着人由此进入天国的极乐世界，而此块汉画像石正是汉墓中墓门的原石。可见，十字穿壁纹样的象征意义在汉画像石中的应用是形象和准确的。

徐州汉画像石乐舞图中的装饰纹样在对画面的装饰和象征意义的表达等方面都发挥着重要的作用，是乐舞图像不可或缺的组成部分。这些经过抽象化和符号化得来的几何图案，有规律地组合排列在图像的四周，形成了类似画框一般的艺术效果。这不仅使图像更加丰富华丽，而且有助于烘托图像的整体氛围，同时还将图像要表达的象征意义寄托其中。

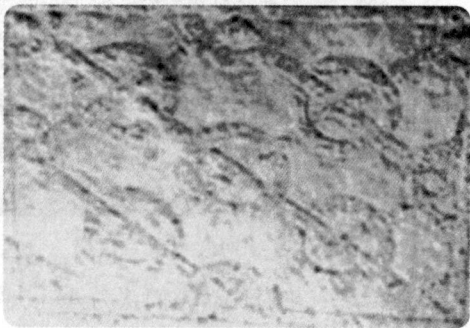

图5-8 十字穿壁纹

第六章　徐州汉画像石中的辟邪民俗

　　辟邪与升仙思想充斥着汉代社会，这种意识自然也被带入墓葬中的亡灵世界。在出土的汉画像石中关于辟邪民俗的，主要体现在方相氏驱傩图中。汉画像石中的方相氏形象不一，多呈现为似熊非熊、作奔走或舞蹈状的样貌，余者又有手执兵器或仅有头部等形象，面目怪异。方相氏驱傩有着驱疫和驱鬼的双重作用，在墓葬中，尤以驱鬼为主。汉画像石中驱除鬼魅的方相氏有的是以熊的形象出现，这正符合了方相氏"掌蒙熊皮"的史料记载。有些形象则是以方相氏助手的身份出现，或者是驱鬼场面出现在画面上，例如虎吃女魃画像石、神荼和郁垒的画像、蹶张图、驱邪画像，等等。

　　徐州汉画像石题材多样、内容丰富，其中涉及神兽的部分不在少数。在已出土的汉代画像石中发现了大量的神兽图像。它们或单独出现，或成群结队遨游于天际，或伴随墓主人身侧，共赴天界。神兽，是古人对自然界飞禽走兽进行美化、神化后的艺术形象。它来自自然，又高于自然，大多从古人与自然现象的搏斗、追求美好境界的愿望中虚化而来，进而成为人们征服自然、驱除妖魔的精神寄托。

一、瑞兽"熊"的图像研究

　　汉代的大傩驱鬼仪式，被详细地记录在《后汉书·礼仪志》等文献中，并以多姿多彩的手法刻画在汉画像石上。其中整幅的大傩驱鬼图，具有代表性的有山东嘉祥县武氏祠左石室屋顶前坡西段的打鬼图（见图6-1）。在图的第三层，刻有三个怪人，皆头戴熊头假面具，蒙兽皮即熊皮，全体作兽像而人立也，执兵器：当中的那个怪人，头戴弓、右手持剑、左手持戟、左脚执钩盾、右脚执矛，共执"五兵"；右一怪人持小鬼食；左一怪人持刀。右下方有一熊，仰头向上视，作舞蹈状，合起来是四人。由此可见本图的此四人必为方相氏。[①]山东沂南汉墓前石室北壁横额上有一幅非常完整的大傩图（图6-2），此图画面上方装饰有锯齿纹、垂幛纹，下边装饰有虎首纹和三角内饰莲花纹，规律排列，最下边装饰锯齿纹。这是一幅较为完整的大傩驱鬼图，所表现的是大傩驱鬼时跳的舞蹈，画面上方相氏的表演应该来自汉代傩仪活动中大傩的舞姿。虎、龙等神兽

---

① 孙作云．洛阳西汉壁画墓中的傩仪图——打鬼迷信、打鬼图的阶级分析 [J]．郑州大学学报,1977（04）：94.104.

以及各种鬼魅也可从《后汉书·礼仪志》中找到原型。

图6-1 山东嘉祥县武氏祠方相氏·东汉①

图6-2 沂南汉墓前室北壁中柱和前室东壁北侧方相氏·东汉晚期

汉代方相氏多扮以熊和虎。"熊是打鬼时由人所装扮的打鬼、吃鬼的神兽……在打鬼仪式中，打鬼的头目或领队叫'方相氏'；小喽啰也多装扮成熊的样子，因为打鬼的基本形式和内容，就是熊打鬼；因此，在许多地方只表现一个熊，他也是'方相氏'。"②"至于打鬼的人为什么必须蒙熊皮、作熊的装束，这个因为它最初本是熊氏族的图腾跳舞，而且是熊氏族及其同盟氏族的战争跳舞，到后来才演变成一般性打鬼跳舞。"③以熊为图腾崇拜源于楚文化，楚王名字中大多有"熊"字便是证明。"荆楚既是黄帝的后裔，又是夏、周的亲族，同样以熊为尊。荆楚的王名差不多每个开首都冠以'熊'字，……荆楚自穴熊至考烈王熊元止，共四十六主，以熊为名的有二十九主，前后绵延千余年，

---

① 蒋英炬.中国画像石全集·山东汉画像石 [M].济南：山东美术出版社、河南美术出版社，2000：图88.

② 孙作云.美术考古与民俗研究 [M]// 孙作云文集（第4卷）郑州：河南大学出版社，2003：120.

③ 孙作云.美术考古与民俗研究 [M]// 孙作云文集（第4卷）郑州：河南大学出版社，2003：297.

这绝不是偶然的。"[1] 据《史记·楚世家》载："楚之先出自帝颛顼高阳，高阳者，黄帝之孙。"而黄帝正是以熊为图腾的部落首领，故"号有熊"[2]。汉朝的天子同样来自楚国故地，对楚文化有着特别的偏爱，可以说，"楚汉文化至少在文艺方面一脉相承"[3]。所以，作为黄帝部落图腾崇拜的熊被神化后成了打鬼、驱鬼的方相氏而历代沿用。

至汉代，熊更作为打鬼、避邪的手段，被广泛刻画于各地汉画像石中。例如，陕西神木大保当墓门楣画像石中的熊；山东武氏祠左石室屋顶画像石中的熊；河南南阳王寨驱魔逐疫中的熊等，比比皆是。另外，在四川省眉山市彭山区双江镇的崖墓中，还有一幅东汉时期熊面人身的蹲熊石刻，此熊为一雄性。《诗经·小雅·斯干》曰："吉梦维何？维熊维罴……大人占之：维熊维罴，男子之祥。"[4] 由此说明，作为图腾崇拜的熊，不仅有辟邪、打鬼的作用，还兼有繁衍子嗣的功能。山东曲阜孔庙和微山县文化馆收藏的石刻中均有熊形象的刻画；安徽定远县永康乡出土的东汉熊画像等等大量出土文物都证实了熊作为方相氏驱傩在汉墓使用中的普及性。正如吕品先生在《河南汉画所见图腾遗俗考》一文中所说的："汉画中的熊画像除一部分为斗兽或兽斗之类的动物外，一些似熊而又怪异的画像大都是装扮为熊的方相氏，作为打鬼的头目出现在墓室之中。墓室中雕画它的形象，显然是它具有驱除鬼魅的力量，使墓主人可以无扰地安息或不受鬼魅的干扰而羽化升仙。"[5]

汉画像中方相氏绝大多数以熊形展示。典型者大致有以下几种：以个体形象出现但不完全独立，多数会和其他主题图像混在一起；出现在车马骑行图中；出现在其他具辟邪功能的群类集合中，出现在表示驱魔逐疫含义、包括大傩场景的图像中。

（一）组合式

所谓组合式，是指方相氏与其他形象在汉画像中构成某种较固定搭配从而传递驱疫辟邪的讯息。从材质上看，此种构图模式多见于画像石中，画像砖及壁画次之；从地域上讲，以熊形方相氏为主要呈现的河南地区占据主要地位，等而下之的地区是山东和江淮，陕晋及四川地区少见。以数量多寡为取舍标准，笔者主要借河南及山东地区图像阐述其间组合关系，探明图像主题。

组合模式图像的形象搭配是有差别的。笔者据所集材料（主要以河南地区尤以南阳为重点）且从表现主题的角度上通过已有研究及自身判别分为三类，其中驱疫辟邪图约有 33 幅，斗兽图约有 62 幅，其他约为 9 幅。此三类尤以前二者为主，在具体视图上又各有诸多细节，现仅就逐疫升仙和斗兽辟邪图像予以梳理。

---

① 何光岳.荆楚的来源及其迁移 [J].求索，1981（04）:155.

② [西汉] 司马迁.史记·楚世家 [M].北京：中华书局，1959；1689.

③ 李泽厚.美学三书 [M].合肥：安徽文艺出版社，1999；74.

④ 程俊英译注.诗经·小雅 [M].上海：上海古籍出版社，1985；353-354.

⑤ 吕品.河南汉画所见图腾遗俗考 [J].中原文物，1991（03）:45.

辟邪与升仙思想充斥着汉代社会中的人们，这种意识自然也被带入墓葬中的亡灵世界。二者表面似有区别，实际上不可分割。逐疫升仙题材的画像就是此情形的反映，当中既有辟邪，又有升仙的内涵，表达出包含两层递进关系的意义：首先是驱疫辟邪，进而是导引升仙。从画像布局上看基本由两部分构成，一部分示为逐疫情景（图6-3），普遍刻绘的形象是方相氏（或方士、神人、力士一类）、虎（或似狻猊之属）、被驱逐野兽（多为独角兽兕或长双角的牛）；另一部分表现升仙画面，组成形象有羽人（或仙人，皆裸身）、龙、虎等。对于升仙部分内容，笔者需补充几点：一是羽人或仙人手中一般会执有灵芝或是仙草做导引状，显然是引导墓主灵魂升仙，不少墓主灵魂以骑凤姿态出现。二是关于虎形象所具特殊寓意，虎（和龙相似）在汉画像中的内涵颇为微妙，其与凤凰搭配时可表示祥瑞，与熊在一起则又意为辟邪。三是在画像中多数者绘有云气纹或山峦形纹，少数则无。

上述组合是此类图像中大致频现的模式，不同地区有时也会在此基础上产生新的表现。从山东与四川的汉画像石来看，其表达升仙内容的形象则更为丰富，如坐于车上的墓主由龙、凤、鱼、马、鹿等神兽牵拉以升仙，个别还有熊（方相氏）的身影，与珍禽异兽共同发挥辟邪祥瑞作用。有时逐疫升仙图不会在同一平面上，其可在画像石的两面分别呈现，比如有的是在画像石正面刻画一熊戏龙，一牛扬蹄，左右分别有鱼、鹿、凤鸟及双龙的场景；而在背面两端各刻绘一长青树，一羽人饲龙，一飞鸟展翅，中两只朱雀，一虎张牙舞爪状的画像。[①]

图6-3 河南新野县张楼村北画像砖

此类图像内容不仅可再度证明熊形方相氏身份，也为我们在凭借形象和位置外又增添新的研判依据，还加深了对汉代人丧葬观念的认识。汉代求仙思想较秦代更盛，人们认为想要达成此愿望就必须先铲除其在发生前和过程中的障碍，这种障碍受历史观念影响自然只能被理解为邪魔妖祟，因此逐疫活动备受重视。笔者注意到，在表现完整逐疫升仙内容的画像中，以仙人为主导的祥瑞部分位于图像左侧，而以熊（方相氏）为主体的逐疫部分图像则位于画面右侧。

将内容上表现为方士（力士）与动物间或是兽类自己间相互争斗情境的画像称之为

---

① 微山县文物管理所.山东微山县近年出土的汉画像石 [J].考古，2006（02）：44.

斗兽图或兽斗图，显然是一个泛称。此类图像形象大致有熊、虎、龙、独角兽兕（或牛）、狻猊（即俗谓狮子）等（如图6-4），有些上面还有方士或是力士的身影，或和熊一同出现或替代熊而出现。除作龟缩状的不明伏兽外，上述动物或神兽的画像含义大抵与辟邪祥瑞有关，是可用来克制邪祟的神物。以神兽辟邪的思想在我国渊源颇深，有实物为证，在仰韶文化时期墓葬中就存在以白色贝壳构成的青龙、白虎图像。

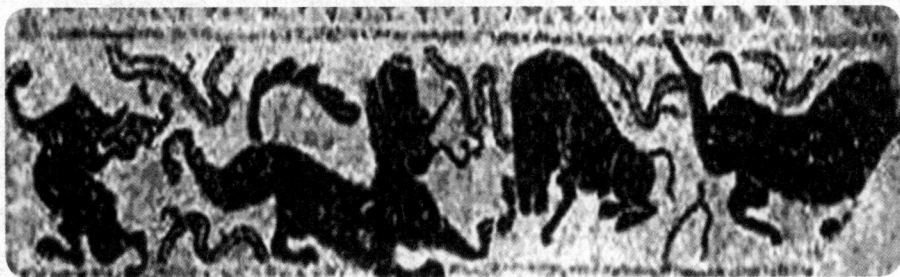

图6-4 南阳市征集东汉画像石[①]

汉画像中由熊、虎、龙或熊与独角兽兕（牛）描绘出的斗争情景同斗兽图中神人、方士或是力士同其他怪兽搏斗并降服它们的画面寓意应当一致，皆表现为相似构图及内容形式，无非在有"万物灵长"称呼的人参与的画像中此类图像含义更易被观者感知。对于被参与的人，也有称之为"象人"的。"象人"在汉代指戴面具的人，显然将其同生活现实分离。

汉画像石中辟邪题材广泛，除方相氏外，很多神兽形象也具此含义。尽管寓意辟邪的形象不唯一，但其出现情境大抵统一，这恰好可作为识别不同形象意义的重要依据。汉代铜镜上常见刻有"左龙右虎辟不祥"字样，不仅表明龙与虎间位置关系，且更说明二者意义。时常与龙虎搭配组像的熊表现出方相氏典型特征。三者位置关系为龙居左，虎在右，方相氏立于中，即便有时方相氏被其他辟邪形象替换，只要龙与虎同在，位置大抵稳定，也有熊形方相氏分别与龙、虎及其他灵兽相斗的图像。

除熊与龙虎的辟邪组合外，还有一类被称作"熊斗（二）兕"或"逐疫辟邪"的画像，主要由熊与独角兽兕（或牛）构成。此与熊龙虎组合图像间的差异在于，前者画面给观者以强烈争斗感觉，后者程度则相对舒缓；再看图像中熊的动作，特征为手握牛角，下身半蹲，呈一副压制情态，而居于龙虎组合间的熊则更多似跳舞。由此笔者认为，象征方相氏处于龙虎间的熊很可能表现的并不是一种与龙虎相斗的情景，实乃龙虎配合方相氏驱疫，为佐助者——方相氏具有巫属性，巫术活动恰需要神兽佐助作汉代人除相信逐疫是为升仙做准备外，也相信通过神兽引导可辅助升仙。此思想近看当源于楚俗，楚墓帛画升仙图中墓主人身边的神兽经郭沫若先生研究得出其具辅助升仙作用。升仙行为在西汉至王莽时被表现为神兽伴行，东汉以后则演变为车马出行，此情形在汉画像石中

---

① 凌皆兵,徐颖.南阳汉代画像石图像资料集锦 [M]. 郑州：中州古籍出版社, 2012：202.

常见，如洛阳卜千秋墓墓室壁画中的一幅引魂升仙图，表现的是珍禽异兽及羽人仙女等迎接驾龙御凤而来的墓主夫妇。在古代牛似常与妖魔联系一处，"山有大松，或千岁，其精变为青牛"[①] "木石之怪，曰夔、罔两"[②] 等描述表明兕牛并不被当作家畜而是应驱除的恶兽。方城县城关镇汉墓中的"逐疫升仙图"是说明此现象的典型，其中阉牛场景寓意神或人对邪恶的压制，被称为"去势"。画面中熊被解读为具辟邪功能的方相氏正符合图意，通过斗争情景表现辟邪升仙思想的除方相氏图像外还有其他图像。重庆合川东汉画像石墓中有两幅被确定为寓意祥瑞的图像，一幅在墓门门柱，上刻凤凰；另一幅位于墓门门楣处，所刻图像为"龙虎争璧"，即一幅斗争场景，与熊兕斗争图像异曲同工，玉璧作为"六瑞"之一，寓意吉祥且能沟通天地鬼神。汉墓中许多玉璧图像皆被归为"祥瑞"类，譬如数量较多的二龙穿璧、龙虎衔璧等图，此类图中有些上雕绘有熊。

逐疫升仙思想反映在画像中或同时或单独体现，有些被定名为兽斗或斗兽的图像被纠正为逐疫图。简言之，汉墓中多数以兽相斗或是人斗兽面貌呈现的画像表面上反映的是斗争事实，实际则潜藏着辟邪厌胜思想，因为艺术表现往往就是将本质暗含于现象中。笔者以南阳画像石为主统计的汉代"逐疫升仙图"数据显示：汉画像中升仙类与辟邪类题材占比几乎均等，其中虎、熊、牛出现在辟邪类画像石中的次数及个数都明显大于升仙类。此类图像中逐疫部分最常见的基本组合可以说是由具辟邪功能的神兽（如狻猊、虎等）、所驱恶魔（如兕、牛及魅等）和驱魔主角（如方相氏、方士及力士等）组成，三者于数量关系上体现为虎最多，熊（方相氏）次之，兕或牛居末。

（二）（半）独立式

笔者之所以将此类图像配置形式称之为（半）独立，原因在于除完全独立出现的图像外还有两种：一是整幅图像中虽有其他画面，但不属于组合形式，只是彼此意义相类似；二是在被分层分格表现的画像尽管出现在同一块石砖上，但是彼此内容不同，主题寓意无紧密关联，只是位于多层多格图像中的一部分。综合讲，判定方相氏图像既不依赖于这些画面依据，也不会因脱离这些画面而对方相氏图像内涵造成影响。

在以河南地区为例的相关材料中，笔者按数量将其分类统计为两种主要形式，一种是方相氏与蹶张或门吏（或执戟或拥彗或捧盾等，手中一般持器）同处一幅画像（如图6-5），根据图像特征，多位于墓门和墓室内柱壁上，此类最多，约有60幅；一种是方相氏与朱雀（青龙、白虎）、铺首同在一块石板上（如图6-6），此类笔者仅收集约10幅。后者图像的墓葬位置较前者更为固定，基本出现在墓门门扉上，也有少数出现在墓室柱壁上的，但又缺少铺首图像；另外其在画面中的位置也较稳固，一般为朱雀（青龙、白虎）在上，铺首居中，方相氏居最下方。还有9幅图像虽未归入此二类中，但其构图模式与上述两者趋于一致，只是具体图像不同而已。

---

① [北宋]李昉.太平御览（卷八八九）[M].北京：中华书局，1960：3993.

② [清]阮元校刻.十三经注疏（全二册）[M].北京：中华书局，1980：851.

图6-5　南阳王莽时期墓门西柱背面画像石[1]　　图6-6　河南方城县城关镇出土东汉画像石[2]

　　在主题表现上，此类图像模式较先前的组合式要简明许多，图像寓意较明确，起辟邪保卫作用。虽然对此模式中的形象判别并不需要参照太多其他邻近图像，但鉴于方相氏的熊形面貌在汉画像中还有其他寓意，因此可将该模式图像作为验证熊形为方相氏的又一重依据。

　　先说朱雀（青龙、白虎）、铺首、方相氏此类（半）独立图像。门扉上朱雀、铺首、熊的图像正是汉代人从空间布局上对逐疫升仙理念的展示，其中铺首最稳固，朱雀有时会被其他"四灵"之一所替代，同样有时门扉下方也不为熊而是出现神荼或郁垒，故将此图像中的熊判定为方相氏是合理的，该图像居于墓葬中位置特殊且较固定。

　　再看熊与蹶张、门吏（或执戟或拥彗或捧盾等，手中一般持器）同在一石的图像。其中熊和执不同器物的门吏（也有被称为侍者）同组出现的次数远胜于熊和蹶张的同组情况。笔者对熊和蹶张同在一画面上的图像只收录2幅，皆属于河南唐河县，其中一幅位于冯君湖阳公社新店村汉墓中南阁室南壁中下部，画像上熊居左、蹶张位右；另一幅位于针织厂二号墓大门西门第二块封门石处，熊处上、蹶张居下[3]。蹶张在墓葬中起镇守保卫的作用，与驱魔逐疫的方相氏同处表现出同等内涵，而另一与方相氏共同表现辟邪内涵的形象为汉墓画像中的门吏，这些门吏有的也被称之为侍吏或是泛称为人物。

　　在笔者看来，定名为门吏或侍吏的依据大概与其在墓葬中的居处有关，出现在墓门上的便被称为门吏，而出现于墓室当中的则被叫作侍吏，但二者形象实属同类，区别之

①　南阳市文物考古研究所. 河南南阳市八一路汉代画像石墓[J]. 考古，2012（06）：18.

②　牛天伟，朱青生. 汉画总录（21南阳）[M]. 桂林：广西师范大学出版社，2013：131.

③　南阳地区文物工作队、唐河县文化馆. 唐河县针织厂二号汉画像石墓[J]. 中原文物，1985（03）：18.

处在于手中所执器件。门吏形象中较多见的是手执棨戟或杖棒（金吾）的、捧盾的及拥彗的，除彰显墓主人身份地位外，亦在保护墓室，抵挡不利事物，起到逐除与警卫的作用，即"执事陛者"。很多刻绘门吏图像的柱石上方空白处还绘有一熊，几乎也是人立状、双臂平伸、四肢做出舞动姿态，当然并非所有的门吏图像上皆如此，门吏形象也有很多独立出现的。笔者认为在门吏上方增刻方相氏图像与构图技法相关，汉代工匠在绘制画像石时，局部地区的雕绘者习惯在某些画面留白处再填补与主题相关的动物或灵兽元素，称作"补白法"。此法用于大量逐疫升仙、车马出行及历史故事等题材图像中，旨在烘托主题氛围。

在汉画像石中出现的这种处于同块媒材上的熊（方相氏）在上而执器物门吏居下的图像，其形象同样也可被替换。位于立柱上的画像个别是熊形方相氏，而门吏被替换成半人半龙的神；也有个别为门吏图像不变，上方绘有纹饰或是神鸟的图案。颜师古注："金乌，鸟名也，主辟不祥。天子出行，职主先寻，以御非常，故执此鸟之像，因以名官。"[1]由此不仅再次明确门吏职责，又可证明熊图像在此也起到御非常而辟不祥的作用，验证其为方相氏象征。"拥彗"为汉代迎宾礼之一，柱壁上有些侍吏所执之彗即扫帚，被置于墓门位置，极大可能是对"巫觋操茢"的描摹。古籍上讲茢为苕、桃木为棒，按照古人观念，于人间除洒扫外将拥彗者形象置于墓中同样能辟除疫鬼。既然拥彗、执戟（棒）、门（侍）吏都具有辟鬼保卫作用，故与方相氏一起出现也很合乎情理。

（三）情境式

所谓情境的含义，指建构和蕴含在情境中某些交织的因素及其彼此关联，是一定时间内各情况相对或结合的情况。任何事物都有自己的适用情境，方相氏亦不例外。汉画像石中此类配置模式尽管目前数量不多，但是种类却较多。笔者根据画像内容将其大致分成七种样式，其中车马出行式幅数占到15幅，神兽情境式为11幅（如图6-7），二龙穿璧式有5幅，亭台楼阁式也为5幅（如图6-8），傩仪式有4幅，坟茔式为3幅，其他尚不可归纳的样式共有23幅。在笔者看来，这些不同图像表现的恰好是方相氏所处的不同场合，即傩仪和大丧。在此七种样式中选取能够纳入这两类情境中的画像，则有表现出傩仪场面的傩仪式和神兽式图像以及烘托丧葬氛围的车马出行和坟茔图像。

图6-7 二龙穿璧、异兽图画像石[2]

---

① ［东汉］班固.汉书（卷十九）[M].北京：中华书局，1962：733.

② 中国画像石全集编辑委员会.中国画像石全集[M].济南：山东美术出版社，河南美术出版社，2000：149.

图6-8　山东微山两城公社出土画像石[1]

方相氏是傩仪中被固定下来的主持者，傩仪形式随朝代更迭在程式上发生着改变。《周礼》所记方相氏在行傩中主要是蒙着熊皮、操握兵器、呼喊大叫来实施驱除，汉代在继承基础上添入新元素"十二神兽"，画像上呈现的神兽数量大多不完全。车马出行和坟茔式的图像关联也很紧密，前文说过至东汉时车马出行取代神兽伴行作为汉人求仙的"阶梯"，这种具引导和开路属性的作用在大丧中也有明确体现，可从《后汉书》中所记皇族丧仪证明。

车马出行情境下的方相氏图像多见于山东和江淮地区，以嘉祥县（如图6-9）和江苏邳州画像石中熊形方相氏穿梭于车骑行列者为例，邳州车夫山前埠出土的位于前室西壁北侧（图6-10）及东壁南侧正面的画像石，二图所绘情景基本一致。整块画像石主题是升仙，下格有方相氏的出行场景，表现人死后的仪仗。车马出行图被一些学者认为是象征墓主人往返于阴界和阳间的车驾，或至祠堂接受祭拜，或为受祭完毕；另一些观点是后世子孙前往祠堂拜祭先祖的队伍。汉画像石在构图手法上所用透视方法是散点的，俯瞰透视法也被大量运用，诸多东汉时期的壁画就是以大场面鸟瞰式构图为特点，空间处理较为自由。

以亭台楼阁为背景的方相氏图像内涵在于寓祥除凶，保护楼阁及阁内主人（极有可能为墓主人）的安全，具体情境表现为象征墓主人夫妇接受子孙祭拜的场景。在情境式图像中笔者注意到一关键处，即方相氏身旁还伴有鸟凤。关于将熊和鸟绘在一起的图像呈现，在武氏祠中的诸多车马出行图像中不乏典型，有的熊和鸟（朱雀）有所距离，有的鸟则被刻绘在熊身旁。此外前述北寨村汉墓上前室北壁中柱的方相氏图像上方俨然紧刻一朱雀，令人无法不对此产生联系。另笔者发现东魏茹公主墓墓道壁画中有"畏兽"和凤凰一起出现的情况，而"畏兽"这一形象至今也存不少争议，有人认为其很可能即

---

① 山东省博物馆，山东省文物考古研究所．山东汉画像石选集 [M]．济南：齐鲁书社，1982：55.

"方相氏"①。在笔者看来，尽管目前无法确认其身份，但这与汉代画像石中一些方相氏和朱雀（鸟）同时出现的情景极为相似，二者不知是否为某种固定配置。

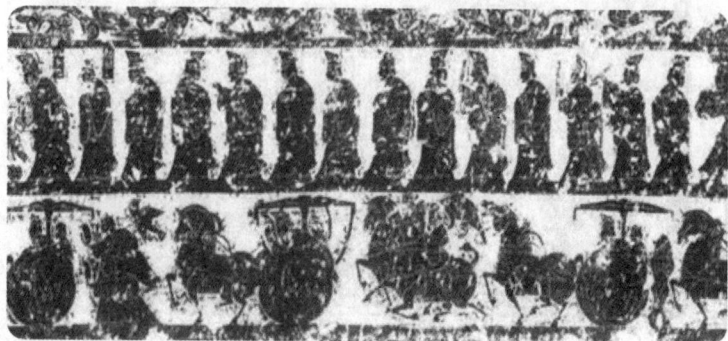

图6-9 嘉祥齐山村画像第3石（局部）②

图6-10 东汉中晚期汉墓前室西壁画像③

　　武梁祠中有一幅描绘董永孝亲的历史故事图，画面除绘董永与父亲外，于左侧上方空白处绘有一熊，在图像中比较显眼。有人以为此与该图像表现无关，将其判断为无意义的画像间填白，笔者对此予以否定，认为应当是方相氏。依据在于该画除刻绘董永、父亲与熊之外，还有一个重要形象就是飞于图像上空的织女，可见此图像中的事物并不处于同时空，这是汉代墓葬画像中固有现象。方相氏不仅在傩仪和大丧中发挥功用，同时也是阴阳两隔的隐喻。董永为孝子楷模，在其父逝世后守丧三年。汉代着重宣扬儒孝思想，画像为加深孝亲意识表现，增添方相氏形象以示父亲已逝、同生者隔离，而董永事父仍如生时一般恪守孝道，从而突出主题。

① 刘美斌.北朝畏兽研究[D].南京：南京大学，2018：74.
② 朱锡禄.嘉祥汉画像石[M].济南：山东美术出版社，1992：65.
③ 李军，孟强，耿建军.江苏邳州车夫山前埠汉画像石墓的复原与研究[J].华夏考古，2003（03）：90.

二、"铺首衔环"的图像研究

（一）汉画像石中铺首衔环的特征与象征寓意

1. 汉画像石中铺首衔环的分类与特征

汉画像石中的铺首是青铜器和陶器上铺首衔环的继承和发展，它综合了许多兽类的特征，在此基础上进行夸张和变形，一方面是恐怖的化身，另一方面又是保护神。它守在墓门上有镇邪避凶的作用，从形制上看同时又给人一种狞厉之美。笔者根据自己收集的资料，把汉画像石中的铺首衔环形制作如下九种分类：

（1）"三山冠"顶部装饰的铺首衔环

《厅堂、人物、铺首衔环画像》（图6-11）：东汉中期（公元89—146年），1982年滕州市官桥镇后掌大出土，纵94厘米，横285厘米，此图为浅浮雕。画面三格：左右两格皆为铺首衔环。中格一单檐厅堂，堂内二人端坐对饮，堂外左侧停一车，另有龙、凤、鸟等；堂右一人抱物肃立，一树上垒满鸟窝，树旁一马、一龙。画面外饰三角纹和垂帐纹。

图6-11 厅堂、人物、铺首衔环画像东汉中期[①]

（2）伏羲、女娲交尾装饰的铺首衔环

①《铺首衔环、伏羲、女娲画像》（图6-12）：东汉晚期，纵84厘米、横97厘米。此图为浅浮雕，画面中央刻铺首衔环，两侧有伏羲、女娲相对，皆人身蛇尾，蛇尾于环内相交。1982年滕州市官桥镇后掌大出土。

②《铺首衔环图》（图6-13）：东汉，纵140厘米，横130厘米，厚12厘米。画面中间刻铺首衔环，两边对称刻有鲤鱼，边饰有杆栏，菱形纹，幔纹等。现藏徐州画像石馆。

---

① 焦德森.中国画像石全集·山东汉画像石 [M].济南：山东美术出版社，2000：图182.

图6-12 铺首衔环、伏羲、
女娲画像 东汉晚期

图6-13 铺首衔环图东汉
（图片来源：徐州汉画像石馆）

（3）鱼装饰的铺首衔环

《熊、铺首衔环、鱼画像》（图6-14）：东汉中、晚期（公元89—189年），20世纪70年代末微山县两城镇子河个堆出土，纵70厘米，横137厘米，此图为浅浮雕。画面一熊、二铺首衔环。熊直立于中间，前身抬起，两足左右分开，两边各一大铺首衔环，头顶呈"山"字形，两边为鱼鹰首，鹰各衔一鱼。画面上部及左、右饰垂帐纹。有鱼装饰的铺首衔环在汉画像石中有两种表现方式，一种是将鱼装饰于铺首衔环兽面的外侧；另一种是将鱼装饰于铺首衔环的环内。

图6-14 熊、铺首衔环、鱼画像东汉中、晚期[1]

（4）人物装饰的铺首衔环

①《成都市郊汉墓、亭长、铺首》（图6-15）：东汉（公元25—220年），四川成都市郊出土，高98厘米，宽80厘米。刻一亭长，头戴冠，着长服，佩长剑，拷环柄刀。其前有铺首衔环，长袍下部有四字隶书："□旺名号"。该铺首呈人面，戴三山冠，鼻衔环，其貌毫无狰狞之感，似为神人，造型独特。

---

① 焦德森.中国画像石全集·山东汉画像石[M].济南：山东美术出版社，2000：图182.

图6-15 成都市郊汉墓、亭长、铺首 东汉[1]

图6-16 方城城关、朱雀、铺首衔环、武士东汉[2]

图6-17 垛庄画像石铺首衔环 东汉[3]

②《方城城关、朱雀、铺首衔环、武士》(图6-16)：东汉(公元25—220年)，1987年河南方城城关镇镇墓出土，高160厘米，长70厘米。东门左扉，中刻铺首衔环，上刻朱雀，下刻武士。武士膀宽腰圆，双手猛刺。

(5)朱雀装饰的铺首衔环

①《垛庄画像石铺首衔环》(图6-17)：1966年出土于山东费县垛庄镇的画像石图像，刻画内容为朱雀、铺首衔环。画面分为两层，上层有一朱雀展翅舒尾正面站立；下层刻铺首衔环，铺首作兽面状，前肢扶鼻。

②《朱雀、羽人戏虎、铺首画像》(图6-18)：东汉《公元25—220年》，安徽霍山县洛阳河乡油坊村出土，纵124厘米，横57厘米。此石为墓门门扉。画像自上而下依次刻朱雀、羽人、白虎、铺首衔环。羽人举一竿，上端束枝条，引逗白虎。铺首衔环的环内悬双鱼，环下横置一鱼。

① 高文.四川汉画像石[M].济南：山东美术出版社，2000：图52.53.

② 王建中.河南汉画像石[M].济南：山东美术出版社，2000：图52.

③ 焦德森.山东汉画像石[M].济南：山东美术出版社，2000：图82.。

图6-18 朱雀、羽人戏虎、铺首画像 东汉①

（6）龙头状铺首衔环

《郫县汉墓墓门、车马、铺首》（图6-19）：东汉（公元25—220年），1978年四川郫县太平乡东汉晚期砖室墓出土，高165厘米、66厘米。石刻墓门两扇，右扇墓门以中部铭文分隔上下两组图案。上部刻一轺车，车前为一御者，后为主人。马头上方竖刻"家产黑驹"四字。中部刻隶书铭文十三行，五十三字："故县侯守丞杨卿耿伯，质性清洁。丁时窈窕，才量休赫。牧伯张君，开示坐席。顾思忘宦，位不副德。年过知命，遭疾掩忽。痛哉于嗟，谁不避世。下部刻铺首衔环。左扇墓门图案与右扇墓门基本一致，惟左扇多五伯二人，无铭文。铺首面部可以辨认出龙头状，龙角中间有一个三角形的尖角，有胡须，前肢抓环。

图6-19 郫县汉墓墓门、车马、铺首 东汉②

（7）环从鼻穿过，有下颚、有嘴的铺首衔环

①《绥德四十里铺墓左右门扉画像》（图6-20）：东汉《公元25—220年》，1975年4月陕西省绥德县四十里铺出土。左纵101厘米，横48厘米；右纵101厘米，横51厘米。两画面左右对称，上部同为朱雀、铺首衔环，并加麻点，增加了装饰意趣；下部左为虎，右为龙。铺首面部用阴刻线绘出眼、眉、鼻、耳。面部特征与人非常相似，

---

① 汤池．江苏、安徽、浙江画像石[M]．济南：山东美术出版社 2000：图221.

② 高文．四川汉画像石[M]．济南：山东美术出版社，2000：图56.

环内无装饰。

图6-20 绥德四十里铺墓左右门扉画像东汉[1]

②《唐河冯君孺人墓、神兽、鸩鸟、铺首衔环》（图6-21）：新莽天凤五年（公元十八年），1978年河南唐河郁平大尹墓出土，高90厘米、长48厘米。中室南门西扉，上刻一神兽，人面虎身，疑为马腹。中刻鸩鸟，口衔一蛇，下刻铺首衔环。《山海经·中山经》："有兽焉，其名马腹，其状如人面虎身。"鸩，毒鸟，雄曰"运日"，雌曰"阴谐"，喜食蛇，刻马腹，鸩鸟，意在辟邪，护墓保屍。

图6-21 唐河冯君孺人墓、神兽、鸩鸟、铺首衔环新莽天凤五年[2]

（8）环从嘴穿过，有下颚、有嘴的铺首衔环

①《绥德王得元墓左右门扉画像》（图6-22）：东汉永元十二年（公元101年），1951年陕西省绥德县出土，左纵110厘米、横52厘米；右纵109厘米、横52厘米。画面左右对称皆为朱雀、铺首衔环、独角兽。铺首面部刻画简单：一对小眼和大张的口，有胡须，环内无装饰。

②《子洲墓右门扉画像》（图6-23）：东汉（公元25—220年），1992年陕西省

① 汤池.陕西、山西汉画像石[M].济南：山东美术出版社，2000：图178、179.

② 王建中.河南汉画像石[M].济南：山东美术出版社，2000：图33.

子洲县出土。纵198厘米，横47厘米。画面有朱雀、铺首、独角兽。朱雀的尾、独角兽的后碲均出格占了边框，用阴线刻出轮廓，使造型不因边框而残缺。铺面部刻画的眉、眼、鼻、胡须都非常写实。方口大张，露出牙齿和舌头，还有胡须，环内无装饰。

图6-22 绥德王得元墓左右门扉画像 东汉永元十二年[1]   图6-23 子洲墓右门扉画像 东汉[2]

（9）建筑物装饰的铺首衔环

《唐河石灰窑村、厅堂、铺首衔环》（图6-24）：西汉（公元前206—公元8年），1980年河南唐河石灰窑村墓出土，高144厘米，长57厘米。东门扉，画面分两部分，上部为厅堂，厅堂内有双柱支撑庑殿式屋顶，有柱础、斗拱，其上有双层望亭，两侧各有柏树一棵。屋脊、树顶刻五凤，以示吉祥。厅内正中一尊者凭几危坐，戴冠着袍，当为墓主人。其右侧一侍卫，揖棒侧身而立，左侧一人躬身向主人做恭拜状。画面下部刻铺首衔环。

汉画像石中的铺首衔环给人以一种形式美、装饰美的感受，同时也是汉代"羽化升仙"主题思想笼罩下艺术体现的陪衬和附属，意象上已由顶礼膜拜的信仰转至自然平淡的追求。这正应验了装饰艺术上的一条原则：一方面，实用的东西丧失实用性之后，转化为神物，人们以图其形以膜拜，于是转化成宗教祭仪的点缀品，成为神媒的象征；另一方面，宗教祭仪衰微之后，神物转化成礼俗的象征，礼俗崩溃后再抽象而成为纯粹的装饰图案。

综观东汉中晚期官宦豪富之墓向着大型豪华方向发展，而画像石内容却逐渐转向单调抽象的事实，表明道教影响下的画像石葬俗已发生了变化，并不是什么"政治动荡经济萧条"造成了它

图 6-24 唐河
石灰窑村、厅堂、
铺首衔环 西汉[3]

---

① 汤池.陕西、山西汉画像石 [M].济南：山东美术出版社，2000：图70、71.

② 汤池.陕西、山西汉画像石 [M].济南：山东美术出版社，2000：图194.

③ 王建中.河南汉画像石 [M].济南：山东美术出版社，2000：图31.

的"全面衰落"[①]。

2.汉画像石中铺首衔环的象征寓意

关于汉画像石上为什么会出现那么多的铺首衔环图案问题，多数专家认为借助铺首衔环能起到威慑、辟邪的作用。而台湾地区东吴大学人社院苏州研究室的罗丽容教授却认为汉画像石中的铺首衔环图像还具有祈望子孙旺盛的象征意义，此论颇有新意，特将其观点归纳如下：（1）图腾社会没有始祖考，只有始祖妣。如商的始祖妣为简狄，她吞下玄鸟卵之后，即生商的始祖弃，周的始祖妣为姜嫄，她履巨人迹之后，即生周的始祖后稷。自人类进入父系社会、王权确立之后，转化为人格祖先，在宗庙中进行祭祀。西王母形象的演变符合此原则。（2）战国时代，民间流行信仰伏羲、女娲为人类始祖。西王母与东王公其实就是他们的化身，中间尚有一个盘古作为转接人物。（3）汉代将西王母与伏羲、女娲结合，将西王母视为始祖妣，促成伏羲、女娲之结合，产生人类。故西汉画像石上都有西王母或东王公居中，伏羲、女娲在两侧，手执便面，人面蛇身，两尾相交的图像，在两汉的画像石中居多数。（4）东汉西王母又化身为高禖氏。画像石中，高禖氏头戴西王母式的山形华胜，应该是早期西王母"戴胜"的遗形物，伏羲、女娲侧立两旁，高禖氏手抱两人，两人尾部穿过高禖氏的左右腿，交结在一起。高禖氏就今天而言，是促成人间男女成为夫妇的中间介绍人。（5）后来高禖氏演变为门的铺首，保留头部造型，两条腿化为圆环，画像石中的呈现是高禖氏口中衔环，左右仍为伏羲、女娲交尾的图像。高禖氏的头部似西王母头上戴的"胜"，而西王母头上常有青鸟停顿，故演变为铺首的高禖氏头上常有的青鸟。（6）由于高禖氏主繁衍子孙，因此门上的铺首即有男女结婚后，进入宅中居住，祈望子孙旺盛的象征意义。

（二）徐州汉画像石中铺首衔环图像研究

铺首是徐州汉画像石中最为常见的形象之一，多以铺首衔环的形式出现。铺首双目圆瞪，两耳对称棱角分明，头顶生角（或戴山字冠），形象似兽非兽，不似其他神兽那般形象明确。但铺首同样是汉代人在画像石中对"畏兽"概念的应用与呈现。

中国古人早在汉画像石出现以前便对铺首，或是说铺首衔环的形象进行了广泛的运用。目前铺首形象主要有三种来源，一是土伯食蛇，即铺首为土伯，"铺首衔环"所衔之环为蛇；二是神巫衔玉璧，即铺首为神巫，所衔之环为玉璧；三则是饕餮兽首衔环，这一观点几乎得到了公认，"神巫玉璧说"也是在这一基础上发展而来，但"土伯食蛇说"否认了这点。徐州汉画像石中，铺首常单独或与四神、伏羲女娲及龙、鱼、方相氏等神人、神兽结合出现，又或与楼阙同时出现。

不可否认的，汉画像石中的铺首形象整体与青铜器中的饕餮兽首存在高度的相似性，二者间包含一定的结构继承，但仍然存在显著区别。相较于青铜器上的饕餮纹，汉画像石中的铺首并不重视结构细节的刻画，以质朴古拙、高度概括的形式进行表现；且单画

---

① 刘克.早期道教教义的传播与汉画像石葬俗的演变[J].世界宗教研究，2005（03）：115.

像石与画像砖上的铺首形象间存在较大的统一性。故而铺首并非单纯是饕餮兽首形象的嬗变，"土伯食蛇说"的基础便在于此。因"土伯食蛇说"过多脱离"兽"的概念，在此不做赘述。"神巫玉璧说"则是基于饕餮兽首衔环的观点提出的，由此聚焦于"兽面"，认为铺首是神人或巫师头戴兽面面具的形象，"铺首衔环"所衔之环是具有固魂辟邪、保尸身不腐的玉璧，是神巫祭祀时所持的法器。若从徐州汉画像石视角出发，铺首身上"巫"的气息更为浓厚。"徐州曾为楚地"和"楚人好巫"，明代刘基将楚人好巫的程度形容为："楚人之奉巫过于奉王令，宁违王禁而不敢违巫言"[1]，巫师之言的地位甚至在王令之上。而楚文化对徐州，乃至整个汉王朝的影响都是十分深远的。汉时荆歌楚舞依旧十分盛行，深受汉高祖刘邦宠爱的戚夫人以善楚舞而闻名，唐代诗人李昂就曾写过一首诗，名为《赋戚夫人楚舞歌》。在这一背景下，徐州汉画像石使用头戴兽面面具的神巫形象其实是非常合理的。

徐州汉画像石馆馆藏的墓门复原中有一对铺首衔环形象（图6-25）。该墓门由五方石头组成，横楣石为高浮雕羊头，墓门刻有铺首衔环，环中有双鱼。墓柱刻有云纹图案。墓门左右二铺首的形态并不相同，左侧铺首较大，头生两角；右侧铺首较小，头顶无角，环下有二鸟相背，昂首挺颈。二铺首边饰幔纹，画面隽美流畅富有生命力，拥有一种诡秘奇幻的色彩。

图6-25 墓门复原

再看徐州汉画像石馆馆藏的铺首伏羲女娲画像石（图6-26）。画面分为两层：上层中间刻铺首衔环，铺首两侧有伏羲、女娲，尾部与环交缠；下层刻一鱼，边饰菱形纹。对比江西的傩面具形象（图6-27），这两幅画像石上的铺首不论神态还是头顶的山字冠都与其十分相似，而傩文化中驱鬼逐疫的祭祀活动本就与巫文化一脉相承。同时"傩"在苗语中意为"鸟"，对傩神的崇拜是中国对神鸟凤凰的崇拜起源。本书第一章中也曾讲到，楚人的先祖为祝融，而祝融"精为鸟""离为鸢（凤）"，很难认为二者之

① 刘明今选注，徐柏容，郑法清主编.刘基散文选集[M].天津：百花文艺出版社，2006：191.

间毫无关联。

　　贾汪出土的铺首衔环画像石（图6-28）中刻两铺首，铺首的眉、眼、鼻刻画得十分清晰，鼻上有花纹。贾汪出土的长青树、铺首衔环画像石（图6-29）中刻一铺首，两侧各刻一长青树，边饰绳索纹、斜凿纹。画像为糙面阴线刻，突出了铺首的鼻、外轮廓与所衔之环，阴线所刻的眼眉并不清晰，形态自由夸张，虚实相生，不拘泥于细节刻画，单纯而洗练。

图6-26 铺首伏羲女娲　　　　　　　　图6-27 江西的傩面具

图6-28 贾汪铺首衔环画像石　　　图6-29 贾汪长青树、铺首衔环画像石

　　睢宁县张圩出土的铺首衔环画像石（图6-30）属浅浮雕，画面中间刻铺首衔环，铺首兽面下面有两只手，环上系有绶带。铺首所衔之环同伏羲、女娲蛇尾的雕刻形式并不相同，相较于蛇尾的刻画，"环"要平整、厚实得多。再看图6-26、6-29、6-30三幅铺首衔环图。图6-28和6-29的"环"其实十分接近玉璧的形象，图6-30的"环"甚至系上了绶带。河南平顶山出土的持盾使、铺首画像砖（图6-31）中，就同时出现了绶带穿璧与无环铺首的形象，对比前文所述的徐州汉画像石常见题材双龙穿璧，其形式与图6-30的绶带穿环十分相似。而玉璧是墓葬装饰的常客，在墓葬环境中多为四种功用：①敛尸——保尸身不腐；②辟邪——护魂魄安宁；③固魂——护魂灵不散；④通

图 6-30 睢宁县
张圩铺首衔环

天——引墓主升仙。铺首衔环早时是门环的底座装饰，汉画像石中铺首衔环也常被刻于墓门之上，那么这不论是墓室环境的本质功能，还是铺首衔环的守护意义，环为玉璧都更为合理；且相较于土伯食蛇、可通天驱疫的神巫，能辟邪护魄、敛尸不腐、引魂升仙的法器玉璧，也更为符合墓室的环境需要。因而徐州汉画像石中的铺首衔环应当是神巫与玉璧的组合。

尽管铺首的部分内涵独立于青铜器中的饕餮兽首而存在，却不可否认其与饕餮兽首间的承接关系。这一部分承接关系是不是神兽饕餮形象的衍生呢？并非如此。青铜器中的"饕餮兽首"形象即"饕餮兽面纹"，又称"饕餮纹"，最早提出这一概念的是《吕氏春秋》："周鼎著饕餮，有首无身，食人未咽，害及其身，以言报更也"[1]，战国秦汉的相关文献中也有所描述："祭鼎，义作龙虎，中有兽面，盖饕餮之像"，并《吕氏春秋》《春秋左氏传》的内容作佐证[2]，王黼的《博古图录》中也讲："象饕餮以戒其贪"[3]，"然历代之鼎，形制不一，有腹著饕餮，而间以雷纹者，父乙鼎、父癸鼎之类是也"[4]。一部分现代学者对此抱持肯定，例如意大利人安东尼奥·阿马萨里就曾说："卜辞构成了中国远古宗教的画卷，而与卜辞同时的饰有动物的青铜器艺术品是这幅画卷的重要补充。特别能引起人兴趣的是吞食人的怪兽：饕餮。它的形象极其古老：公元前3千多年的龙山文化的一把石斧上就有它的形象。"[5] 但不可回避的是，《吕氏春秋》成书的战国末年距殷商有千年之远，在与神话传说的结合流变中已不足以支撑殷商时期的史实，且作为吕氏门人的拼集之作，《吕氏春秋》之内容也言过其实。再者，直至汉魏时，饕餮才出现从"凶兽"到"畏兽"的转变，但早在汉以前的殷商，饕餮纹就已存在。殷商青铜器中，饕餮纹被铸于礼器之上以传达人类对神明的崇拜，那么早时被视作食人恶怪的饕餮被铸于礼器上本就存在着逻辑错误。甚至今日考古学界的许多学者已尝试

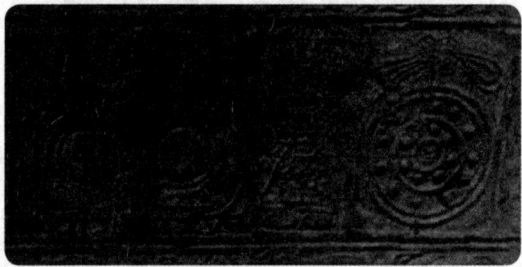

图6-31 持盾使、铺首画像砖（局部）

① [汉] 高诱注. 吕氏春秋 [M]. 上海：上海古籍出版社，2014：347.

② [北宋] 吕大临、[宋] 赵九成. 考古图 [M]. 北京：中华书局，1987：7.

③ [北宋] 王黼. 博古图录考证：第1册 [M]. 成都：电子科技大学出版社，2017：20.

④ [北宋] 王黼. 博古图录考证：第1册 [M]. 成都：电子科技大学出版社，2017：21.

⑤ [意] 安东尼奥·马萨里. 中国古代文明：从商朝甲骨刻辞看中国上古史 [M]. 北京：社会科学文献出版社，1997：83.

着为饕餮纹更名，如"兽面纹""肥遗纹""牛头纹"等，尽管尚未能够得到推广，但也可看出学者们对饕餮纹中"饕餮"概念的有意回避。

　　笔者共搜集徐州汉画像石铺首衔环画像 23 幅，其中铺首造型种类繁多，雕刻技法丰富，从不同铺首的造型设计中能够看出汉代徐州人出色的设计智慧。汉画像石中的铺首形象源自中国早期的门环底座装饰，其造型在徐州汉画像石中是头戴兽面面具的神巫与玉璧的组合——铺首衔环，是相对特殊的神兽形象。由神巫所借用的兽面形象无法改变其狞厉兽面的本质。原始动物崇拜与图腾崇拜时期，人类将自身无限的、原始的精神情感寄托于狞厉的兽，将它们表现为一种抽象变形的、风格化的图腾形象。这种形象中，包含着深渊般的狞厉之美，这种美中，也拥有着庇佑人类的力量。或许正如李泽厚先生所说："它一方面是恐怖的化身，另一方面又是保护的神祇。它对异氏族、部落是威惧恐吓的符号，对本氏族、部落则又是具有保护的神力。这种双重性的宗教观念、情感和想象便凝聚在此怪异狞厉的形象之中。"[1] 随着时代与人类意识形态的发展，这一形态的残酷凶狠之气已逐渐褪去，多了几分稚气与温和，但其最本质的意义却不曾改变。在门环底座装饰中，铺首以狞厉的兽面震慑各路妖魔，至徐州汉画像石，它时常被刻于墓门以辟邪驱凶。铺首的形象展现着古人"以凶御凶"的目的与赋予兽以神圣的力量的意志，在汉画像石中传达的仍是人对神兽的崇拜与对畏兽形象的利用。

三、"神荼、郁垒"的图像研究

　　汉画像石中还刻画有两个上古传说能制伏恶鬼的两位神人，其形象丑怪凶狠，后世遂以为门神，那就是神荼和郁垒。王充在《论衡·订鬼篇》中引《山海经》曰："沧海之中，有度朔之山，上有大桃木，其屈蟠三千里，其枝间东北曰鬼门，万鬼所出入也。上有二神人，一曰神荼，一曰郁垒，主阅领万鬼。恶害之鬼，执以苇索，而以食虎。于是黄帝乃作礼，以时驱之，立大桃人，门户画神荼、郁垒与虎，悬苇索，以御凶魅。"[2] 孙作云先生在《中国傩戏史》中释门神曰："打鬼完事之后，设木制的偶人，代替方相氏（在墓中即是镇墓俑）于门旁，以禁御鬼怪出入。今人为之门神，用纸像代替。从这里可知道，神也是大傩的一支。又用苇索悬在门上以缚鬼，这风俗还保留在日本的新年风俗里。"[3]

　　在南阳东关的东汉墓葬中，就出土了刻有神荼和郁垒的画像石（见图 6-32）。画面左边为神荼，右边是郁垒，二神相对而立，头梳发髻、面相丑陋，神荼执刀、郁垒执钱，保护着墓主人。"东安汉里"石棺墓北壁外面画像，也有一幅神荼、郁垒像。二神

---

① 李泽厚. 美的历程 [M]. 北京：文物出版社，1989：38.

② [汉] 王充. 论衡·订鬼篇 [M]. 北京：中华书局，1979：1283.

③ 孙作云. 美术考古与民俗研究 [M]// 孙作云文集：第 4 卷. 郑州：河南大学出版社，2003：382.

弓步相对，瞠目张口，威猛有力。神荼右手执刀，左手执一树枝状物。郁垒右手向前伸出，左手执刀。神荼、郁垒画像以恶神的形象守候在墓门或墓门外，抵御恶鬼的侵入，保护着墓室。

神荼、郁垒本是"度朔之山"专门看守鬼门的二神人，被人们"请"下凡来作为门户和墓室的守卫者，后来被演化成门神历代沿用。后代门神的内容虽然有所改变和增加，但其内在含义并未改变，并慢慢演变成春联的形式保留了下来[①]，成为中华民族最重要的风俗之一。

图6-32 南阳东关神荼、郁垒·东汉[②]

① 孙作云.美术考古与民俗研究 [M]// 孙作云文集：第 4 卷.郑州：河南大学出版社，2003：420-421.
② 蒋英炬主编.山东汉画像石 [M].济南：山东美术出版社、河南美术出版社，2000：图 116.

第七章　徐州汉画像石中的信仰民俗

信仰民俗的内在思想意识核心指的是人类对于鬼神的信仰与崇拜，人们相信神灵可以支配自己的人生，并且可以保佑信仰者。信仰民俗指的是一种可以传达人类内心世界的信仰观念以及崇拜心理的习俗，它是文化传承过程中重要的组成部分。两汉时期社会政治稳定，经济、文化繁荣，同时也伴随着厚葬之风的盛行。两汉时期厚葬之风盛行的历史根源是由于先民没有能力与自然力量对抗，他们只能寄希望于死后的精神寄托。信仰民俗作为一种特殊的文化现象深深地植根于民间。

两汉时期，人们受到远古神话传说的影响，对辟邪术、长生术以及升仙都有所向往。从两汉时期出土的画像石中我们就可以发现，当时的人们将很多自然界中的事物作为精神信仰崇拜的对象，如日月星辰、河流山川、雷电风雨、花草树木、动植物等。

本章重点分析汉代民间信仰的复杂性，并以长青树、西王母和凤鸟的民俗信仰为例，探讨徐州汉画像石中的信仰民俗。

一、汉代民间信仰的复杂性

民间信仰既是探索和研究民间民众思想意识的基点，又是中国传统文化的重要组成部分。两汉时期，在"万物有灵"观念的支配下，神灵信仰和鬼神崇拜走向高峰，伴随着佛教的发展以及道教的兴起和传播，多种文化因素不断地交织在一起，使得这一时期的民间信仰呈现出纷繁复杂的历史特性。

汉代早期民间信仰的基础是发源于中国本土的原始宗教，可以追溯到春秋战国乃至更为久远的年代。早期的魂魄二元论、鬼神观以及死后世界的观念到汉代有了进一步发展。综合诸说，汉代民众所崇拜的原始神祇包括商周以来神话传说中的神祇和《山海经》中的诸神。两汉时期，随着神仙思想的流行，昆仑山成为继"黄泉""幽都""蒿里"及"泰山"之后的另一个死去世界；原本只是《山海经》中神祇之一的西王母，其地位逐渐升高，直至成为东汉中晚期死后世界的主神——她掌管昆仑仙境和不死药。虽然东汉人为她塑造出了配偶"东王公"，但东王公在民众心目中的地位却远不如西王母那么重要。

与此同时，昆仑山在这一时期凌驾于"黄泉""幽都"之上，成为最主要的魂归之处，春秋以来飘忽不定的"灵魂"终于有了固定的归宿。在东汉中晚期，人们形成了这样的观念——人死之后"魂"脱离身体，飞往仙境。"魄"的观念逐渐淡化，或认为它将随着人的死去而逐渐消散，或认为与身体一起留在为它们构筑的代表不朽的阴宅石室中，享受与人世一样的生活。

牛天伟在《汉画神灵图像考述》中，将汉代画像石中的神祇分为8个大类，分别为"伏羲女娲图像""西王母图像""气象神灵图像""镇宅守墓神灵图像""桑蚕农事神灵图像""兵神蚩尤图像""祥禽瑞兽图像"和"天体星象神灵图像"[①]。这是一个庞大的神祇队伍，尽管"原始时代的神祇很少组成一个系统，相互间的关系，也是不明确的"[②]。但从各种神祇的出现频率及在画像中的位置中可以看出汉代民众生死观发展的走向。

山东、南阳和徐州地区早期画像石墓中常见"星象图""土伯食蛇"以及"风、雨、雷诸神出行"之类的图像（见图7-1）。在春秋战国时期形成的死亡观念里，"土伯"是掌管地下"幽都"的神灵，"风、雨、雷神"则居住在"星象图"所描绘的"天界"，这两处均为亡灵可能前往的地方。汉代人继承了这种对死后世界的认识，他们在墓中刻绘天上地下各类神祇，就是为了祈祷他们能庇佑死者的灵魂。

随着汉朝帝王们寻仙热情的持续不衰，神仙思想在民间也盛行起来，西王母作为一个与不死神话相关的神祇，其地位不断上升，受到社会各阶层的普遍崇祀。《汉书·哀帝纪》记载："（建平）四年春，大旱。关东民传行王母筹，经历郡国，西入关，民又会聚祠西王母，或夜持火上屋，击鼓号呼相惊恐。"[③]其规模声势之大可见一斑。因此，东汉时期的墓葬中也开始出现西王母形象。但此时她还不过是诸神行列中的一员，并没有获得中心神祇的地位，她与昆仑山的关系也并不紧密。

东汉中期之后，西王母终于被塑造成为集多种神职为一身并主宰死亡世界的大神，其地位甚至凌驾于伏羲女娲之上。她受到全体民众的热情膜拜，是所谓"万民皆付西王母"[④]。在代表东汉中晚期画像石艺术的陕北、晋西北地区画像石上，"西王母－昆仑

图7-1 左：山东泰安河伯出行 中：徐州土伯食蛇图 右：河南南阳雷神出行图

① 牛天伟,金爱秀.汉画神灵图像考述[M].开封：河南大学出版社,2009.

② 李申.宗教论：第2卷[M].北京：中国社会科学出版社,2008：11.

③ [汉]班固.汉书[M].北京：中华书局,1962：342.

④ 范宁.博物志校证[M].北京：中华书局,1980：104.

山"图像成了画面构图的绝对中心，西王母所在的昆仑仙境也成为灵魂毫无疑问的去处。同时，在该地区画像石墓中，"土伯""风、雨、雷诸神"以及"星象图"已经极为少见，甚至完全从画面上消失了。

在佛、道二教在中国产生实质性的影响力之前，东汉民众的生死观是建立在早期中国巫觋文化和原始神祇信仰基础之上的一种自然宗教。尽管"绝地天通"拉开了人与神祇之间的距离，但秉持"祭余，余福女"①的态度，人们对神祇并不是依附的关系。同时，无论是"幽都""黄泉"、泰山还是昆仑仙境，统治它们的神祇也从未做过对往来亡灵的划分和限定。这种功利性的神祇崇拜就形成了一种可称之为"非契约性"的东汉生死观。如果说，在商代鬼魂还有等级的差别，到了东汉时期，人们无论生时地位如何，其灵魂本身的地位都是平等的。在汉代文献资料中，没有任何记载说明人生在世时的行为会与死后归途有什么牵连，也没有提到上层统治者在死后会得到神祇的特殊照顾，东汉民众不需要用生时的努力去换取死后的平安。一座墓门使阴阳两隔，门上的守墓神祇只是守卫而不是盘查，西王母与昆仑仙境所在的那个彼岸世界向所有逝者开放。

二、徐州汉画像石中关于长青树的民俗信仰

（一）对土地神崇拜的民俗

1. 古代典籍中对"神树"的记载

在我国古代经典书籍中，《山海经》凭借其独特的风格，被后世称为志怪古籍与奇书。全书虽然只有三万一千多字，分为《山经》五篇、《海外经》四篇、《海内经》五篇和《大荒经》四篇，大体记录了战国中后期到汉代初中期的历史、地理、人文、动物、植物、宗教、巫术、交通、历法、气象、科技等诸多面的内容，真的可以称得上是记录古代社会生活的百科全书。

《山海经》中记载了许多种类的神树。书中对太阳神树的记载甚多，扶桑被称为太阳神树，《海外东经》中记载："下有汤谷。汤谷上有扶桑，十日所浴，在黑齿北。居水中，有大木，九日居下枝，一日居上枝。"②同样被称为太阳神树的柜格之松在《大荒西经》中道："西海之外，大荒之中，有方山者，上有青树，名曰：柜格之松，日月所出入也。"③从古籍记载中可以看出从远古时代开始，人们就开始将大自然中的树木赋予新的文化内涵，将一些树神化为神树。从《山海经》中所记载的与太阳有关的神树，如扶桑、若木、柜格之松都体现了先民对于太阳的崇拜和敬仰。

在《史记》《汉书》《后汉书》中关于树就多有记载，并且树的类还多种多样。《后

---

① 杨伯峻.春秋左传注[M].北京：中华书局，1981：821.
② 袁珂.山海经校注（修订本）[M].成都：巴蜀书社，1992：308.
③ 袁珂.山海经校注（修订本）[M].成都：巴蜀书社，1992：451.

汉书》中有关于神树的记载："又有神树，人止者辄死，鸟过者必坠，侯复劾之，树盛夏枯落，见大蛇长七八丈，悬死其间。"[①] 书中记载的树，先人将其神化，使得可以掌握生死与枝叶的枯败。

2. 植根于土地的长青树

徐州地区汉画像石墓葬数量众多，汉画像石最早出现于西汉早期的竖穴石圹墓中。徐州地区目前发现最早的石圹墓有韩山1号墓、睢宁官山汉墓，其中出现了最早的汉画像石的图像——长青树。韩山1号墓的墓门是由两块尺寸相似的画像石卯合而成的，画像石墓门的厚度约为0.2米、宽约为0.8米、高度约为1.7米，从图7-2中可知，两块墓门的画像图案相同，为长青树；树上立一只鸟，翘喙，作鸣叫状；树下各悬挂2对称玉璧，由绶带穿系，树下有两条"∧"形根。"每扇门上都有一棵纹样、形状类似于松柏的树，树的下摆各悬挂有两块玉璧，树下衍生出根须，在树的顶端有一只鸟，两只鸟对立而站，遥相呼应。"[②] 睢宁官山汉墓中发掘的画像石上也出现了两株纹样、形状类似于松柏的树木（图7-3），左侧树的树干的右下方有一枚玉璧，玉璧内部刻有谷纹，两棵树的根须呈"╱╲"与"∩"状，有学者认为长青树下的纹饰为坛台[③]。据测量，左边的树高0.44米，右边的树高0.49米，玉璧直径0.11米。由此我们可以发现，类似于松柏的树木与玉璧的组合是苏北地区画像石中最早出现的图案。根据树木的纹样与形状与松柏相类似，我们不难发现先人在刻画汉画像石时，是想借助松柏四季常绿、抗寒、抗旱等特点，寓意故者生命之树长青的内涵，现代人称此树为长青树。长青树的树形符号一般呈等腰三角形或桃形，其与日常生活中的松柏之类的树木形态极其相似。

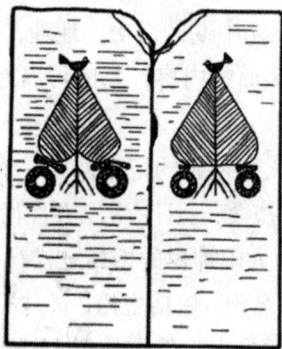

图7-2 韩山1号墓画像石墓门　　　　图7-3 睢宁官山汉墓南壁画像石[④]

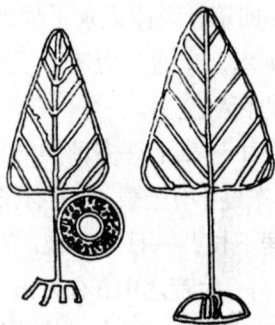

① [南朝·宋]范晔.后汉书（卷82）[M].北京：中华书局，1965：2740.
② 武利华.徐州汉画像石通论[M].北京：文化艺术出版社，2017：99.
③ 郑同修.汉画像中"长青树"类刻画与汉代社祭[J].东南文化，1997（04）：.
④ 武利华.徐州汉画像石通论[M].北京：文化艺术出版社，2017：100.

从早期画像中的长青树来看，树下的图案基本为"∧"与"∩"等，且较为纤细，当为树根无疑。扎根于土壤的树木，预示着墓主人能够像树一样常青、不老。树木是由地面上的枝干与地下埋藏的根系这两部分组合而成的，枝干是树木生长的表象，是末；根系部分是根，才是本。如果没有根深，地面上也就不会有挺直的树干和繁茂的绿叶，可见埋于土地之下树根的重要性。树木的生长需要植根土壤吸取养分，需要阳光的照射、雨露的滋润，人类的成长也一样需要天与地的包容、供养。

仔细观察图7-2与图7-3这两幅画像石图像，我们可以发现这四棵树都明显有一个共同的特征：长青树的树根部分都有长短不等的根须植根于土壤之中，另外有些学者认为长青树下的画像纹样为坛台[1]。但从徐州地区发现的早期长青树来看，树下的图案基本为"∧"与"∩"，且较为纤细，当为树根无疑。[2] 从根须生长的方向可以知道，根须向下生长汲取土壤中养分，使树木枝繁叶茂，正是由于土地的滋养，长青树的枝叶才能常年郁郁葱葱。从对土地神信仰的角度看，长青树向下生长的根系，便可发现，两汉时期苏北地区的百姓很早就明白根系的重要性，他们通过画像石表现树木植根于土壤的这种现象，表现出逝者们希望可以得到土地神灵的庇护与保佑，由此可见，无论是树木的生长或是人们死后渴望长生不老的精神寄托，都离不开人类对于土地神的崇拜与敬仰。

3. 汉画中的长青树与社树崇拜

自原始社会开始，由于当时的生产力水平低下，人们没有能力与大自然抗衡，为了祈求大自然的庇佑，人们开始对赖以生存的天地进行祭拜。

土地是人类社会发展与进步的来源，土地生万物的同时也承载着世间的万物众生。西汉初期，天子为了表示对大地的敬仰与敬畏，都会举行对"地"的祭祀活动，《史记·封禅书》记载："其明年冬，天子郊雍，议曰：今上帝朕亲郊，而后土毋祀，则礼不答也。"[3] 后来大臣们根据先秦祭地的制度，主张设立有关南北郊的祭祀制度。《汉书·郊祀志下》奏言："帝王之事莫大乎承天之序，承天之序莫重于郊祀，故圣王尽心极虑以建其制。祭天于南郊，就阳之义也。瘗地于北郊，即阴之象也。"[4] 自此以后，就形成了在首都的南郊祭祀天、在北郊祭祀地的祭祀制度。以上大体阐述了两汉时期的皇室对于天与地的敬仰与崇敬之情。古人主要通过祭祀太阳，来表示对天神的崇拜，而对地神的崇拜主要是以祭社的形式表现的。[5]

在民众眼中土地也是非常神圣的，民众认为如果冒犯了土地神或者是对土地神不敬都是会遭到惩罚的。秦朝将领蒙恬临终之前反思，认为自己死的最终原因是自己修筑长

① 李银德．汉代的玉棺与镶玉漆棺 [M]．北京：文化艺术出版社，2004：42.

② 刘尊志．徐州汉墓与汉代社会研究 [D]．郑州大学，2007：206.

③ [汉] 司马迁．史记（卷12）《孝武本纪》[M]．北京：中华书局，1982：461.

④ [汉] 班固．汉书（卷25）《郊祀志下》[M]．北京：中华书局，1962：1253.

⑤ 郑同修．汉画像中"长青树"类刻画与汉代社祭 [J]．东南文化，1997（04）：58.

城的举动得罪了土地神。由此可见两汉时期的人民认为土地是有灵魂的，土地神可以左右人们的生死，从中表现了先民对土地的敬畏。

寻绎史籍，商周以来，我国对土地神崇拜、立社、祭社有封土为坛的习俗。[①] 睢宁官山汉墓中发掘的长青树的根须呈"／—＼"形，与祭台的样式较为相近，加之长青树有祭祀的寓意，树下部的纹饰也逐渐就具有了一些坛台的含义。[②] 由于我国古代祭祀一般是中央封土或积土为坛，周围筑以矮墙类建筑而已。如图7-4和7-5中的长青树根茎部分是用土堆积的坛台，由此可知此类长青树即为社树。长青树多以三角形或者桃形的松、柏为原型，所以说，古代社树的形状也以类似松、柏造型为主。

汉画像石中有长青树作为社树存在的，在苏北地区汉画像石中所占比重也是比较大的。由上述史料探究可知，植根于坛台上的长青树表明了苏北地区早在西汉时期就有了对土地神崇拜的民俗。

图7-4 人、房屋、神树[③]

图7-5 龙、凤凰、神树[④]

（二）引导升仙的长青树

由于受秦始皇嬴政大规模求仙活动的影响，后来的汉武帝为了国家的统一和社会长治久安，同样也热衷于各种求仙、升仙的活动。在上层统治阶级的提倡和引导下，到了汉代的时候，各个阶层的群众，无论是达官贵人还是市井百姓对长生不老以及他们死后的升仙升天有着前所未有的执着追求。人们的这种民俗信仰在当时大多数的画像石中都能有所体现，在墓葬建筑和祠堂内刻画这类像石是人们为了祈求天地之间神灵的庇护，驱灾降魔，以便于自己死后可以羽化成仙。有关于这类题材的画像石在所有画像石中所占比例很大，当然苏北地区也不例外，几乎占据了一半之多，其中可以分为古代神话、升仙图、谶纬之学说、阴阳五行等一些鬼神传说。

---

① 郑同修.汉画像中"长青树"类刻画与汉代社祭 [J].东南文化,1997（04）：59.
② 郑同修.汉画像中"长青树"类刻画与汉代社祭 [J].东南文化,1997（04）：57.
③ 张学涛.徐州汉画像石中的瑞树图像研究 [J].文物世界,2012（02）：图二.
④ 张学涛.徐州汉画像石中的瑞树图像研究 [J].文物世界,2012（02）：图四.

　　汉代长青树中所蕴含的符号精神因素除稳固、长生的寓意之外，树的三角图案与桃形的尖部都是指向天空的，呈现一种向上的牵引之力，象征直升上天。[①] 在西汉早期的墓葬中，汉画像石中就出现了引导升仙的"神树"——长青树。西汉早期，汉画像石中的长青树多与玉璧组合，如图7-2是徐州韩山1号墓的墓门，两棵长青树是画像的主体，树的顶端分别停落一只鸟，树的下部各悬挂着两块玉璧。图7-3是徐州睢宁官山汉墓中出土的两株长青树与玉璧，画像位于南壁，此图案组合是早期长青树中最常见的内容。图7-6是铜山柳新范山石椁墓的侧壁画像复原图，我们可以看到侧壁上刻有房屋建筑、长青树、穿璧纹等。在古代，人们认为色泽温润的玉拥有质地坚硬的特点，认为玉器可以防腐，所以经常用玉器随葬，希望墓主人的尸体能像玉一样不受侵蚀。长青树与玉璧的组合之意是墓主人的尸体不腐，灵魂可以通过长青树作为媒介升入天界中，最终可以长生不老，羽化成仙。

图7-6　铜山柳新范山石椁墓[②]

　　西汉早期除了长青树与玉璧的组合外，西汉晚期以后，还将长青树作为常用符号，与凤鸟、瑞兽、人物、建筑等其他图案纹样组合，其中蕴含着具有丰富的民俗文化内涵。如图7-4是徐州市铜山区散存画像石，画像分为两格，底部是长方形基石，上方为半圆形代表天，显然是天界的象征。在图7-2中也出现了长青树与凤鸟的组合，《说文解字》中记载："凤，神鸟也。"[③] 凤鸟是古代神禽中最常见的神鸟，且有凤鸟长生不死的传说。基石的底部中刻画有二龙穿璧，墓中的长青树相当于墓主人到达天界的阶梯，墓主人逝后希望飞天升仙的美好愿望不言而喻，并且希望与凤鸟一样生命不息。图7-5是徐州贾汪区的散存石，画面中由菱形纹样分为上下两格，上格中刻有十字穿环纹，有点类似于天界。下格中的正中位置就有建筑物，屋内有男女主人对坐正在交谈，屋外两边侍者，两边对称地刻有长青树，长青树植根于地、直到天界，此为长青树的引导升仙功能，墓主人想死后升入仙界依然享受在人间富庶快乐的生活。

① 方舒彦.汉画像石、画像砖中的树形符号分析[M]// 中国汉画学会第十届年华论文集.郑州：中州古籍出版社，2006.

② 武利华.徐州汉画像石通论[M].北京：文化艺术出版社，2017：105.

③ 张章主编.说文解字[M].北京：中国华侨出版社，2012：69.

图7-7是徐州沛县出土的画像石，画面被分为三格，左右两格刻有长青树与穿璧纹，两棵树顶各栖息一只鸟，构成两边对称的画面。画面的中间是一只圆目老虎，但是此虎的耳朵跟狐狸的耳朵相似。老虎可以辟邪，神树有引导升仙之用，玉璧可以防止尸体腐败。整幅画面的含义是由凤鸟带领墓主人的灵魂，由瑞兽保护，通过神树直达天界，生生不息。

图7-7 玉璧、神树、凤鸟、虎[①]

《山海经》记载着可以通天的神树——"建木"："建木在都广，众帝所自上下，日中无景，呼而无响，盖天地之中也。"[②] 我们可以发现西汉时期墓葬中引导神仙的神树与古书中记载的"建木"有相似的地方，它们都是沟通天与地的媒介与工具。两者的区别在于："建木"是沟通民间凡人与天神的工具，而神树是引导已经死去的凡人灵魂可以到达仙界的媒介。在苏北地区画像石中长青树以多种组合出现，最常见的是与玉璧，其次还有凤鸟、瑞兽等组合。其最终的目的都是希望墓主人的灵魂可以通过长青树到达天界，羽化成仙。这种神树其实就是由人间登上昆仑山的天梯。

树在两汉时期的画像石中被人们赋予神性，当作是一种民俗信仰，称之为神树。树的形象在苏北地区的汉画像中经常出现，在祠堂和汉墓中发现两类树，一类是刻画出树根或植于台坛上的长青树，另一类是枝叶繁茂为人们遮风避雨的树。长青树寓意对土地神崇拜的民俗，并且有着将人类灵魂引导升仙的功能。这种民俗信仰是后人为了祈求安定的生活，希望得到祖先们的庇护以及神明的眷顾。

三、徐州汉画像石中关于西王母的民俗信仰

西王母是居于西方的女性神，《竹书纪年》《山海经》《史记》《汉书》《庄子》和《汉武内传》等文献都对西王母形象做了相应的描述，因而西王母的形象也千差万别。她既是万人敬仰的王母娘娘和雍容华贵的中年美妇，又是凶恶的半人半兽的神怪形象。在两汉时期出土的画像石中我们可以明显地看到西王母形象的变化。

---

① 俞伟超，汤池.中国画像石全集：第4卷[M].济南：山东美术出版社，2000：31.
② 袁珂.山海经校注[M].修订本.成都：巴蜀书社，1992：492.

　　图7-8为滕州市汉画像石馆收藏周穆王拜见西王母画像，该石为山东省滕州市官桥镇后掌大出土。石面纵97厘米、横301厘米、厚22厘米，浅浮雕。画面分二层：上层为周公辅成王及一组历史故事。下层，左端西王母高坐仙树上，旁有仙人、玉兔；中有龙拉云车、仙兽、仙人；右端东王公凭几而坐，空隙处皆饰云气及诸祥瑞。画面右侧一羽人持鱼饲龙，龙下有龟爬行。

图7-8　周穆王拜见西王母画像　山东滕州官桥镇后掌大出土

　　西汉末年全国范围内的西王母崇拜运动，在汉代人心灵深处烙上了深刻的印痕，其最直接的结果就是丰富了汉画西王母的艺术形象，即给西王母添加了配偶东王公。如图7-9所示，上层刻绘6人，左二人踞坐六博，右二人踞坐游戏划拳，身后各站立仆人；中层为相连的菱形图案；下层刻绘西王母、东王公分左右打坐，其左右各刻绘一仙人侍奉，中刻捣药兔、蟾蜍。

图7-9　西王母　徐州出土

　　"因为西王母掌管着长生不老的仙药，所以西王母当之无愧地应该和有翅膀的羽人、仙人们一样；因为西王母的饮食由鸟类负责，所以西王母也应该具备鸟的功能，可以在茫茫太空自由飞翔，如此，西王母不能没有翅膀。"[1]从这段话可以看出，带翼的西王母形象符合人们心目中对于超人的幻想。图7-10为山东滕州官桥镇大康留出土的带翼西王母画像，从中可以看出，西王母凭几而坐，肩生双翼，左侧有人首鸟身兽，右侧有"建木""羽人"。带翼的西王母由野蛮、掌管天上灾害到可以为世人驱邪避害，再到手握不死之药，能够让人长生不老、使死者起死回生，这也就说明了羽翼是随着西王母形象变化而随之产生的，这也属于西王母形象流变的一个重要组成部分。西王母羽翼的

① 迟文杰.西王母文化研究集成：论文卷（续编一）[M].桂林：广西师范大学出版社，2011：223.

出现也是随着年代的推进而产生的。西汉时期的西王母图像并没有带翼，到了东汉时期，带翼的西王母出现，且翼的形状也不尽相同。图7-11为山东嘉祥武氏祠里西壁的一幅画像石，西王母的羽翼是对称、上翘、半圆的形状。山东嘉祥宋山小祠堂画像石表现的西王母双翼与武氏祠西壁西王母双翼基本相同，如图7-12，西王母端坐正中，羽翼犹如一件宽大的斗篷，披在西王母的两肩。从该幅画面来看，围绕在西王母周围的神怪侍者，"羽人"的羽翼均是披在肩上。至此，西王母由早期的野蛮形象，到贵妇般的容貌，再到羽翼滋生，这就说明汉代人们对于西王母的崇拜不是一时的热情，而是持久的关注。

图7-10 带翼的西王母   图7-11 西王母带翼图

图7-12 西王母带翼图 山东嘉祥宋山小祠堂[①]

汉画像石中西王母图像有着深刻的民俗文化内涵。西王母图像的历史渊源离不开丝绸之路的开通，以及中外文化的交流与沟通。西王母的出现丰富了中国神话体系的传说，以及对整个神仙体系的充实和扩展。与此同时，西王母因其女性神祇的性质更容易被汉代下层百姓接受，这也是当时社会民俗信仰观念的一个时代反映。但是，我们认识到，西王母在《山海经》那里被描述为"司天之厉及五残"的掌管天灾的很有震慑力的恶神。汉代人在造就伟大的汉画像石艺术时为什么会在祠堂、墓门刻画西王母图像？首先是因为西王母可以驱邪避害；其次是西王母掌管长生不老之药，能使凡人升仙长生；最后是西王母像宗教信仰中的至高无上的神祇，她的职能被无限扩大，因而其形象也随着社会时代的发展进步而随之改变。人们的思想在不断地发生变化，但是始终改变不了西王母的在人们心目中的地位，故而在很长的一段时间内，西王母作为主神主导着人们生活的方方面面。

---

① 迟文杰. 西王母文化研究集成·论文卷续编 [M]. 桂林：广西师范大学出版社，2011：224.

（一）辟邪风俗

汉代人对于西王母的民俗信仰首先体现在人们对于辟邪的诉求。尽管在汉代儒家思想占据了主流的思想地位，但神仙方术、神鬼崇拜仍然具有一定的影响力。在人们看来，四方世界都是很危险的，为此产生了各种巫术禁忌和崇拜信仰活动。早期的西王母被描述为一副凶神恶煞的形象，这样的神在人们心里充当了辟邪的角色。张从军在《汉画像石》一书中说，但是在这里，西王母和东王公并没有什么作为，既不见仙药仙方，也不见神仙世界有多么乐趣，见到的只是一些张牙舞爪的神异怪兽和荒芜的世界。如此处理，看来并不是要引导人们也去隐居荒山，与群兽相伴，而是别有含义。这含义就是画面中所显示的凶猛和力量，就是辟邪和震慑。在这里，西王母和东王公成了辟邪的工具，担当起了驱恶祛邪的职责。

西王母是具有震慑力的女性神，延续到东汉的纬书里面仍有记载，如《黄帝出军决》有如下记载：

> 帝伐蚩尤，乃睡，梦西王母遣道人，披玄狐之裘，以符授之曰："太一在前，天一备后，河出符信，战即剋矣。"黄帝寤，思其符，不能悉忆，以告风后力牧。风后力牧曰："此兵应也，战必自胜。"力牧与黄帝俱到盛水之侧，立坛，祭以犬牢。有玄龟衔符，从水中出，置坛中而去。黄帝再拜稽首，受符视之，乃所梦得符也。广三寸，表一尺。于是黄帝备之以征，即日禽蚩尤。

在这部文学作品中将西王母的女性神祇力量扩展到其可以授兵符，帮助黄帝克胜敌军，显示其威严性。同样记载西王母授符的文学作品还有《玄女传》，在这部文学作品中，西王母不仅授兵符，而且还向黄帝提供了地图。蚩尤为鬼的象征，西王母助黄帝打败蚩尤也反映了西王母的祛邪功能。

可见，汉代人对于西王母的崇拜在很大程度上是寄托了一种趋吉避凶的美好愿望。由于社会科学发展的滞后，人们对于万物的理解披上了神秘的外衣，对于未知危险的认识也缺乏科学的判断，认为都是鬼魅凶恶在作祟。因此，一系列的辟邪风俗便产生了，如"打鬼驱疫"的大傩、咬蛇的镇墓神兽、食鬼的强梁，等等。这些与西王母一起共同构筑了汉代人的精神寄托。

（二）升仙长生

升仙长生思想表现的是一种强烈的生命意识。对于生的本能促使人们排斥死亡，想方设法地塑造种种条件来达到永生不死。根据阴阳二元对立的观点，汉代人认为人死后也有一个世界与生前世界相对应，人们可以通过死后到达另一个世界以得到永生，所以汉代墓葬中的陪葬品十分丰富，墓葬壁画中有亭台楼阁、庖厨宴饮、歌舞升平，如天堂般美好。

西王母被认为是天界主宰生死的大神，其居地昆仑山是一片极乐世界，有饮之不死的丹水、登之乃灵的悬圃，有通天的神树"建木"、不死树、不老民，还有鸾鸟自歌、凤鸟自舞。总之，此山万物尽有。这样的仙山乐土并非人人都可以到达，它的条件近乎苛刻。像这样的仙境应该怎样才能到达呢？朱存明认为，从汉画像石的图像志考察，"升仙有三种样式：一是升天式，西王母是天界的主宰，她戴胜杖端坐在龙虎座上。二是登仙式，西王母及其随从安坐在昆仑悬圃之上。三是羽化成仙式，这是人生时的信仰，不要经过死亡与入土，而是白日飞升"[①]。

汉代人信仰西王母是因为西王母所居的昆仑山是一座神山，且西王母掌握着不死之药，这更成为人们信仰、崇拜她的原因。在很多西王母图像上我们都可以看出昆仑山的神性。前文已经论述，山东地区西王母的一个特征就是"肩生两翼"，旁边有"羽人"相伴。这体现了人们期望通过肩生两翼而羽化成仙。此外，西王母高高坐在龙虎座上，主宰着天界，汉代人认为只要到了昆仑山，见到了西王母就能完成脱去凡胎的登仙。再者，即使没有羽化成仙和登仙，那么只要能得到西王母的不死之药亦可以成仙，然而不死之药的取得是何其的困难。《淮南子》载："譬若羿请不死之药于西王母，姮娥窃以奔月，怅然有丧，无以续之。何则？不知不死之药所由生也。"[②]汉代人都狂热地追求长生不老，祈求得道升仙。他们把希望都寄托在西王母身上，其实是觊觎她的不死之药，因为一般人都相信西王母藏有不死之良药，有福气得到这药的，吃了就可以长生。[③]

武梁祠西壁的西王母图像表现的就是昆仑山仙界（图7-13）。"山墙"就是西王母所居昆仑山的象征，其中西王母位于最高处，旁有飞升的"羽人"、神兽和捣药的玉兔。汉代人对西王母的信仰也体现在升仙工具上。《太上登真三矫灵应经》载："三矫经者，上则龙矫，中则虎矫，下则鹿矫。……大凡学仙之道，用龙矫者，龙能上天入地，穿山入水，不出此术，鬼神莫能测，能助奉道之士，混合杳冥通大道也。……龙矫者，奉道之士，欲游洞天福地，一切邪魔精怪恶物不敢近，每去山川江河州府，到处自有神祇来朝现。"[④]可见，龙、虎、鹿是古人心中的最佳升仙工具。四川汉画像石有一幅西王母坐在龙虎座上的图像，生动地描述了龙虎为西王母坐骑（图7-14）。山东汉画像石西王母图像的另一特征是她的两侧有人首蛇身状的神，蛇身在西王母的身下环绕，似在托着西王母以助西王母飞升，如滕州大郭石祠堂西壁画像（图7-15）。

① 新疆天山天池管理委员会.西王母文化研究集成：论文卷[M].桂林：广西师范大学出版社，2009：16-17.
② [汉]刘安，等.淮南子[M].上海：上海古籍出版社，1989：1233.
③ 袁轲.中国古代神话[M].北京：华夏出版社，2006：196.
④ 张光直.中国青铜时代：二集[M].北京：生活·读书·新知三联书店，1990：96.

图7-13 山东邹城金斗山石祠堂西王母画像　　　图7-14 四川彭山双河石棺西王母画像

图7-15 西王母、牛羊车 山亭区大郭村出土

升仙长生的信仰与道家思想的传播密不可分。汉画像石中有大量的包含西王母图像的作品，从中可以看出道家思想深刻的影响。先秦黄老之学、老庄思想、阴阳五行、神仙方术思想观念共同构成了升仙的思想基础。汉代人的生死观便在此基础上产生。升仙长生反映了古代人探求长生久世的美好愿望。西王母居住在昆仑山上，曾与周穆王宴饮唱和，并拥有不死之药。秦汉时期，神仙道教和方士巫术之风大兴，帝王们在人间享受富贵之余，和老百姓一样，也想长生不老。

汉代人最向往的是长生不死，像仙人那样有一天能羽化升仙，逍遥自在，永享人间能享受的一切。而在汉代人眼里，西王母能够帮助他们实现这一愿望，因此她受到众人的信仰和崇拜。

四、徐州汉画像石中关于凤鸟的民俗信仰

在徐州汉画像石中有数不清的凤鸟图像出现，有的位于建筑上，有的在出行车马上空；有的抬足振翅，有的含丹衔环，有的成双成对，有的龙凤呈祥……那么究竟何为凤鸟？徐州汉画像石中的凤鸟有着怎样的民俗信仰呢？

（一）凤鸟的概念

凤在百鸟中居首位，以声音与姿态被奉为百鸟之王，《白虎通》载："凤皇者，禽

之长也"①，两汉以后，"羽虫"之长的凤与"鳞虫"之长的龙共同编织了中国传承至今的龙凤文化。而"凤"在传统图案中的象征寓意也有了多种解释，有镇邪驱恶吉祥之意义，也有寓意贤者之威德，凤凰的出现象征着时代的鼎盛。那么什么是凤？首先，可以肯定地说，凤鸟是传说中的瑞鸟、神鸟。凤又名为"凤凰（凤皇）"，《山海经·南次三经》中记载："丹穴之山，有鸟焉，其状如鸡，五采而文，名曰凤皇。首文曰德，翼文曰义，背文曰礼，膺文曰仁，腹文曰信。是鸟也，饮食自然，自歌自舞，见则天下安宁"②。因《山海经·大荒西经》中曾提到："有五采鸟三名：一曰皇鸟，一曰鸾鸟，一曰凤鸟"③，自然也有许多典籍认为，凤与凰是两只不同的鸟，雄者为凤，雌者为凰，《尚书·虞书》说："箫韶九成，凤皇来仪"，孔安国注曰："雄曰凤，雌曰凰，灵鸟也"④，即是如此。然后世却有不同声音，认为凤凰并非是雌雄二鸟，因先秦无"凰"字，皆作"皇"，故"凰"是"大"的意思。⑤中国人对凤的信仰十分古老，早在甲骨文中便已有了"凤"字。今日，不论凤或是凰，皆已成为一种吉祥符号，它们指代着这一华丽而虚幻的大鸟，而它确切的概念与定义，似乎在人们心中早已不再重要，重要的仅是融于其中的千年信仰，人们只愿企盼着它能为自己带来什么。因而在汉画像石中，凤、凰、凤凰，甚至凤与"四灵"之一的朱雀，定义皆模糊难以辨析。或许这是传说在历史进程中的必然演变，抑或是中国古人的朦胧美学。

凤鸟像龙一样，是杂取多种动物形象组合而成，对此东汉许慎在《说文解字》中引黄帝之臣天老的话描述为："凤之象也，鸿前麐后，蛇颈鱼尾，鹳颡鸳思，龙文虎背，燕颔鸡喙，五色备举。"⑥郭璞在《尔雅·释鸟》注解中则将凤的形象形容为："鸡头，蛇颈，燕颔，龟背，鱼尾，五彩色。高六尺许。"⑦汉画像石中的凤常与孔雀相似。作为神兽的凤有镇邪驱恶的吉祥之意，也寓意贤者之威德。传说因凤既有儒家的仁、义、礼、德、信五种德目，也有道家的自为自在，其所现之时便天下安宁，是时代鼎盛之象征，也是圣王诞世之征兆。《汉书》中记载了春秋管仲阻齐桓公封禅的故事。管仲曰："今凤凰、麒麟不至，嘉禾不生，而蓬蒿、藜莠茂，鸱枭群翔，而欲封禅，毋乃不可乎？"⑧认为从前历代帝王封禅时有包括凤凰在内的十五种不召而自至的祥瑞，现在没有出现，因此不是封禅的时候，于是桓公止。由此能够看出凤作为祥瑞在政治、生活等各方面的重要意义。

① 周秉钧.尚书易解[M].长沙：岳麓书社，1984：249.
② [晋]郭璞注，袁珂点校.山海经校注[M].上海：上海古籍出版社，1980：16.
③ [晋]郭璞注，袁珂点校.山海经校注[M].上海：上海古籍出版社，1980：453.
④ 陈伯君校注.阮籍集校注[M].北京：中华书局，1987：96.
⑤ 田丹.汉画像石中的凤鸟图像研究[D].西安：陕西师范大学，2009：12.
⑥ [东汉]许慎.说文解字[M].北京：中华书局，1963：79.
⑦ [晋]郭璞注，[北宋]邢昺疏.尔雅注疏[M].北京：北京大学出版社，1999：309.
⑧ [东汉]班固.汉书[M].北京：中华书局，2007：212.

总之，凤是传说中的神鸟，它的原型来自鸡、玄鸟等动物，有鸡头、蛇颈、龟背、鱼尾等特征。凤鸟是一个通称，在凤鸟的大家族中，色偏赤，与青龙、白虎、玄武等一起者称朱雀，色偏青者称鸾，朱雀、鸾鸟这些和凤凰有相似性的神鸟都属于本书的研究范畴。另外，随着时代的变迁，凤的形象有所变化，但有华丽冠尾的总体特征是存在的。

（二）徐州地区的凤鸟崇拜民俗

凤凰信仰的出现是很早的，在新石器时代就已经出现。浙江余姚河姆渡文化也曾出土过颇似"凤凰"的雕刻双鸟纹的象牙骨器，距今约 6700 年。更早的如湖南省洪江市高庙文化遗址曾出土一距今约 7400 年的白色陶罐，该陶罐上的凤凰图案有冠、长喙、长颈、长尾，与今天的凤凰形象极为相似。

徐州地区汉画像石中凤鸟图像众多的原因和以凤为主题的楚文化的影响息息相关。中国最早的帛画《人物龙凤图》画的主体是一个妇女，妇女上方有一龙一凤。凤鸟昂首展翅，一足前伸，一足后托，尾翎上卷到头部上方，显得强健有力。凤鸟前方有一条竖垂的龙，尾部卷曲，扶摇升腾。战国时期楚国的虎座凤架鼓，有卧虎底座，虎背上立着长腿、昂首、引吭高歌的鸣凤。背向而立的鸣凤中间，一面大鼓用红绳带悬于凤冠之上。凤高大轩昂，傲视苍穹，虎却矮小瑟缩，趴伏于地。在楚的丝织品上，凤鸟的纹样也非常流行，可见楚人是非常钟爱凤鸟的。凤鸟在楚人的眼里是通天的神鸟，它能引导人的灵魂升天。凤又是先祖的化身，它无处不在，飞扬灵动，华贵伟岸。

楚人以凤为图腾是有历史渊源的。楚人的先祖叫祝融，祝融是凤的化身。《白虎通义·五行篇》说："南方之神祝融，其精为鸟，离为鸾。"鸾就是凤一类的鸟。祝融是黄帝曾孙高辛时的"火正"，是掌管农时、天象的重要之官职。祝融死后被尊为火神。中国远古传说中火中再生的不死之鸟凤凰，就是火神，就是祝融的精灵。《太平预览》中引《春秋玄命苞》曰：火离为鸾。[①]虽然凤鸟在中原有很长的历史、很深的根源，但楚人心目中的这种神奇大鸟就是祝融的化身，也是楚民族精神的象征，可以说楚文化的主题就是凤鸟。

东汉时徐州是佛、道思想传播的中心之一，神话类题材涉猎极广。凤鸟在古代被尊称为鸟中之王。在汉代被工匠们刻画得雍容华贵，给人以洒脱俊逸、卓尔不凡之感。屈原在《楚辞》中说"凫雁皆唼夫梁藻兮，凤愈飘翔而高举"[②]，可见，凤不是一般的鸟，它高洁、与众不同。夏禹治水时，

图7-16 建筑、人物图[③]

---

① 李昉.太平御览（卷915）[M].北京：中华书局，1960：4051.

② 屈原.楚辞[M].黄凤显，注，北京：华夏出版社，1998：201.

③ 武利华.徐州汉画像石[M]北京：线装书局，2001：9.

把全国疆域分为九州，《尚书·禹贡》与《尔雅·释地》指出"徐人"是"东夷"或"淮夷"的一支。而东夷是以鸟为图腾的，此地区汉画像石中的凤鸟数量多出现频率高也就不足为奇了。

下面笔者结合徐州汉画像石中的凤鸟图像来探讨徐州汉画像石中凤鸟的民俗信仰。

徐州市铜山区汉王乡东沿村出土祠堂后壁（图7-16），浅浮雕。画面正中刻一房屋，屋顶落有一凤为四只小瑞鸟所环绕。凤凰昂首展翅，羽翼舒展。屋内屋外各有二人，房屋两侧各生一株连理木。

徐州市铜山区利国镇汉墓出土中室北面西立柱为龙凤呈祥图（图7-17），浅浮雕。画面上部有三龙嬉戏，其下两只凤鸟并颈交喙，底部为一长尾大冠的凤鸟挥动双翼，羽翼丰满，形态生动。

图7-17 龙凤呈祥图[①]　　　　　图7-18 侍者献食图[②]

徐州九女墩汉画像石墓出土的墓门东扉为侍者献食图（图7-18）。画分为两层，上层主要刻手持鲜果的"羽人"戏凤，空白处饰有瑞草祥云、飞鸟行龙等。下层左刻两位侍者双手捧果盘献食，右刻铺首衔环。前侍者脸部刻画特别，刻有两只眼睛和两只鼻子，正面与否全由观者自行揣摩。图中凤凰羽翼华丽飘逸，长尾呈流线型，颇具细节。

同是九女墩汉画像石墓出土的犀牛争鼎图（图7-19），画分两层，下层刻车马出行，上层正中刻有玉兔守鼎，鼎内或有仙药，两只带翼的犀牛虎视眈眈，

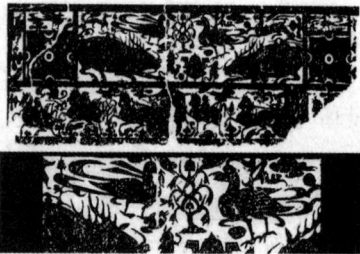

图7-19 犀牛争鼎图[③]

---

① 武利华.徐州汉画像石[M]北京：线装书局，2001：30.

② 武利华.徐州汉画像石[M]北京：线装书局，2001：39.

③ 武利华.徐州汉画像石[M]北京：线装书局，2001：42.

欲要抢夺仙药，玉兔奋力反搏。图上部刻一"九穗禾"，两侧有一凤一凰，左上角刻一九尾狐，右上角刻一麒麟。画面左右还刻有一组祥瑞符号。祥瑞符号由中间的圆日与四边的半月组成，名叫日月合璧，汉代的日月合璧又名日月同辉，是吉祥的标志。整幅画面由各类祥瑞元素堆砌而成，充斥着浓郁的吉祥气息。画中图像设计精美，线条是九女墩墓一如既往的流畅飘逸之风。图中凤凰线条纤丽刚劲，画面生动绚丽，带有一种浪漫奇幻、激越飞扬的风格。其装饰意味之浓重，展现了汉画像石雕刻技法的日趋成熟。

邳州市陆井乡庞口村汉墓出土的六博图（图7-20），浅浮雕。画面中间刻一房屋，垂脊上立一对凤鸟。屋内置长榻，榻上放博局和箸秤，二人正在紧张对博。屋外右侧停有一车，左侧刻一儿童坐在杌子上逗牛。汉代通行跪坐，箕踞和垂足坐视为无理，因而垂足坐极少。此图出现的杌子，在汉画像石中较为少见。画面整体所表现的，或许并非是对现实生活场景的记录，而是对一种理想的自由人生的描绘，近似于对墓主升仙后的仙界日常的想象。图上双凤昂首翘尾，展翅欲飞，画面刻画精细，富有情节式的装饰意味。

图7-20 六博图[①]

铜山区王山散存墓室门楣石刻的龙凤图（图7-21），浅浮雕。画面为半圆形，分二格：上格中间刻长青树，树两侧有一凤一凰相对而翔，空白处饰有几只小瑞鸟；下格刻二龙穿璧。边饰幔纹。下刻枢窝，以转门轴。龙凤与长青树同现有镇墓辟邪的祥瑞之意，而凤凰、二龙穿璧的组合代表了阴阳属性的交合，图像位于墓门上，或是出于墓室空间阴阳平衡的考虑，或有寄托对美好爱情的祈愿。

凤是传说中的神鸟与瑞鸟，有"凤凰"之名。传说凤居于丹穴之山，其形如鸡，身披五彩，鸣声高亢，舞姿翩跹。一说"凤凰"为单独的一种神兽，又有一说"凤凰"为两种神兽的并称，雄为凤，雌为凰，今已无从考证。但因中国凤崇拜的历史相当久远，"凤凰"可以说已经成了某种独立的神圣符号。早在新石器时期就有与凤十分相似的纹样，其后的甲骨文中也有"凤"字，陕西岐山凤雏村的西周时期宫室建筑遗址中出土的甲骨上，便刻有"凤""已（祀）凤""鹏（凤）见出""凤佑"等字样。[②]凤为羽虫之长，

① 武利华. 徐州汉画像石 [M] 北京：线装书局，2001：22.
② 王小盾. 中国早期思想与符号研究：关于四神起源及其系形成 [M]. 上海：上海人民出版社，2008：539.

与作为鳞虫之长的"四灵"之一的龙一同构筑了中国的龙凤文化。凤的形象为多种动物形象的拆分、重组、复合：凤有鸿雁的前身与麒麟的后身，其颈如蛇，其尾如鱼，额似鹳雀，腮似鸳鸯，龙纹虎背，下颌如燕，喙如鸡，五色齐备。正如郭沫若所说："凡图形文字之作鸟兽虫鱼之形者必系古代民族之图腾或其孑遗，其非鸟兽虫鱼之形者乃图腾之转变，盖已有相当进展之文化，而脱去原始畛域者之族徽也。"[①] 凤的形象所继承的是从远古图腾崇拜发展而来的深厚信仰，是先人从对自然客观事物的主观判断到精神需求层面的升华。

徐州汉画像石中的凤形象多于建筑人物图中出现并立于建筑上，此类图多是对现实场景或对墓主人想象中仙界生活的描绘，表达天降祥瑞或渴求升仙之意。凤也多与龙同时出现，表示祥瑞。凤形象常与诸多奇珍异兽同现，是对仙界场景的表达，意在渴求升仙。凤的姿态则多为交颈、交喙，或与连理树同现，有渴求夫妻感情美满的祥瑞之意。徐州汉画像石中的凤图像是古代徐州人通过汉画像石寄托美好愿望的载体，在对其形象的刻画上，相对其他神兽都更具流动性与飘逸性。

图7-21 龙凤图[②]

---

① 郭沫若. 殷彝中图形文字之一解 [M]// 殷周青铜器铭文研究. 北京：科学出版社，1961：10.

② 武利华. 徐州汉画像石 [M] 北京：线装书局，2001：135.

第八章　徐州汉画像石中民俗文化的
传承与创新

历史表明，只有具有生命力的文化才会绵延不断，只有优秀的文化才会吸引着人们去探索它、研究它、认识它。我国自古就有以史为鉴、古为今用的优良传统，汉文化艺术研究对于今天来讲同样具有重要的现实意义。徐州是我国汉代文化的集萃之地，有着非常丰富的文化遗存。单就墓葬而言，它集中体现了中国汉代最优秀的造墓工艺，墓葬数量之多、品类之齐全、规模之宏大，令人叹为观止。汉代徐州不仅在陵墓构筑、汉画像石等方面取得了巨大成就，而且在制玉、陶艺等行业也产生了深远的影响，无疑对徐州地区经济、文化的发展，发挥了重要作用。因此，在科学技术迅速发展，现代化的通信、交通工具、计算机、人造卫星等高科技纷至沓来的时候，让我们了解中国传统文化，了解古代劳动人民在自然科学方面对社会的发展和世界的文明做出的巨大贡献，对其民俗文化传统传承并创新，无疑会激发我们建设社会主义、现代化强国的热情和干劲，为我们走向世界，走向未来服务。

本章在前文研究的基础上，结合时代发展，探讨徐州汉画像石民俗文化的传承与创新，主要从徐州汉画像石图像艺术的数字化设计与实现、徐州汉画像艺术在文创产品中的开发、徐州汉画像艺术在城市公共空间中的应用与创新、徐州汉画像石资源在当地高校艺术设计教学中的价值体现等四个方面展开论述。

一、徐州汉画像石图像的数字化设计与实现

当今是数字媒体时代，也是科技与艺术紧密结合的时代。汉画像石文化不仅具备完美的艺术表现形式，而且包含丰富多彩的故事。当前，针对传统文化，运用现代信息技术开发相应的数字化产品已得到普遍应用，并出现了敦煌艺术的数字化呈现、故宫博物院文化资产的数字化应用等诸多成功案例。数字化呈现不仅有利于对汉画像石文化的保护，而且有利于对汉画像石文化的推广。

当前的美术与设计领域，日趋成熟的数字媒体技术将我们带入了计算机图形学的全新时代。针对汉画像石装饰图像，通过数字化整理和搜集，不仅弘扬了博大精深的汉代

文化，而且将数字化的汉画像石图像应用到实际的设计中，结合文字和构图的设计，编排出符合现代审美需要的装饰设计艺术作品。

（一）徐州地区汉画像石数字资源库建设的意义

汉代画像石和石刻作为中国文化的典型代表，是中国古代灿烂文明的菁华。徐州地区地处汉文化的中心地带，苏鲁豫皖在此交界，有着浓厚的历史文化积淀，尤其以汉代文化特征最为突出。根据现有的历史资料显示，徐州地区的汉画像石在西汉末年兴起，东汉中后期最盛，魏晋时代逐渐没落。中华人民共和国成立后，随着考古工作者对画像石挖掘工作的推进，徐州及周边地区的茅村、苗山、利国、柳新、汉王等地相继有所发现，尤其在张圩、九女墩，燕子埠、占城，瓦窑、栖山等地发现并挖掘了一批汉画像石。目前，徐州地区保存着一千余块汉代画像石和石刻，其中大部分是徐州云龙湖东岸的汉画像石艺术馆收藏的。

现阶段的数字技术方兴未艾，传统艺术与现代技术的交叉融合势在必行，数字化处理既能客观全面地保存汉画像石的原始资料，又通过数字化的数据统筹和分类，更加快捷地为研究人员提供各个方面资料。对于设计专业来讲，其图像化的内容更易于结合数字处理图像软件来实现工作人员的设计意图，因此汉画像石的数字化处理与装饰设计相结合，有着特殊的存在意义：一方面既可以弘扬传统文化，探究汉画像石在考古学、建筑学、图像学等方面的学科跨界与交融，另一方面，新的创意设计思维在设计实践的过程中得以拓展，以数字技术为核心的新媒体艺术深入现代装饰艺术表现的各个领域之中，可视化的视觉传达使得汉画像石艺术焕发出新的生命。

（二）徐州汉画像石图像的数字化设计

随着人们生活水平的日益提升，对于审美的消费需求也随之提高，在数字化的大背景下，装饰艺术借助数字媒体技术手段，装饰工艺、造型、色彩、图案等方面的产业化得到了极大的发展。其包含的内容繁多，人和环境，以及花样繁多的商品通过设计，在实用性的基础之上，增加了视觉美感。在包装、服饰、首饰、工业产品、环境景观的设计中都离不开装饰艺术，而装饰艺术受到地域文化、生活习俗、历史传承等方面影响，展现出不同的面貌与风格，民族文化语境下的设计元素被广泛应用到装饰设计中，数字技术拓展了艺术效果的丰富性和多元化。

1. 多元化的图像设计形态

装饰艺术的发展和变化与社会的发展密切相关。从纵向看，不同时期的政治、经济、文化、宗教信仰、工艺水准等方面对现代数字化设计的发展产生了深远的影响，在审美取向、艺术性和装饰性上受到民族风情、地域环境和气候因素的多重影响。不同民族和不同地区的饰品呈现出不同的样式和内容。我们可以在少数民族的服装和配饰中找到明显的例证，服装是反映民族特征的重要装饰形式，包含了其民族特定的风俗习惯和宗教信仰。例如我国云南地区的苗族银饰和服装在造型、图案、用料、配比选材及形式等各方面都体现出其民族特有的风俗习惯和文化特征。

当代装饰艺术设计产品加入了更多的视觉化元素，尤其是带有企业标识性的Logo或图像、商标、广告语、装饰造型、卡通形象，以及具有代表性的图案、色彩等，强化了品牌的辨识度。

2.广泛的设计题材

现有的徐州汉画像石装饰图案有广泛的题材内容，包括社会生活、历史故事、神话、传说等，从多种维度展现了当时的生活场景及信仰、哲学思想、审美意识。其题材既有注重现实的车马、人物和动物，又有非现实的神话、祥瑞和巫术题材，还有一些纯粹的装饰纹样。

（1）现实题材

汉代的平民文化得到充分的发展，人们更加关注自身的现实生活，例如徐州出土的表现男耕女织的牛耕图和纺织图，反映了农耕文化的社会生产情况。其中，睢宁县双沟镇出土的牛耕图，图像分为上中下三层：上层是云车华盖，中层是几组人物相对而立，或作揖手状，下层刻人驾牛耕、挑水植苗图像，旁停一辆车，车上有鸟暂歇，车旁还卧一只狗。牛耕图如实反映了当时徐州地区的牛耕场景，把农业生产的情景刻画得栩栩如生、惟妙惟肖。

此外，如车马出行图表现了墓主人的身份地位，建筑作坊图反映了当时的建筑和财富，"庖厨图""乐舞图""百戏图"等则表现了娱乐生活中享乐的一面。

（2）神谶题材

汉画像石体现了那个时代人们的人生观、世界观，受到了文化传统、思想观念等因素的共同影响。徐州汉画像石描绘了表示吉祥寓意的神仙、祥瑞、图腾，如"伏羲女娲图""月宫图""东王公西王母图""四神图"等。汉代既有信奉"黄老之说"的道教思想因素，也有新儒学"天人感应论"以及"谶纬神学"的神秘主义色彩，因此阴阳五行、鬼怪传奇、历史逸事等题材层出不穷。在"以孝治天下"的社会环境下，对先祖和神灵的崇拜，催生出一系列充满浪漫主义的汉画像石作品，凭借丰富的想象，呈现出瑰丽宏伟的奇幻境界。

徐州汉画像石中刻画了道教仙家们的故事，有神仙方术、修行吐纳、羽化登仙，还有一些神异兽怪、道家长生升仙的概念，与原始巫术交织在一起。

汉画像石中西王母的形象常出现。西王母是当时最受崇拜的神灵，人们崇拜西王母，乞求她能庇佑人间，辟邪驱灾。伏羲、女娲是中国远古神话中的神，二神往往同时成对出现，代表阴阳两极，天阳地阴造化万物，创造了宇宙世界，也是人的创造者。类似题材在徐州汉画像石中大量出现，伏羲、女娲常常缠绕在一起，代表子嗣绵延。

两汉文化中的"谶纬神学"是借儒家经典而演变的思想，把经学神学化。"谶纬之说"往往借助实际物品来表达"君权神授""受命于天"，汉画像石中的神兽和祥瑞图像恰恰能说明这一点，例如，"羽人"、九头兽、九尾狐、翼虎、麒麟、三足乌、摇钱树等，再现了汉代人受到"谶纬之说"的影响。

（三）徐州汉画像石数字化图像设计的装饰应用

汉画像石艺术源于汉代先民的生活，虽然受到客观条件的限制，但他们的表现手段不仅可以尽可能地忠实于物象本身，此外，主题通过夸张、变形得以突出。我们从徐州汉画像石所绘制的场景中可见一斑，例如汉代建筑、车马、烹饪、纺织等，这些为汉画像石数字图像设计提供了大量的造型形式。

1. 汉画像石图像设计的视觉化语言

汉画像石的艺术表现力给人以震撼，一方面是其反映了汉代生活的方方面面，内容翔实丰富，另外一个重要的方面是其瑰丽多变的视觉化语言，在造型和构图上，普遍采用夸张和变形的表现手法。例如，在徐州出土的汉画像石中，有"铺首衔环"造型。"铺首"利用的即是夸张变形手法，图中的兽面纹源于青铜器上的饕餮纹饰，方法上简单而有力量，粗犷的线条与形象浑然一体；在处理兽面眼部时，加强了眼珠和眼眶的对比关系。这些图式纹样往往刻于墓门之上，有镇邪辟凶的寓意，按照"有意味的形式"的美学角度，这是一种狞厉之美，这种狞厉美不乏庄重古拙，又具有其形式所代表的意味之美。

2. 数字化汉画像石"线"的应用与装饰主题设计

线条作为中国传统绘画造型主要的手段和方法，在绘画和书法领域已相当成熟，其渊源可以上溯至远古，而汉代是以"线"造型的重要发展阶段。汉画像石艺术把绘画中的用线方式与石刻相结合，同样，我们看到在如今遗存的壁画、漆画和帛画上，"线"的表现比比皆是。汉画像石在雕刻技法上层次分明，"阴线刻""浅浮雕"技法具有不同的艺术效果，既具有绘画性，又有浮雕般的立体感，装饰也由线条勾勒造型。从徐州汉画像石细致入微的雕刻中我们不难看出，在驾驭宏大场面的同时，又对具体形象有着生动的刻画。

汉代画像石的装饰主体形象有写实、夸张、线刻等特点，从动物种类上看，虎、羊、鹿等形姿体态基本上是写实的，而一些根据神话想象的造像，具有超自然的属性，往往是几种动物的集合体。神怪的形象造型千奇百怪，视觉冲击力非常强烈。

以徐州汉画像石兽类题材的图案数字化设计为例。以百兽为主题的图案数字化图像设计，其意图为两个部分，一部分是以动物、神兽纹样为主要元素，另一部分是以卷草纹和云纹为主要元素。

神兽造型包括青龙、白虎、朱雀、玄武、鹿、熊、凤、鸟等，涵盖了最常见的画像石动物。在数字化图像设计中，保留原有外轮廓的整体造型和大的动态，汉画像石的肌理效果在一定程度上适当减弱，增加细节和质感，整体更立体。在使用数字绘制图案造型时，根据现代的审美要求，适时地加入设计的元素。以龙纹为例，在数字化设计中，针对有翼的龙纹，在其羽翼上丰富了细节和纹理的刻画，使用几何图形、波浪纹、刻线等纹饰进行装饰,无论是有翼或无翼的龙纹,在龙的身体部分填充鳞片细节,使之不再空洞,弥补了剪影式造型的短板,更加生动,富有节奏。虎的造型设计思路与龙基本一致,尤其是翼虎的设计,将翅膀做重新设计,细化肌理,使之更有装饰趣味。虎皮的纹饰增加了波浪线和圆点。

此外,诸如神鹿、朱雀、凤鸟等神兽的纹样,皆以原有造型为蓝本,通过删减和补充装饰性元素,并结合现代的审美特征,进行装饰造型的再设计,使原本庄严厚重、朴素无华的汉画像石装饰图案重新被赋予了新的生命力。

3.汉画像石数字图像在纺织面料上的装饰应用

纺织布匹的面料纹路、质感、光泽度、手感、弹性、舒适度都影响着成衣的质量和品位。就汉画像石数字图像而言,纹样造型和色彩的搭配既要复古,又要有时代感的气息。卷草纹和云纹在图案上的使用非常广泛,这类图案都具有美好寓意,作为装饰性元素成为背景或边饰,衬托主体纹样。这些纹饰勾连起不同造型、姿态各异的汉画像石,在汉画像石图案中起到纽带的作用。云纹图案盘绕连环,并和卷草纹交织在一起,以满足视觉上的丰富感。在数字化设计中可以尝试重组其结构,使云纹、卷草纹适应现代装饰艺术的审美风尚。

在主体轮廓中,基本形式保留原始特征,调整细节。例如在鸟纹图案拓片中高度简洁概括的外形,以几何形代替身体和羽翼,外轮廓造型类似剪影,其间以曲线纹、点纹、半圆纹、短线纹、三角纹作为装饰。条纹简化为曲线,身体部分点状装饰。作为主体图案,花卉图案采用对称样式,分布在整幅图的四周,加以星状纹饰点缀,丰富了细节,使得画面有疏密节奏,边框设计要简洁,衬托主题图案,使视觉更加集中。

汉画像石的数字化处理也可以结合手绘加扫描的方法进行设计。颜料的本身具有多种质感,手绘的肌理具有其特殊的美感,再利用数码扫描仪转化为数字图像。对于颜色,数字印刷和颜色混合是数码喷绘工艺的优势。数码喷绘可满足各种尺寸、材质、配色、纹样的要求,为个性化需求而设计,通过提高图像分辨率,图像更加清晰逼真,并用数码喷绘技术完成设计。

总之,在数字化图像设计过程中,把装饰性与实用性结合,民族传统与现代工艺结合,使数字化图像应用在装饰艺术设计领域更加多元。徐州的汉画像石艺术不仅反映了汉代的社会人文形态,同时还呈现出瑰丽奇幻的神话世界,从视觉文化角度去研究和应用汉画像石艺术,其悠久的文化生命力为装饰艺术设计提供了源源不断的设计思维和创作灵感。

二、徐州汉画像石图像在文创产品中的开发

结合徐州汉画像石的特点，创作兼具实用和审美价值的产品，把文化的传承引入人们的日常生活中，让人们在游览完汉画像石馆之后还能购买特色文创产品，延续对文化的体验性，有利于观者对汉文化的长期学习和传承。

徐州汉画像石艺术馆中目前的文创产品基本上是汉画像石原作的拓印作品以及与汉画像石相关的书籍和影像资料，较为单一的作品形式禁锢了汉文化传播的其他途径和方式，而且这些产品销售价格较高，很少有游客购买。基于此，对徐州汉画像石图像应进行再设计，创作出具有文化内涵的产品，在设计文创产品的同时还要创立一个对应的品牌。品牌是一种形象，也是一种文化，品牌化的使用对徐州汉画像石文创产品的开发是一种保护，对汉文化传播更能起到强化作用。文化品牌的建立不仅可以向观众传递一种承诺，更重要的是观者在有类似需求的第一时间，能联想到这个品牌和徐州汉画像石。

（一）运用文化探寻法寻找设计元素

在寻找设计元素的过程中，文化探寻法起到了很好的启发作用。文化探寻是一种探索性研究方法，提供了设计的可能性。徐州汉画像艺术的表现形式和造型审美是值得我们研究的，它展现了汉代的人文精神。对徐州汉画像石创新设计的方法进行探究和总结，能为现代艺术设计研究提供一些启示和研究思路。汉代人在设计汉画像石图像时从不同的视觉角度对画面进行刻画，图像造型多变，形式感强，这些艺术的表现方法在当代的设计创作中也有一定的参考价值。

1.典型树木元素

徐州汉画像石中的植物图像数量不是最多，但精练又经典，造型简洁优美。汉代人将生活中所见的树与花草赋予神性，并将其夸张化，有些植物图案比画面中的人物及牛马等动物都高大。这种造型表现方式是表达他们情感的方式，也将为数不多的植物种类和植物形象完美地展现出来。徐州汉画像石中较为常见的是汉人对长青树的刻画，几乎每一块画像石上的长青树形象都不一样，汉人赋予了它期待和盼望，以及对长生的追求。灵芝这类植物代表了当时人们对植物的崇拜和对升天后神草的敬畏。通过对汉画像石中长青树、灵芝草、"九穗禾"等图像的提取，进行简化或变形来确立基本的设计元素，植物的主色调选择富有生命力的绿色，通过设计审美法则把这些图像运用到明信片、包装袋、笔记本及笔筒等产品上，让文创产品能够在生活中使用。图 8-1 至图 8-4 是徐州汉画像艺术图像中植物图像的资料图片，图 8-5 是对植物元素提取的部分设计草图，在原有的画面基础上，凝练了线条和主体部分，使其可以更好地融入现代化的文创产品设计中。

图8-1 弋鸟捕鱼图局部　　　图8-2 犀牛争鼎图局部

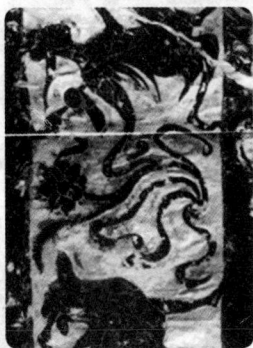

图8-3 羽人点灯图局部　　　图8-4 凤鸟门吏

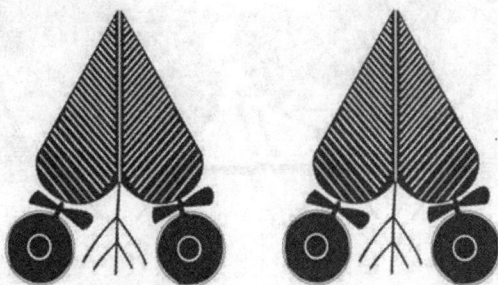

图8-5 长青树草图

2. 以四神纹为代表的动物元素

徐州汉画像中的动物图像可谓是五彩纷呈：上到天上飞的各种姿态的神鸟和龙凤，中至屋脊、柱子上的猴子，再到地面上的牛、马、象、鹿，下及水中的鱼类，简直就是一部生动的动物集锦。而在这么丰富的图像中，"四神"、龙凤及马等都是认知度较高的。在设计时，应选择汉代较常见的"四神"，即青龙、白虎、朱雀、玄武作为设计的主要元素。徐州汉画像石中的凤鸟图像不仅多而且形式不一，设计中也对凤鸟元素进行了提取，运用到冰箱贴、宣传册及海报中。睢宁出土的东汉画像石"羽人戏鹿"（图8-6）中鹿的形象完整活泼，且具有神话色彩，线条及块面的展现也是丰富多变。在对鹿的形象进行减法处理后，手绘出初步的设计草图，再通过变形、重组，运用软件设计出钱包、挂件及富有意义的可邮寄明信片。图 8-6 至图 8-9 是选取的部分动物图片资料。

图 8-6 羽人戏鹿

图 8-7 车马图1

图8-8 车马图2

图8-9 青龙

3. 以阙檐为主的建筑元素

汉代建筑在中国建筑史上可谓是转折点，也为中国特色传统建筑风格奠定了基础。从汉代遗存的画像砖、壁画等表现出的民居形态来看，当时不仅出现了大、中、小住宅，还有坞堡、塔楼、畜栏、厕所、亭榭、水井等多种附属建筑形式。建筑部件更是丰富多样，包括屋顶、门窗、斗拱、勾栏、踏跺、门楼、墙垣、角楼等。房屋的木构架出现了抬梁式、穿斗式、井干式等结构形式，砖墙和反翘的屋檐也开始在民居建筑中得到应用。事实上，中国古代各种类型的民居在汉代已基本出现，有些一直沿用至今。汉画像石中的建筑图像为后世研究中国传统建筑留下了极为关键的具象信息。我国传统建筑的抬梁和穿斗两大结构体系在西汉已日趋成熟，斗拱和木结构的建筑特点也凸显，瓦当在汉代也是广为流行的建筑构件。徐州汉画像石中的建筑特点突出，也比较统一，阙檐平直，架构清晰。在提取建筑图像时，保留了平直的阙檐、斗拱结构、反翘的屋檐等结构特色，再将这些设计元素运用到建筑系列的文创产品设计中，增加汉文化及汉代建筑知识的学习附加性，在潜移默化中感受中国汉文化的魅力。图 8-10 至图 8-13 中的建筑特色刻画清晰，对汉代建筑的多角度描绘十分丰富。

图8-10　建筑人物

图8-11　建筑六博

图8-12　建筑图 1

图8-13　建筑图 2

4. 神话人物元素

徐州汉画像石中对西王母、东王公和伏羲、女娲等神话人物的描绘细致多变。西王母在汉画像艺术中的地位是最高的。西王母主宰生死刑罚，住在昆仑山。人死后可以在后人的祭祀中升入神仙的世界。这一部分内容与秦汉道家及道教密切相关。[①] 对神话人物的提取也是人物设计环节中的重要部分，其中对西王母图像和伏羲女娲交尾图像进行了提取。徐州汉画像石图像中较有特色和代表性的还有迎宾宴饮图、牛耕图、纺织图、力士图等，这些图像石中对人物形象的描绘甚是丰富。每种状态下的人物描摹都各不相同，惟妙惟肖。人物"六博"在徐州汉画像中出现的频率较高，因为"六博"是汉代最为流行的休闲娱乐活动，基本上在茶余饭后人们就会两两对弈，这更加表现了汉代人的生活状况和安稳的社会环境。徐州汉画像中展现的汉代人生活的捕鱼、烧烤、庖厨、宴饮、奏乐等画面，使人身临其境。

（二）表达文化内涵的抽象设计

1. 文化符号的应用

徐州汉画像中有双鱼、牛、羊、马等动物形象，以及植物、建筑、人物、车马的形象，这些图像是我们熟知的，也是能够快速接受的形象。还可以将其进行抽象化设计，把文化符号应用在设计中，传递文化意蕴。在设计时，利用祈福纳祥的祥云、双鱼、瑞兽等美好期盼的寓意及耕种、纺织等对现实生活描述的符号，提取这些富有文化内涵的典型符号，通过匹配的产品载体，进行文创产品的系列化设计。还要把认知度高的文化符号图像通过抽象化提取引入其中，让产品悄无声息地传递文化意义，使人们见到产品就能够联想到图像的文化性，增强人们对文化的感知和对文化符号的认识与接纳。

2. 文化意蕴的表达

在抽象的基础上，给产品赋予特殊的文化内涵表达功能。在这一阶段的设计中，主要结合汉代的民俗特征、诗词歌赋或徐州当地的地域文化特色，使其文化意义通过文创产品表达，在创意思维上有较高的设计价值体现。在设计文创产品时，要突出主题，抓住消费者的眼球，否则，过于抽象就会失去主题，失去传播的机会。在对图像外形精确把握的基础上，不拘泥于原始图像，主要结合汉文化，把图形寓于文化中，将文化寓意通过文创产品展现出来，达到抽象设计表达文化内涵的目的。

（三）徐州汉画像艺术创新设计的方法

从产品最终形态来看，文化创意产品包含两个相互依存的部分：文化创意内容与硬件载体。[②] 文化创意内容是文创产品的核心，设计创意是文化创意内容的中心。因此，有好的设计创意才是文创产品生存的硬道理。但光有设计和内容也是不行的，必须依附具体的硬件设施而存在，硬件的选取也是文创产品定位的关键。在对徐州汉画像石文创

① 朱存明. 图像生存：汉画像田野考察散记 [M]. 南宁：广西人民出版社，2007:03.

② 阮可，郭怡. 文化创意产业管理学 [M]. 北京：中国传媒大学出版社，2013:121.

产品进行设计的过程中，应采用价值机会分析方法以及融合法、转化法的设计方法。

1.价值机会分析

价值机会分析方法可以用来确定产品及其在使用或服务中的理想属性。产品的属性被我们用"价值"来界定其和改善生活品质之间的关系，它可以帮助我们确定怎样的产品才是符合我们要求的优质产品。在使用此方法时，要从多方面考虑，比如文化价值、实用价值。

（1）文化价值

爱德华·伯内特·泰勒（Edward Burnett Tylor）认为：文化是复杂的整体，包括知识、信仰、艺术、道德、法律、风俗以及其他作为社会一分子所习得的任何才能与习惯，是人类为使自己适应其环境和改善其生活方式的努力的总成绩。[①] 我们在生活中也在有形或无形地传播着文化，因此在对汉画像石提取图像的过程中要注重汉文化的实际性和可传播性，这样才能使我们的设计具有现实意义。设计中融入文化，再由设计创意定位设计的风格和品位，这样的设计才能改变我们的生活，改变我们对文化的片面理解。因此，设计文创产品首先要确定文化价值在设计中的重要性。选取汉画像石图像，要注重筛选文化意义深刻的图像，最好同时也具有独特的地方性色彩，兼具两者，再将其应用到产品上，那么它的文化价值就可以展现得淋漓尽致。汉画像石的内容题材丰富，可以选取其中的神话故事、生活场景或祈福避难等图像作为文化要素设计的重点，这样既可以让设计内容丰富，还可以使文化传播生动形象。

（2）实用价值

实用是产品最基本的性能，文创产品设计中最基础的部分就是实用，因此，实用价值也是消费者在购买文创产品时首先考虑的因素。任何一件产品之所以被生产出来，都是被赋予了实用功能的，除此之外还包括审美功能、认知功能、教育功能和传播功能这几点。美学在产品的使用上扮演着重要角色，美好的设计产品从视觉上更吸引人，更容易让人接受，而且使用率高。美的设计更容易给人带来积极的情绪，也可以让消费者较容易地接受产品的瑕疵。当代社会出现了"颜值控"的群体，那么文创产品的审美要素也很关键。审美，要求产品能给人带来赏心悦目的直观视觉感受，还要能够让消费者愿意长久地保留或使用该产品。在设计产品时，设计师纠结最多的可能就是实用功能和审美功能哪个更重要。其实审美和实用相辅相成，它不是孤立存在的。在创新设计时不仅可以给予设计产品实用价值，也可以通过外观的改进赋予其审美功能。在设计过程中，要选取富有美感的图像，通过设计加强其造型的独特之处，传递特有的汉文化，更可以通过产品实现认知、教育和传播的功能。这样的产品才是可以占据市场的好产品。

2.相关设计方法

在利用价值机会分析法的基础上，还运用了其他相关设计方法。应用方式多种多样，

---

① 转引自高辉，曾微隐.中国文化百科知识[M].长春：吉林人民出版社，2012:1.

有些方式不适用于文创产品，有些方式不适用于传统的汉画像石创新，所以在选择方式的时候一定要扬长避短，切不可生搬硬套，那样的产品既达不到基本的实用功能，也不能传播文化，甚至出现传播歧义。在运用设计方法时，要注意造型表现、色彩运用、工艺手法和材质选取等方面，这都是文创产品的重要部分。设计赋予文创产品适当的造型、精彩的色彩、精炼的工艺和独特的材质，那么产品就成功了一半。

（1）融合法

融合法，即在设计过程中将提取的元素融合在同一"画面"里。在设计产品时要注意把控产品自身的性能和造型外观的自然结合，不能生硬地将两种元素嫁接在一起。嫁接的最高境界就是融合，但是一定要避免非同类型图像相加或生搬硬套，否则设计的作品就是失败的，没有意义的。融合两者或者更多元素的时候要顺其自然地将它们的共性融合，加入多重文化思想，让创意设计的内涵充实起来。台北故宫博物院文创产品"小乾隆"（图8-14），通过拟人化的造型，成功地把壶、杯、印章融为一体。壶身纹饰取自"清乾隆窑粉红锦地番莲碗"，采用了素彩色釉的工艺；茶杯盖以乾隆皇帝御用清凉绒缨朝冠一顶为原型，卡通化地还原了乾隆的形象；壶底印章"古稀天子"（图8-15）取自乾隆皇帝御印并重新绘制，寓有天恩会泽、长命高寿之意。

图8-14 台北故宫博
物院文创产品"小乾隆"

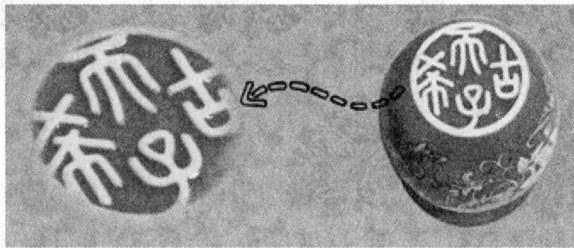

图8-15 台北故宫博物院文创产品"小乾隆"

（2）转化法

顾名思义，就是将原有的元素通过转化而形成新的物像。转化法也是文创产品设计中常用的方法。在设计图像的过程中，可以选取代表性的图案，通过设计的加减法，或者形象的重新塑造转化成新的形象。这是很好的创新方法，也是较有效的方式，进而设计出不偏离主体的作品，运用到文创产品上。故宫博物院文创产品"岁朝行乐图"纸雕灯（图8-16）是选取《乾隆帝岁朝行乐图》中的一部分进行设计的。《乾隆帝岁朝行乐图》是清朝乾隆年间由丁观鹏、郎世宁等绘，画纵305厘米，横206厘米。纸雕灯的设计是通过对画面中人物风景等元素做出减少、增加及位置移动的画面调整，转化成纸雕灯图像的模板，再使用激光雕刻而成的。

图 8-16　故宫博物院文创产品"岁朝行乐图"纸雕灯

（四）徐州汉画像石文创产品设计实践

1. 产品材料及工艺选择

（1）产品材料选择

材料的选取是决定产品使用范围的重要因素，也是给观者带来视觉和触觉统感的直接因素。现在徐州汉画像石艺术馆中所选用的纸质产品和布制商品的材料范畴比较狭隘，因此在进行设计创新时一定要拓宽材料选择的范畴，增加木制品、塑料制品、陶瓷制品、水晶制品和金属制品等，这样丰富的材质能让文创产品的种类更丰富，材料更丰富，进而将产品融入多种生活场域中。

（2）产品工艺选择

文创产品的工艺选择决定了文创产品的品位高度。笔者在调查徐州汉画像石艺术馆的文创产品销售区域时，发现当下销售产品不仅类型少，而且工艺较为单一，基本停留在宣纸拓印层面。虽然说汉画像石的拓印是保存画像和研究汉文化的方式之一，但是销售区产品类型少，无法激起消费者的购买欲。所以，在工艺的选择上，可以保留拓印，还要更多地发掘新的工艺形式，如激光雕刻和在陶瓷上雕刻等，还可以借用剪纸、编织等工艺效果制作产品，并能够利用同一种工艺形式制作多种产品，以便满足不同消费者对产品工艺以外的其他需求。

2. 产品造型设计及色彩选取

（1）产品造型设计

造型设计是产品美观度的直接表现，也是产品艺术化的本质传递。产品的造型设计决定着产品的形式美感和舒适度，也是文创产品设计中的重要环节。在创新设计前，要斟酌设计图像的造型美，设计的产品要符合审美要求和人的生理尺度，能够让产品在生产之后得到消费者长时间的使用或珍藏。汉画像石中的植物、车马等图像本身造型感强烈，设计之时，要加入精致生活化的理念，让每一个作品从外形上既可以拥有直观的辨识度，又可以在触摸或使用过程中有更多细节的享受。

（2）产品色彩选取

色彩所起到的作用是深层次的，它根植于人们日常经验的最底层，无处不在，极其重要，但同时又易于被忽视。社会群体长期的审美经验积淀，赋予色彩一定的感情内涵，例如蓝色有深沉、稳重之意，红色象征激情。[①]色彩是我们生活中不可缺少的视觉乐趣，产品的色彩也是较能吸引消费者注意力的元素。在色彩的选择上，可以选择近两年的流行色和"撞色"。鲜亮的色彩是让传统文化活起来的一种有效形式，也是避免效果单调的方法。在徐州汉画像艺术宣传海报设计的颜色选择上，应选用较有中国代表性的蓝、红、绿、黄四个色系。图像元素应选用"青龙、白虎、朱雀、玄武"，这"四象"是在徐州汉画像中出现较多的动物形象，也被广泛运用到汉代建筑中的瓦当上，不仅代表威震四方，还代表星宿分布。徐州汉画像石中对植物的刻画也很精彩，虽然占据的篇幅不多，汉代人赋予其的意义和期盼却是浓厚的，植物象征汉代人对生命的尊重和崇拜。

3. 产品设计说明

以徐州汉画像艺术文创产品设计为例的创作中，一直延续着将传统融入当代的设计主线，选取最有代表性的徐州汉画像图像，尽量让其具有实用价值和审美价值。以传播汉文化为主，推进其教育价值。整个设计题材可以从植物、动物、建筑及人物等四个方面诠释，色彩鲜艳丰富，让具有传统固定标签的汉画像石也鲜活起来。设计产品可分为收藏纪念品、办公文具、生活用品和服装饰品等四组。设计的文创产品大都是生活中最常见的，这样也可以快速地让消费者接受购买这些产品。并且，整个的产品设计是系统的，不是孤立的，可以多方位地融入大众生活。

收藏纪念是大部分的参与者购买文创产品时关注的因素之一，所以印章、纪念册、明信片及书签的设计不可或缺。印章的设计既可以明确突出主题，还可以展现篆刻艺术，形式独特而且美观。收藏纪念册收录了徐州汉画像艺术创作的系列图像，富有文化意义和纪念价值。明信片可以作为徐州汉画像艺术图像符号的输出者，能够清晰明了地展现文化艺术的美和知识。利用植物、建筑、动物人物及纹样设计的明信片，体现了不同的风格，让明信片的展现形式丰富多彩。书签既包含了收藏纪念价值，又有实际的使用功能。纸质书签采用清新的绿色系，简约文艺。除纸质书签之外，还可以设计金属书签，其质地坚硬，风格复古，还可以作为尺子使用。

办公文具是文创产品不可小觑的部分，它们出现在人们生活中的频率极高，而且也是最能融入产品载体的设计。利用建筑元素设计的笔记本封面效果，简约大方，文艺中带有传统的韵味。利用徐州汉画像石边饰中的云纹设计的木质镂空直尺，不仅可以传播汉画像石中的云纹图形，使用者还可以描摹镂空部分的云纹轮廓，一举两得。镇纸的设计造型不拘泥于传统长条形状，还可以设计水晶半球形镇纸。水晶镇纸不仅工艺独特，而且图案美观，除了镇纸外，还可做装饰品。除了镇纸的设计，还有水晶笔筒，笔筒给人高品质的感觉，工艺精细，功能性强，传达着徐州汉画像艺术之美。

生活用品在我们的实际生活中使用频率最高，产品的设计要简约方便。手机壳几乎

---

① 彭德. 中华五色 [M]. 南京：江苏文艺出版社，2008：134.

是当下每个人都要使用的日常生活用品之一，起到保护手机和装饰手机的作用，价格实惠，是文创产品设计不容忽视的方向之一。黑白纹样的手机壳，简约的风格也是现在较为流行的一种。设计时可选用植物元素提取的树、汉画像石边式纹样中的水波纹，这些线描形式简洁、线条优美。莲纹手机壳设计是对徐州汉画像石中莲纹的提取。陶瓷制品也是当下文创产品制作较多的物品。陶瓷本身就是中国优秀的传统文化，与徐州汉画像石的结合可以一箭双雕，起到传播双重文化的功能。

服装饰品在文创产品的设计中也占有一定的地位。徽章是装饰品的一种，也可作纪念品。徽章的设计与制作也是文创产品创新的一种方式。徽章体积小，方便携带，可装扮衣服、钥匙扣等物品。塑料材质的徽章，颜色丰富多变，是运用创作中经典的图像设计的。丝巾的设计包括方巾和长方形围巾，选用绸缎材质，舒适顺滑，色调大方。包在文创产品的设计和制作中，成本适中，效果突出。帆布包的设计也是遵循实用为主的设计观念，使用空间大，色彩鲜亮。

三、徐州汉画像石图像在城市公共空间中的应用与创新

徐州汉画像石作为汉代文化最具代表性的艺术形式之一，其造型丰富多样，具有极高的艺术价值。从公共环境而言，江苏省徐州市设计建造了很多仿汉代的建筑和以汉代物质文化、精神文化为主题的城市公园，如徐州市博物馆、云龙区汉桥、古彭广场壁画等，其主要采用了具象的表现手法，很具体地沿用了画像石的一些表现手法。

（一）徐州汉画像石图像在城市公共空间中的应用

近 30 年来中国主流建筑文化在建筑地域特色方面的自觉追求，一直被认为是值得肯定的建筑取向，但也应该看到这种追求在更多的时候是形式主义的。这种自觉的追求更应以冷静、理智的态度关注建筑与所在地区的地域性关联，不仅自觉寻求与地域的自然环境、建筑环境的形式层面的结合，更注重与地域文化传统的特殊性及技术和艺术上的地方智慧的内在结合。虽然汉代画像石大多不作为室内陈设所用，但是其雄健浑厚、充满力度的艺术风格，既是汉代艺术的重要特征，也是中华民族艺术中最为精华的、最应弘扬的艺术风格。比较有代表性的是徐州博物馆建筑外墙的装饰浮雕。

徐州博物馆虽然不是重檐硕柱的汉代建筑样式，却拥有质朴浑厚的汉代建筑精神，加上正面两侧大面积地反映徐州两汉文化的浮雕，形成有间歇的带

图8-17 徐州博物馆外墙大面积浮雕

形装饰（图8-17），汉代的主题呼之欲出。这些雕饰丰富了建筑形象，积极地传达了城市的文化特色。在博物馆大厅主入口处（图8-18），运用复制的徐州铜山区出土的梯形梁刻石，于玻璃幕墙前方形成门的意象，梯形梁前后两面分别复制汉代画像石"力士图"及"神仙出游图"雕饰，形成视觉中心。

图8-18 徐州博物馆大厅主入口大门上的汉画像石力士图雕饰

徐州出土的汉画像石内容丰富，包罗万象，艺术手法多样。因画像石、画像砖具有鲜明的时代特征和装饰效果，故徐州现代建筑装饰中常以仿制的画像石、画像砖作为室内界面的装饰，如徐州汉画像石艺术馆的门厅复制了馆藏的一块画像石图像进行装饰（图8-19），徐州龟山汉墓博物馆出口处的墙面（图8-20），徐州汉源宾馆的大堂背景墙都是运用了这一装饰手法（图8-21）。

图8-19 徐州汉画像石艺术馆的门厅浮雕

图8-20 徐州龟山汉墓博物

图8-21 徐州汉源宾馆的大堂背景墙

1.建筑造型中大屋顶的应用

中国古代建筑在建筑形态上最显著的特征就是中国建筑所特有的大屋顶。一种建筑形态的形成，有多方面的因素，如材料、结构方式、建造技术、功能要求、审美趣味等，经过相当长时期的实践才会产生出一种较为固定的形态，古建筑的大屋顶也是这样。我们从两千年前的汉墓出土的明器上就可以看到当时房屋顶上的曲线，如徐州汉墓出土的陶楼（图8-22）硕大的屋顶经过曲面、曲线的处理，显得不那么沉重和笨拙，再加上一些装饰，这样的大屋顶甚至成了中国古代建筑富有情趣的一部分。从以后留存下来的唐、宋、元、明、清各个时代的建筑上，都可以见到这种曲面形的屋顶，从城市到乡间，从宫殿、陵墓、寺庙到住宅、民房上都是这样。

图8-22 徐州汉墓出土的明器陶楼

徐州博物馆设计上的点睛之笔就是用青铜材质的覆斗形"帽子"。覆斗形顶在反映室内大厅空间的功能形象的同时，亦表达了汉代之屋顶的抽象意象。其外表饰以青铜筒瓦形板，形成富有韵律的装饰，并减轻了视觉的厚重感。

2.阙的应用

汉代陵墓是保留至今的唯一一种汉代建筑类型。汉墓中出土了大量画像砖、画像石和明器，为我们提供了那个时代建筑的形象资料。画像砖、画像石上所描绘的生活场景，免不了出现各种建筑的形象。明器是一种陪葬器物模型，除墓主人所用的器具以外，也有建筑模型。从中我们可以看到那个时代的四合院、多层楼阁和单层房屋，各种屋顶、门窗以及它们的结构和装饰的形式。

位于墓道最前面的墓阙是一种标志性建筑，汉代的高颐阙（图8-23）、沈府君阙皆为石造，在阙身上都有雕刻装饰。"阙"是早期的宫门，根据文献记载，汉代的宫门形式仍然用"双阙"或者说双观的，宫门是十分雄伟的高观大阙。徐州现代建筑中有很多模仿汉阙的形式，如徐州龟山汉墓景区在汉阙原型的基础上创作的仿汉阙大门（图8-24）。

图8-23 汉代高颐阙

图8-24 徐州龟山汉墓景区大门的汉阙造型

徐州复兴南路跨古黄河汉桥就是采用两汉时期流行的仿汉阙建筑结构建造（图8-25），造型雄伟、气势磅礴，阙身无雕饰，阙顶上的柱、枋、斗拱、椽子、瓦等木建筑的构件设计简洁，对原汉阙造型进行了大胆创新，兼顾了功能与形式美，上能观望，下能过人，四角上挑，线条简练，几何纹饰装饰。此仿汉阙设计主要是借鉴徐州汉画像石图形中样式建造的。整座汉桥两侧共设计建造了四组汉阙，每一组汉阙均为子母阙连体建造。

图8-25 徐州复兴南路跨古黄河汉桥仿汉阙建筑

徐州汉文化景区（图8-26、8-27）利用汉阙和石柱作为建筑中重要的组成部分，起到了画龙点睛的效果，它体现了场所的文化内涵。

图8-26 徐州汉文化景区仿汉阙大门 　　图8-27 徐州汉文化景区景观照明灯柱的汉阙形式

　　汉阙建筑的价值，不仅在于其特殊的外在形式上，更重要的是由此而表达的丰富的"天人合一"的文化内涵。当代中国的建筑文化应当是民族的时代建筑文化的体现，是汉代建筑匠师创作的神韵——汉代精神。这种精神是一种宏阔开放的文化精神，是在时间纵轴上对优秀传统文化的继承和在空间坐标上对世界文明的借鉴。

　　3.斗拱的应用

　　古建筑中的斗拱象征了中华民族的神秘性，它象征炎黄子孙伸出的千万双手臂支撑着坚不可摧的民族大厦。它出神入化的组合、炉火纯青的造型成为千年传颂的佳话。

　　斗拱是中国古代建筑上特有的构件，在建筑中起着十分重要的作用，用于柱顶、额坊和屋檐或构架间，它的产生和发展有着悠久的历史。斗拱出现得很早，公元前5世纪战国时期的铜器上就有斗拱的形象。从汉代的石阙、崖墓和墓葬中的画像石（图8-28、8-29）所表现的建筑上，我们见到早期斗拱的式样。汉代斗拱实物比较罕见。随着建筑材料与技术的发展，斗拱在屋檐下的支挑作用逐渐减少，斗拱本身的尺寸也因而日渐缩小，在宋朝以后的建筑上可以明显地看到这种现象。明清时期的建筑，屋檐下斗拱的结构作用相对更加减小，斗拱逐渐成为一种装饰性的构件，均匀地分布在屋檐之下。

图8-28 汉代明器斗拱 　　　　　8-29 徐州出土的汉画像石斗拱式样

徐州博物馆以全新的形象展现了时代风貌，延续了汉代历史文脉。它将原有建筑中的多种构成要素提取出来，然后将其结构关系重组，从而获得一种新的视觉感受，如图8-30中的斗拱与屋顶的部分充当雨棚。由于构件的多样性，这种方法比单个建筑要素构件的表现更为自由而又富于变化。在造型和构造处理上，斗拱不但造型简洁，而且在结构上也都是受力构件，体现了汉代建筑与现代汉风建筑共同追求的艺术、功能、结构高度统一的原则。

图8-30 徐州博物馆屋檐斗拱

4.装饰纹样的应用

徐州汉画像石中有许多趣味浓厚的图案，常见的有菱纹、水波纹、锯齿纹等，其中画面丰满、寓意深远的当数"十字穿环"纹（图8-31）。这类图案是在画面上并列雕刻圆形，以"十"字线条将圆形连缀起来，形成一种简单、明快、具有时代性的装饰风格。"十字穿环"图常刻在陵墓的边室石壁上，成组连片，颇有气势。其简朴稚拙的风格，构成质朴玄幽的艺术语言，让人们深思它的内在含义。"十字穿环"纹同所有的艺术图案一样，当它抽象成一种符号时，简约而不简单，它所表现的意义最能引起人们的猜测、幻想和考证。徐州博物馆的主入口两侧外墙装饰借鉴了汉画像石中的十字穿环纹样（图8-32），在灯饰的处理上模仿了汉阙造型，加入了汉瓦当四脚龙纹图案（图8-33）。大门外墙上的图案是玉龙佩（图8-34），也是徐州博物馆的标志，出自狮子山楚王墓。在狮子山楚王陵的发掘中，共有龙形玉佩8件，形制有单体龙、同体双龙、连体双龙等。

图8-31 汉画像"十字穿环"纹

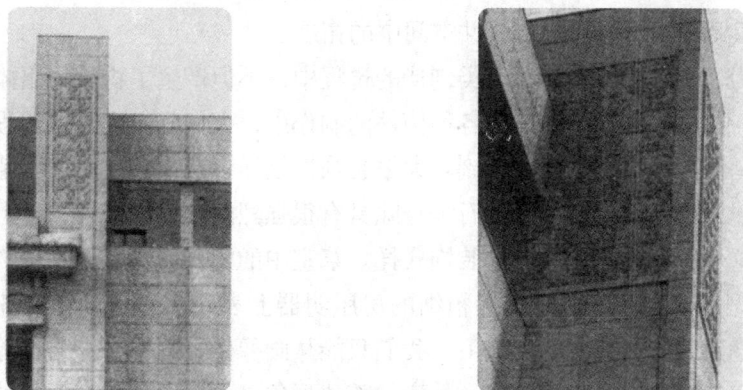

图8-32 徐州博物馆入口两侧的十字穿环纹样

图8-33 徐州博物馆灯饰上的汉瓦当四脚龙纹图案

图8-34 徐州博物馆大门外墙上的玉龙佩图案

（二）徐州汉画像石图像在城市公共空间中的拓展与创新

1.徐州汉画像石图像在城市公共空间中的拓展

建筑作为一种物质财富，在人类创造的过程中，不但产生了物质的躯体，而且产生了美的形象。在房屋的整体和房屋各种构件的制作中，人们都对其进行了程度不同的美的加工。在画像砖、石的表面上雕刻着大量装饰性纹样，有人物、动物、植物的形象，还有不少是建筑物，所以这些砖、石本身除具有很强烈的装饰效果外，它上面的房屋形象又提供了这个时期建筑上的各种装饰式样。墓室中的明器作为一种殉葬物，其中有不少是房屋模型，在一些塑制得比较精细的房屋明器上表现出了当时建筑各部位的装饰形象。在早期建筑遗物很少的情况下，我们只能从画像砖、画像石、明器等间接的实物资料中去观察当时建筑的装饰状况。从房屋整体形象来看，屋顶已有两面坡的悬山，四面坡的庑殿和攒尖顶以及单檐和重檐等诸多式样，房屋的大门上有兽面形的铺首（图8-35），有的还有兽形门神，窗格有直棂、正方格、斜方格（图8-36）等多种形式，有的墙面也带有斜纹装饰。从这里可以看出，这个时期建筑上的装饰已经比较普遍了。龟山汉墓博物馆（图8-37）也受到了汉文化的启发，用蕴含了朱雀玄武的构件展示了汉画像石中屋顶鸟兽的象征意义。

图8-35 汉画像石兽面形的铺首

图8-36 画像石窗格形式

图8-37 龟山汉墓博物馆屋顶朱雀玄武的构件

秦汉时期遗留下来大量的手工艺品，从瑰丽的彩陶、漆器到制作精美的青铜器、玉器，加上多彩的纺织品，说明了无论在造型、色彩和做工上，古代工匠们都已经掌握了十分精湛的技艺，已经达到了高超的艺术水平。中国帝王掌握着高度集权，能够集中大量人力与物力，在这种情况下，可以想象这些高超的技艺会同样使用在皇家建筑上。所以有理由相信，那个时期的宫室建筑除规模巨大以外，在装饰上也必然相当华丽。

在汉代建筑艺术中，建筑装饰成为很重要的一个部分。古代工匠在简单的梁、枋、柱和石台基上进行了巧妙的艺术加工，又在形式单调的门窗上制作出千变万化的窗格花纹式样，运用丰富的装饰手法创造了汉代建筑富有特征的外观。他们还善于将绘画、雕刻、工艺美术的不同内容和工艺应用到建筑装饰中，极大地加强了建筑艺术的表现力。建筑装饰使房屋实体具有了艺术的外观形象，建筑装饰使建筑艺术具有了思想内涵的表现力。

近年来兴建的影视城主要是为拍摄秦、汉、三国时期的题材而兴建，由于几乎没有了那些时期的建筑遗迹，因此只能以墓葬出土的画像石、画像砖、明器陶屋、砖瓦残片以及墓室壁画、文字记载等作为建筑参考资料，它们在很大程度上只是一些符号。这些设计方案并不受严格制式的限制，因此不免加入许多想象的成分，但是建成之后反而给人耳目一新的观感。尽管施工操作远远谈不上精细，拍成电影后效果往往却很理想，那些时期的建筑看上去不仅有传统的魅力，在今天看来有时还富于现代的美感，室内室外均是如此。影视作品中某些成功的建筑形象，不但可以而且应该移植到具有现实功能的各类建筑上，不求经得起历史学家和考古学家的鉴别考证，但求历史与时代之美感的结合。

把传统符号当作装饰，加以模仿，是最容易见效的一种建筑处理，对建筑师来讲应该说是最容易办到的一种方法。为了创造某种氛围，用符号装饰一下作为点缀，使环境增辉，的确能起到画龙点睛的作用。符号的应用还表现在徐州博物馆展厅"汉室遗珍"照壁的设计上（图8-38）。朱色的大门是汉代辉煌的象征，门上是北洞山楚王墓出土的铺首衔环的放大样式。铺首衔环作为一种符号，带给观众强烈的视觉冲击，它是一种象征和表述，这些象征和表述都与大一统的汉代有关，都与"汉室遗珍"有关。这种象征和表述在观众心理上产生的作用，是与一件文物展品或者语言的叙说不同的。

对传统建筑形制加以分析提炼，再进行创造，同时又将传统的装饰语汇加以符号化和抽象化，使之符合现代人的审美观念，使室内环境既古朴典雅，又不失时代感。用这种方法设计的建筑作品、室内作品又成为"中而新"的作品，这是传统与现代的

图8-38 徐州博物馆展厅
"汉室遗珍"照壁的设计

图8-39 涂州南湖别苑大堂的兵马俑装饰

有机结合，这是对传统建筑文化的合理继承与发展。这种风格在当代建筑设计、室内设计中应用较多。在这种建筑风格的室内空间中，陈设品只是表达中国传统文化的一种符号，故没有必要考证陈设品的年代和真实性。布置在室内空间中的陈设品与建筑室内的关系主要是考虑视觉感觉上的协调，如色调、比例、尺度等问题的处理。位于徐州大龙湖的南湖别苑（图8-39）吸取了汉文化的装饰元素，结合了现代的设计理念，获得了很好的视觉效果。大厅楼梯处用四个高矮不同、造型各异的汉兵马俑做装饰，恰到好处地运用了汉代装饰艺术元素。

2.徐州汉画像石图像在城市公共空间中的创新

一个民族、一个地区的建筑历史传统文化是极其丰厚的，建筑创作主体可以切入的"点"很多，而且由于创作主体的思维方式、设计思想、对传统文化的认识等各不相同，徐州地区的建筑创作也体现在多层次上。当今的建筑创作中，一方面呈现出创作思想与流派的多元化倾向，另一方面在对建筑历史、语汇和形式创造的再认识中，多义性使得建筑创作实践更加丰富，汉代建筑文脉因素的影响也受到重视。

当代中国建筑与全球文明最新技术成果相结合的潮流已不可阻挡，在此背景下立足地域文化，应该自觉寻求与气候、地形、日照等地域的自然环境、生活方式、风俗习惯等文化传统的特殊性、地方材料、施工工艺等技术和审美取向等艺术上的地方智慧的内在结合。徐州淮海战役纪念馆新馆（图8-40）就是中德建筑师合作设计的，秉承中国"天圆地方"的历史文脉和"天人合一"的哲学理念。四周柱廊环绕，以表现纪念性建筑庄重、肃穆的特点，显得朴实、宁静、现代、简洁。

由此看到现代主义建筑的借鉴点，作为机械文明的象征之一，是新材料、新技术和新功能要求的必然产物，建筑技术创新对徐州地域建筑文脉的影响。徐州发展现代建筑是灵活的、多变的，在不断地创造与否定过程中成长的。新地域建筑应是现代与传统的有机结合，要具有创新性和创

图8-40 徐州淮海战役纪念馆新馆

造力，以推动建筑的创新。新技术利用的过程也是改
造的过程。外来技术地方化可以推进地区建筑技术的
多元化发展。

徐州淮海战役纪念馆新馆的设计简洁现代、理
性庄重、形象鲜明、个性突出，使之既具有时代气息
和鲜明的特色，又能充分体现徐州历史文化名城的
深厚内涵。在建筑造型及风格上避繁就简，柱廊（图
8-41）及屋面结构采用钢结构，其余部分为钢筋混凝
土现浇框架结构。整个展厅部分以人工照明为主。靠
近圆形全景画馆墙体一侧，则利用弧形楼梯及电梯形
成的采光带，将自然光导入室内（图8-42），形成富
有变化的室内光彩效果。同样的做法还有徐州汉画像
石馆的一层暖廊设计（图8-43），室外的光线透过整
面的玻璃幕墙照射在室内的汉画像石上，美轮美奂。

图8-41 淮海战役纪念馆新馆柱廊

图8-42 淮海战役纪念馆新馆室内　　图8-43 徐州汉画像石馆一楼暖廊

由于建筑材料、施工方法等物质技术手段的不同，复古的时代性也不同，同时人的
审美心理也有着时代性，完全照搬的建筑形式已不符合地域特色的内在追求，地域建筑
的发展要求对传统建筑进行重新创作。

中国古代建筑都有深刻的象征意义，借鉴两汉丰厚的建筑思想中的优秀部分指导徐
州地区城市公共空间的创作，可以重新发掘中国传统文化的精神价值。在很多情况下，
可以以多种方式将旧有建筑与现代建筑结合起来，赋予老的建筑以新的实用价值，正所
谓"古为今用"，还可以因此获得富有历史深度的独特美学效果。

四、徐州汉画像石资源在当地高校艺术设计教学中的价值体现

汉画像石艺术经历了漫长的发展演变过程，它题材多种多样，内涵丰富，画面精彩纷呈，有的反映了当时的社会、生活、生产情况，有的编绘传奇、故事和自然景象，有的描绘吉祥图像和各种优美的装饰图案，韵味无穷，适应人们的需求，为以后艺术的发展开创了更广阔的道路。

徐州汉画像石艺术传承传统的审美观念，具有以形写意、形神兼备、含蓄悦目的艺术特征。传统文化、思想和审美意识始终贯穿于汉画像石的艺术创作中。随着社会的发展、时代的进步，人们的审美意识、观点和爱好更加多样化、高雅化，对传统艺术及作品的要求越来越高。这就需要我们在汲取传统艺术长处的基础上，继承、借鉴和发扬汉画像石的文化内涵和艺术精华，融汇创新，使之更为人性化，更加贴近现实生活。为了更好地实现这个目标，我们需要学习、借鉴前人的成果，投入更多的精力去保护、去研究、去传承。

保护、研究、弘扬汉画像石艺术是新时期艺术教育的一项重要工作。将徐州汉画像石所展现出的深厚历史文化底蕴、鲜明的儒家思想和大气磅礴的艺术风格融入高校艺术设计教学中，必能使我们的艺术设计教学在散发出绚烂艺术色彩的同时，使学生的审美能力、道德品质和文化涵养得到进一步的提升。

（一）徐州汉画像石的审美价值

汉画像石，以一种静止、定格的画面向我们传达了属于那个时代独特的文化，具有深刻的意蕴。集儒家思想文化和汉代大美于一身的徐州汉画像石不仅有着丰富的表现题材，精湛的雕刻手法，独特的构图、典雅的形式、流畅的线条和疏朗的纹饰，同时也具有独特的古拙美和单纯美等特点，向我们充分展示了我国古代劳动人民的智慧和创造能力。例如，徐州汉画像石中的牛耕图、九鼎图、东王公、西王母、日中金乌和月中玉兔等作品，这些汉画像石中优秀代表作品的雕刻工艺和形式美对于当代艺术家的创作具有很大的启迪。将徐州汉画像石资源融入高校艺术设计教学，充分发挥汉画像石特有的审美价值，将有利于学生体验汉画像石古拙美、单纯美以及独特美的内涵，提升学生的审美品位。

1. 徐州汉画像石的形式之美

汉画像石是一种在石板上雕刻而成的形式特殊的装饰画，它既不是传统意义上的绘画，也不完全属于雕刻艺术，而是将绘画和雕塑二者的特征融为一体。汉画像石的制作过程，简单来说就是在打磨好的石板上，依照石头的肌理和脉络打凿出具有自然雅致风格的艺术形象的过程。它多采用减地浅浮雕和阴线刻两种表现手法，通过工匠的精心创作，在二维平面上创造出一种三维立体美感的艺术形式。这种特殊的艺术形式不但继承了汉代绘画所追求的意境美，而且表现出一种独特的抑扬顿挫之美，尽管画像石不及画

像砖那般精巧飘逸，却别有一种古雅质朴之美。如徐州汉画像石中的"饲马"（图8-44），整个石头外形呈石鼓状，两面刻画。正面为饲马图，画面中，树下一人在喂马，树的造型呈S形，树枝之间彼此交叠、覆盖，在平面的形式中表现出了树枝的前后关系。马的造型很特别，马的四肢处理得具有动感。这匹马前蹄抬起，仿佛在与喂马人进行交流，一条缰绳使马与大树之间形成了联系。在静止的画像石上，依然能感受到马跃跃欲试想吃主人手中食物。整个作品的画面质朴雄劲，造型生动，使观众过目不忘。这幅汉画像石是突破单一的绘画或雕塑造型手法的典型代表，它以独特的艺术形式向人们展示了汉画像石的形式美感。

图8-44 《饲马》（东汉）
徐州汉画像石馆

2. 徐州汉画像石的线条之美

汉代时期美术作品注重对"线条"的使用，工匠们结合线描的方式创作艺术品，汉代的壁画、帛画和漆画上飘动的线条就是很好的例证。徐州汉画像石也是以线条作为主要表现元素之一，古拙、灵动和充满力度感的线条为汉画像石增加了光彩。线、点和面作为造型的三个基本元素，是美术语言中最直接、最质朴、最能表达作者情感和精神的表达方式。易中天先生认为，中国绘画艺术广义地看是一种"线条艺术"。或者说，以"线条趣味"来造型的艺术。[1]徐州汉画像石很好地运用了"线条"这一造型元素，辅以夸张、变形等艺术手法，营造了一种遒劲向上的气势。例如，徐州邳州占城出土的"六博图"，雕刻手法为浅浮雕，画面正中间刻有一间房屋，楹柱上放置一个栌斗，帷幔高悬，垂脊上站立着一对凤鸟。房屋里二人坐在榻上紧张地对博。屋外右侧放着一辆卸下牲口的大车，左侧为一顽童在斗牛。画面中没有对建筑、人物和动物进行细腻的刻画，而是以线条刻画出物象的形体。线条既充满力度感，又有方向感，疏朗有致，空灵飘逸，营造出了充满整体力量感的气势之美。

又如徐州出土的"骑象图"中，画面上方刻画了缭绕的祥云，腾跃的蛟龙，追逐的猎犬与站立的牛；画面下方刻画了骑在大象上的五个僧侣形象，他们的形体显然已被压缩，因此更能突出大象的强壮体型。画面中线条的运用十分灵活和生动，这些充满力度感的线条塑造出定格的画面，无不淋漓尽致地表现了汉画像石的律动之美。汉画像石中柔中带刚的曲线勾勒出流苏飘动、衣带飘舞和游龙飞翔的景象，遒劲有力的直线刻画出静止的建筑。画面的动与静既形成对比又交相辉映，美不胜收。正如宗白华先生说的："从线条中透露出形象意态。"[2]这句话是对汉画像石线条艺术的真实写照。

---

① 易中天. 中国艺术精神的美学构成 [J]. 厦门大学学报（哲学社会科学版），1998（01）：72.

② 宗白华. 意境 [M]. 北京：北京大学出版社，2007：334

3.徐州汉画像石的构图之美

徐州汉画像石的魅力不仅表现在线条上，也表现在其独特的构图上。汉画像石的构图形式随着年代发展，出现了分层构图与单独构图等形式。例如，徐州铜山地区出土的狩猎图（图8-45），画面用水平线分为三层。上层刻画的是鸟兽活动的场景；中层刻画的是狩猎的场景，中层包括三人，其中一人弯弓射杀正在奔跑的一只虎和两只鹿，另外两人合力抬着一头小鹿，左首有两只对立的羊；下层刻画的是车骑图的场景，其中四人骑马，两人坐车。这幅汉画像石采用了在整体的画面框架下分层表现的构图方式，此种构图的好处在于，即具有整体性，又具有相对的独立性，还能在同一个画面上分别表达几层含义。狩猎图作为分层构图的代表，不仅表达了汉代人们对茫茫的宇宙充满探索的欲望，还表现了通过不断征服这个世界来实现自己利益的期盼，有机地将现实世界与浪漫主义情怀合二为一。

图8-45 狩猎图（东汉）

（二）徐州汉画像石的德育价值

汉代是夏、商、周文化的继大成者，传统的华夏文明在汉代得以继承与发扬，儒家思想在汉代重新得以被推崇。"徐州汉画像石最早见于《后汉书·郡国志》注引东晋伏滔《北征记》一书中'……皆青石，隐起龟龙鳞凤之象'的记载。这里的'龟龙鳞凤'是徐州汉画像石常表现的内容之一。"[1]同时，儒家故事及其思想在汉画像石中多有体现。如徐州邳州出土的"历史故事"（图8-46）、"东王公、孔子问师"和"孔子见老子"等作品，均刻画了孔子师徒之间的故事，其中体现了弟子对孔子的爱戴与尊敬，孔子对弟子的包容与关爱，以及孔子虽为世人所尊敬，但仍虚心向他人请教的大智慧与为了国家利益而乐于奉献的崇高精神。这些画像石表现的内容及其深刻的教育意义，对处于发展期的大学生来说，具有潜移默化的影响。艺术设计教师应利用这一优秀的教育资源，将我国尊师重道的优良传统文化以一种"润物细无声"的方式传递给学生，让学

---

① 钱初熹.美术教学理论与方法[M].北京：高等教育出版社，2015：2.

生通过观察画面中人物的动态，感受人物的内心
世界，以一种感性的体验方式陶冶情操和提升道
德品质。

（三）徐州汉画像石的历史价值

徐州汉画像石馆是收藏、陈列和研究汉画像
石的专题性博物馆，成立于 1987 年。在徐州汉
画像石新馆的前厅写着"大汉王朝，石上史诗"
八个字。在汉画像石馆内陈列的画像石题材广泛、
内容丰富，其中既包括反映现实生活中车马出行、
比武对弈、歌舞杂耍以及迎宾待客等题材，也包
括关于伏羲、女娲、黄帝、炎帝等的神话传说题材。

汉画像石不但具有较高的艺术价值，同时也
具有深厚的历史内涵，被人们称为"一部具有重
要价值的绣像汉代史"。汉王朝风云变化的四百
年历史浓缩在一块块汉画像石上，它记录与承载
了汉朝的文化、生活和经济发展等诸多方面的内

图8-46 "历史故事"（东汉）

容，为史学家和艺术家提供了大量的历史研究素材，虽不像历史教科书般事无巨细，却
比历史教科书更具有吸引学生去探究历史的魅力。

（四）徐州汉画像石资源丰富了艺术设计教学内容

1.对艺术设计的启发

画像石独特的表现形式，是汉代人智慧的结晶，创造出"前无古人，后无来者"的
艺术作品。艺术家基于生活的创作表达，赋予了汉画像石深刻的内涵，使得画像石拥有
了和人类一样的心灵体会，也有了生命的能量。

（1）纹饰的提炼

汉画像石蕴含了丰富的两汉文化，多种元素的组合运用为画像石增色不少。画像石
多样的元素提炼后并应用于现代艺术设计中，丰富了内容的同时也是对两汉文化的传承。
徐州作为汉文化重要的聚集地之一，有着各种反映传统文化的元素：云纹、动物纹、植
物纹、几何纹等，单个或连续的纹饰给人不同的感受。艺术设计中将纹样简化或弱化都
能给人一种中国古典的感觉，纹饰和主体物的强弱对比或是简繁对立带来的视觉冲击力，
使得眼前一亮。

汉代含蓄、淳朴的人文思想与现代追求新鲜、律动形成对比，而现代人们所追求烦
躁中的宁静、凌乱中的单一，好似返璞归真。完全照搬传统的纹饰无法适应这个创新时
代，我们不妨对画像中纹饰的部分进行变形或补充等处理，使它不失传统的气息又具有
现代的影子。

2.色彩的营造

色彩是艺术设计中不可少的一部分，是与观者心灵沟通的桥梁，一个作品的色彩呈现，是艺术家创作时情感的表达，给人直观的心灵感受。汉画像石中汉文化的流露和画像的表现，注定这是个不朽的"著作"。拓印是画像石画面保存的重要手段，拓片大都以黑白为主，线条分明。

艺术设计作品中的色彩表现是艺术家情感的寄托：暖色调为主的作品温暖、光亮，冷色调则忧郁、深沉。单一的色彩虽有弊端，但颜色太多则会适得其反，多而杂是设计中一定要避免出现的，色彩的平衡必不可少。借鉴画像石的色彩表达特点，创作时先要确定一个主色调，可能是当下的心情，或是借助作品想要表达的情感。一个完美的艺术作品一定是整体的造型表达、色彩的渲染两者配合而完成。

（3）视觉的引导

艺术作品的线条、色彩的组合和构图的多样带来了不同的视觉体验，同样也指引着欣赏者的心灵感受。画像石所呈现的视觉效果指引着人们内心的方向：生活的感慨、战后的喜悦、家人的团聚、君臣的礼仪或人与人的交流沟通，等等。汉画像石与心灵的交流也引导着现代艺术设计的发展方向。一个好的艺术作品不单是形式的展现、色彩的运用，更重要的是情感的表达，作品与心灵的呼应。

2.数字化汉画像石艺术教育平台的构建

在传统校园教学的基础上建立健全汉画像石艺术数字化教学系统，可以延展教学时间和空间，提高现有校园艺术教育的实效性。通过艺术教学数字化、信息化的发展和普及，逐步提高教学互动能力和艺术水平，为培养合格优秀的设计人才发挥更好的作用。

（1）视觉传达记录形式

对收集的有关艺术教育的较为清晰的图片进行整理分类，如车马出行、人物建筑、迎宾歌舞、围猎百戏、神话故事、祥禽瑞兽等各种类型运用现代技术及处理手段对汉画像石有关资料进行记录和艺术加工，用多种方法探索记录和应用的形式，再现汉画像石艺术的魅力。

（2）汉画像石数字化教学课件制作

汉画像石造型装饰艺术研究取得了许多成果，积累了丰富的资料，在现代艺术教学中如何使传统审美意识和现代情趣有机结合，如何融入新观念、新内容、新技法方面还需要做很多工作，需要我们在对汉画像石艺术研究分析的基础上，结合有关汉画像石艺术资料进行深入探讨，为汉画像石艺术的传承应用提供参考和依据。

首先，收集大量汉画像石源文件、拓片、图案、书籍、解说资料等，积累丰富的艺术资料。其次，进行线上线下的网络展厅设计。编辑菜单栏分类各种专题，创建网络汉画像石艺术展厅，设置汉画像石艺术特点介绍、资料库（包括它的题名、尺寸、出土时间以及专家对其的介绍）等内容；展示汉画像石中的精品和有代表性的图案，配备相关解说，同时适当介绍有关汉画像石艺术专著文章及学术活动情况；然后利用三维动画制作软件制作动态视频，在网络展厅整个页面下方插入一些关于汉文化的最新讲座或学术报告，并设置讨论区、问答区、资料下载区等，培养学生的合作交流能力。再次，运用制作软件，汇集、编辑、整理视频信息、图片信息与文字说明，根据艺术教学需要进行编排、制作并合理应用。最后，进行后期测试运行，发挥多媒体课件的优势，搞好交流互动，在展示、传授、学习汉画像石艺术的同时，增强学生的合作交流能力、理解消化能力，提高教学质量。

参 考 文 献

[1] 王褒祥.河南新野出土的汉代画象砖 [J].考古，1964（02）.

[2] 郭沫若."乌还哺母"石刻的补充考释 [J].文物，1965（04）.

[3] 杨宽.古史新探 [M].北京：中华书局，1965.

[4] 李延寿.北史 [M].北京：中华书局，1974.

[5] 孙作云.洛阳西汉壁画墓中的傩仪图——打鬼迷信、打鬼图的阶级分析 [J].郑州大学学报（哲学社会科学版），1977（04）.

[6] 范宁.博物志校证 [M].北京：中华书局，1980.

[7] 南阳地区文物队，南阳博物馆.唐河汉郁平大尹冯君孺人画像石墓 [J].考古学报，1980（02）.

[8] 何光岳.荆楚的来源及其迁移 [J].求索，1981（04）.

[9] 李发林.山东汉画像石研究 [M].济南：齐鲁书社，1982.

[10] 山东省博物馆，山东省文物考古研究所编.山东汉画像石选集 [M].济南：齐鲁书社，1982.

[11] 费孝通.美国与美国人 [M].北京：生活·读书·新知三联书店，1985.

[12] 徐州市博物馆.徐州汉画像石 [M].南京：江苏美术出版社，1985

[13] 南阳地区文物工作队，唐河县文化馆.唐河县针织厂二号汉画像石墓 [J].中原文物，1985（03）.

[14] 土居淑子.古代中国的画像石 [M].京都：同朋舍，1986.

[15] 谢桂华，李均明，朱国诏.居延汉简释文合校 [M].北京：文物出版社，1987.

[16] 马倡议.中国灵魂信仰 [M].上海：上海文艺出版社，1988.

[17] 张道一.造物的艺术论 [M].南京：江苏美术出版社，1988.

[18] 胡孚琛.魏晋神仙道教 [M].北京：人民出版社，1989.

[19] 李泽厚.美的历程 [M].北京：文物出版社，1989.

[20] 张光直.中国青铜时代：二集 [M].北京：生活·读书·新知三联书店，1990.

[21] 赵超.汉代画像石墓中的画像布局及其意义 [J].中原文物，1991（03）.

[22] 吕品.河南汉画所见图腾遗俗考 [J].中原文物，1991（03）.

[23] 朱锡禄.嘉祥汉画像石 [M].济南：山东美术出版社，1992.

[24] 王国维.曲论 [M].北京：中国文艺出版社，1993.

[25] 高丙中 . 民俗文化与民俗生活 [M]. 北京：中国社会科学出版社，1994.

[26] 李亦园 . 人类的视野 [M]. 上海：上海文艺出版社，1996.

[27] 翦伯赞 . 秦汉史 [M]. 北京：中国社会科学出版社，1997.

[28] 杨向奎 . 宗周社会与礼乐文明 [M]. 北京：人民出版社，1997.

[29] 安东尼奥·马萨里 . 中国古代文明：从商朝甲骨刻辞看中国上古史 [M]. 北京：社会
    科学文献出版社，1997.

[30] 郑同修 . 汉画像中"长青树"类刻画与汉代社祭 [J]. 东南文化，1997（04）.

[31] 易中天 . 中国艺术精神的美术学构成 [J]. 厦门大学学报（哲学社会科学版），1998
    （01）.

[32] 李泽厚 . 美学三书 [M]. 合肥：安徽文艺出版社，1999.

[33] 信立祥 . 汉代画像石综合研究 [M]. 北京：文物出版社，2000.

[34] 中国画像石全集编辑委员会 . 中国画像石全集：第三集 [M]. 郑州：河南美术出版社，
    2000.

[35] 俞伟超，汤池 . 中国画像石全集：第 4 卷 [M]. 济南：山东美术出版社，2000.

[36] 赖非，济宁 . 枣庄地区汉画像石概论 [M]. 济南：山东美术出版社 2000.

[37] 刘美斌 . 北朝畏兽研究 [D]. 南京：南京大学，2018.

[38] 万建中 . 试论秦汉风俗的时代特征 .[J]. 民俗研究，2000（02）.

[39] 王建中 . 汉画像石通论 [M]. 北京：紫禁城出版社，2001.

[40] 高丰 . 中国器物艺术论 [M]. 太原：山西教育出版社，2001.

[41] 蒋英炬，杨爱国 . 汉代画像石与画像砖 [M]. 北京：文物出版社，2001.

[42] 武利华 . 徐州汉画像石 [M] 北京：线装书局，2001.

[43] 周保平 . 对汉画像石研究的几点看法 [J]. 东南文化，2001（05）.

[44] 王凯旋 . 秦汉生活掠影 [M]. 沈阳：沈阳出版社，2002.

[45] 刘太详 . 汉代画像石研究综述 [J]. 南都学坛，2002（03）.

[46] 朱存明 . 汉祠堂画像的象征主义研究 [J]. 民族艺术，2003（02）.

[47] 徐华 . 两汉艺术精神嬗变论 [M]. 上海：学林出版社，2003.

[48] 孙作云 . 美术考古与民俗研究 [M]// 孙作云 . 孙作云文集：第 4 卷 . 郑州：河南大学
    出版社，2003.

[49] 朱存明 . 汉代墓室画像的象征主义研究 [J]. 艺术探索，2003（01）.

[50] 武利华 . 徐州汉画像石通论 [M]. 北京：文化艺术出版社，2017.

[51] 李军，孟强，耿建军 . 江苏邳州车夫山前埠汉画像石墓的复原与研究 [J]. 华夏考古，
    2003（03）.

[52] 何志国 . 中国早期佛教艺术初探 [M] 北京：中国文联出版社，2004.

[53] 武利华 . 徐州汉画像石：第一册 [M] 北京：线装书局，2004.

[54] 张从军 . 黄河下游的汉画像石艺术 [M]. 济南：齐鲁出版社，2004.

[55] 赵超.关于汉代的几种古孝行图画[M]// 中国汉画学会.中国汉画学会第九届年会论文集.北京：中国社会科学出版社，2004.

[56] 李银德.汉代的玉棺与镶玉漆棺[M].北京：文化艺术出版社，2004.

[57] 朱存明.汉画像的象征世界[M].北京：人民文学出版社，2005.

[58] 刘克.早期道教教义的传播与汉画像石葬俗的演变[J].世界宗教研究，2005（03）.

[59] 朱小琴.古代丧葬制度与丧俗文化[J].西安文理学院报，2005（05）.

[60] 陈淑君.民间丧葬习俗[M].北京：中国社会出版社，2006.

[61] 戴志中，舒波，羊恂，等.建筑创作构思解析：符号、象征、隐喻[M].北京：中国计划出版社，2006.

[62] 方舒彦.汉画像石、画像砖中的树形符号分析[M]// 中国汉画学会第十届年华论文集.郑州：中州古籍出版社，2006.

[63] 袁轲.中国古代神话[M].北京：华夏出版社，2006.

[64] 杨建东.山东微山县近年出土的汉画像石[J].考古，2006（02）.

[65] 张从军.两城小祠堂画像[J].走向世界，2006（06）.

[66] 刘尊志.徐州汉墓与汉代社会研究[D].郑州：郑州大学，2007.

[67] 陈炎.中国审美文化史[M].济南：山东画报出版社，2007.

[68] 朱存明.图像生存：汉画像田野考察散记[M].南宁：广西人民出版社，2007.

[69] 顾森，邵泽水.大汉雄风：中国汉画学会第十一届年会论文集[M].北京：高等教育出版社，2008.

[70] 王小盾.中国早期思想与符号研究：关于四神起源及其系形成[M].上海：上海人民出版社，2008.

[71] 牛天伟，金爱秀.汉画神灵图像考述[D].开封：河南大学出版社，2009.

[72] 田丹.汉画像石中的凤鸟图像研究[M].西安：陕西师范大学出版社，2009.

[73] 杨旭飞.汉画像石造型艺术[M].郑州：河南大学出版社，2010.

[74] 汪小洋.汉墓绘画宗教思想研究[M].上海：上海大学出版社，2010.

[75] 刘庆柱，白云翔.中国考古学：秦汉卷[M].北京：中国社会科学出版社，2010.

[76] 朱存明.汉画像之美[M].北京：商务印书馆，2011.

[77] 凌皆兵，徐颖.南阳汉代画像石图像资料集锦[M].郑州：中州古籍出版社，2012.

[78] 张学涛.徐州汉画像石中的瑞树图像研究[J].文物世界，2012（02）

[79] 南阳市文物考古研究所.河南南阳市八一路汉代画像石墓[M].考古，2012（06）.

[80] 杨絮飞.汉画像石精品赏析[M].郑州：大象出版社，2014.